広島
(芸北町)

（州市）

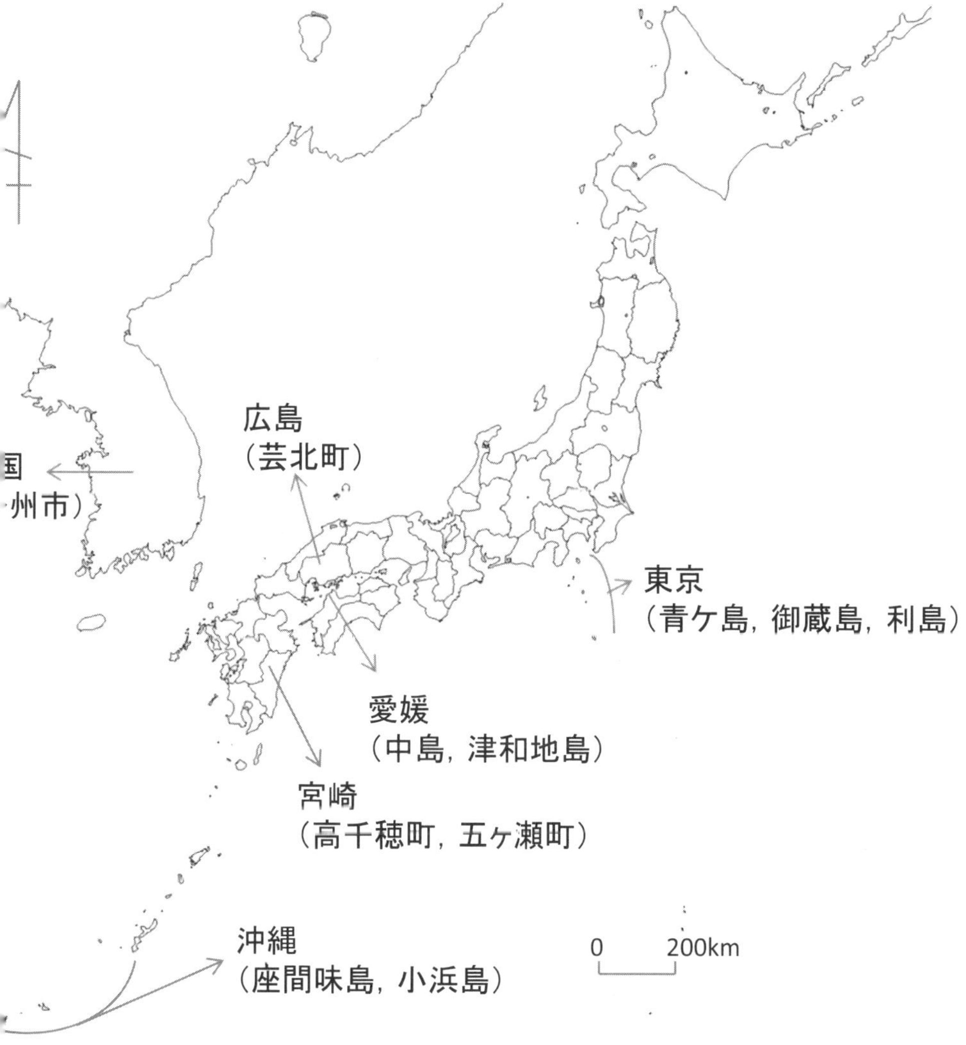

東京
(青ケ島, 御蔵島, 利島)

愛媛
(中島, 津和地島)

宮崎
(高千穂町, 五ヶ瀬町)

0  200km

沖縄
(座間味島, 小浜島)

# 地域と教育

―地域における教育の魅力―

井田　仁康〔編著〕

学文社

## 執筆者紹介

〈編者〉
井田　仁康（いだ　よしやす）　筑波大学人間系　（はじめに　5章3）

〈執筆者〉（五十音順）

| | | |
|---|---|---|
| 磯山　恭子（いそやま　きょうこ） | 静岡大学教育学部 | （4章4） |
| 伊東　敦子（いとう　あつこ） | 早稲田実業学校中等部・高等部 | （3章3） |
| 内山　知一（うちやま　ともかず） | 筑波大学博士特別研究員 | （3章1） |
| 大髙　皇（おおたか　ただす） | 筑波大学大学院博士課程 | （3章2） |
| 小野　智一（おの　ともかず） | 東京福祉大学教育学部 | （4章1） |
| 鎌田　公寿（かまた　こうじゅ） | 筑波大学大学院博士課程 | （2章4） |
| 金　玹辰（きむ　ひょんじん） | 北海道教育大学（旭川校）教育学部 | （2章2） |
| 熊田　禎介（くまた　ていすけ） | 宇都宮大学教育学部 | （4章3） |
| 國原幸一朗（くにはらこういちろう） | 筑波大学大学院博士課程 | （地図資料） |
| 國分　麻里（こくぶ　まり） | 筑波大学人間系 | （1章2） |
| 齋藤　之誉（さいとう　ゆきたか） | 麗澤大学経済学部 | （5章2） |
| 佐藤　公（さとう　こう） | 武蔵野大学教育学部 | （1章1） |
| 篠﨑　正典（しのざき　まさのり） | 日本学術振興会特別研究員・筑波大学大学院博士課程 | （2章1） |
| 坪田　益美（つぼた　ますみ） | 東北学院大学教養学部 | （5章1） |
| 林　琢也（はやし　たくや） | 岐阜大学地域科学部 | （1章3） |
| 藤井　大亮（ふじい　だいすけ） | 筑波大学人間系 | （2章3） |
| 松﨑　康弘（まつざき　やすひろ） | 鹿児島女子短期大学児童教育学科 | （4章2） |
| 宮崎　沙織（みやざき　さおり） | 群馬大学教育学部 | （4章6） |
| 村井　大介（むらい　だいすけ） | 筑波大学大学院博士課程 | （1章4） |
| 梁　炳逸（やん　びょんいる） | 筑波大学大学院博士課程 | （1章5） |
| 若生　剛（わこう　たけし） | 水戸英宏中学校 | （4章5） |

# はじめに

　本書は，筑波大学大学院人間総合科学研究科教育学専攻(前期)，学校教育学専攻(後期)の大学院生を対象とした「社会科教育学特講」の授業成果に基づいている。この授業は，地域の特性を踏まえた教育に関して調査し，考察することを目的に，2000年から毎年実施してきた。調査は11月下旬から12月上旬にかけて行っているが，その年の4月から毎週の授業の中で，関連した論文を読み，対象となる地域について事前調査を行う。そのうえで，受講者が各自でテーマを設定し，現地調査にのぞむ。受講者は，ほとんどが社会科教育を専攻する大学院生である。そのため，この調査では地域に還元できる論考を展開するのはもとより，将来，大学で社会科教育学を講義するための貴重な経験ともなる。それは，調査方法のみならず，それぞれの地域の教育をその地域の中でとらえることで，より一層地域における教育の重要性，地域と教育の深さを実感することができることを意味している。したがって本書は，地域の特性を踏まえた教育を明らかにするという目的と，大学院での社会科教育学の教育方法を提示するという，2つの目的を有しているといえる。

　2000年から行った地域の調査に基づいた論考は，翌年に『地域と教育』としてまとめている。『地域と教育』は2010年で第10号となり，本書では，10号それぞれから1～数本の論考を選び，修正・加筆を著者に行ってもらったものを掲載した。『地域と教育』の各号の調査地は以下の通りである。第1号(2001年)沖縄県座間味村，第2号(2002年)東京都青ケ島，第3号(2003年)東京都大島・御蔵島，第4号(2004年)広島県芸北町(当時)，第5号(2005年)沖縄県小浜島，第6号(2006年)大韓民国公州市，第7号(2007年)愛媛県松山市中島，第8号(2008年)愛媛県松山市津和地島，第9号(2009年)宮崎県高千穂町・五ヶ瀬町，第10号(2010年)東京都利島。なお本書の最後には，編者がJICAの協力を得て調査したミクロネシア連邦ヤップ州・チューク州の地域と教育についての論考を加えた。

調査については，対象地域の学校，教育委員会，調査先の方々の多くの協力を得ている。そのうえでわれわれは貴重な経験をさせてもらっている。『地域と教育』の第10号という節目に本書を刊行できるのは，このうえもない幸福である。これが地域や読者の方々の多少ともお役に立てば，著者一同の望外の喜びである。地域の教育の発展に少しでも寄与できるよう今後とも調査，研究を進めていく所存である。
　2012年5月

井田　仁康

# 目　次

はじめに　i

## 第1章　　東京の地域と教育……………………………………1

1．地域学習を通じた社会科教育と「総合的な学習の時間」の連携　（佐藤　公）　1
2．伊豆諸島大島・御蔵島における「流人の歴史」に関する意識　（國分麻里）　14
3．御蔵島における子どもの遊びの変容と教育の役割　（林　琢也）　26
4．卒業生は地場産業の体験学習をどのように意味づけているか　（村井大介）　38
5．小学校・中学校の子どもにおける空間認識　（梁　炳逸）　51

## 第2章　　愛媛の地域と教育……………………………………63

1．愛媛県松山市立野忽那小学校における社会科地域学習の意義　（篠﨑正典）　63
2．愛媛県忽那諸島の小学校における集合学習の成果と課題　（金　玹辰）　76
3．平和学習におけるオーラル・ヒストリーの活用　（藤井大亮）　89
4．津和地小学校に通う児童の「遊び」にみる学び　（鎌田公寿）101

## 第3章　　宮崎・広島の地域と教育……………………………113

1．高千穂と世界をつなげる社会科の授業構想　（内山知一）113
2．高千穂鉄道の教材化の取り組み　（大髙　皇）124
3．過疎地域における地域づくりと学校の担う役割　（伊東敦子）136

## 第4章　　沖縄の地域と教育……………………………………149

1．「地域づくり」に子どもはどのように関われるのか　（小野智一）149
2．離島観光地座間味島におけるゴミ問題学習の実践　（松﨑康弘）161

 3．地域に根ざした「総合的な学習の時間」の実践とその可能性　　　（熊田禎介）173
 4．沖縄県座間味村の小・中学校における福祉に関する学習の展開（磯山恭子）184
 5．座間味村内各小・中学校における平和教育の取り組み　　　　（若生　剛）196
 6．沖縄県小浜島における集落と学校教育の関係　　　　　　　　（宮﨑沙織）208

## 第5章　　韓国・ミクロネシア連邦の地域と教育 …………………………… 221

 1．韓国・公州市における国際結婚家庭の支援と学校教育の課題　（坪田益美）221
 2．景観秩序を解釈する文化地理の学習　　　　　　　　　　　　（齋藤之誉）234
 3．ミクロネシア連邦における地域の特色と学校教育の関わり　　（井田仁康）245

 索引 ……………………………………………………………………………………… 259

# 第1章　東京の地域と教育

 地域学習を通じた社会科教育と
「総合的な学習の時間」の連携
――青ケ島小学校における協同学習システムを事例として――

## 1．はじめに

　本節では，学校への導入が進む情報通信機器が可能にした，遠隔地の子ども同士が相互に学び合う協同学習の事例を通して，社会科教育と「総合的な学習の時間」（以下「総合学習」と表記）の連携のあり方を考察する。具体的には，東京都青ケ島村立青ケ島小学校での遠隔交流授業にて実施された，4年生社会科での「東京都」に関する地域学習の内容構成や，学習活動を通じた児童や教員の変容を手がかりに，成果と課題を明らかにするものである。

　平成10年度の学習指導要領改訂より新たに設置された「総合学習」は，児童・生徒が生活する地域的特色を生かした学習展開が目指された。この点で「総合学習」は，社会科教育との接点や連携が大いに期待されてきた。特に青ケ島は，その地理的・社会的環境，教育環境から，地域的特色に目を向けた「総合学習」の展開が必要とされた。一方，主に行政地域のような形式地域による区分を基調とし，学年進行にしたがいさまざまな指標に基づいた地域的特色理解を中心に考察対象を拡大していく初等社会科教育にあっては，児童にとって身近な地域に立脚した学習の観点は相対的に希薄化していかざるを得ない。

　本節では，生活経験としての地域に関する知識や理解を深める「総合学習」の方向性と，地域を立脚点として視野の拡大を図る社会科教育との連携のあり方について，それらの乖離が生まれる中学年段階での地域学習の様子を手がかり

に，情報通信機器を活用した協同学習を事例として取り上げ考察する。

## 2．協同学習システムを活用した学習活動

(1) 青ケ島小学校における「研究開発事業」

① 協同学習を支えたシステム導入の経過と目的

　東京都青ケ島村は伊豆諸島・八丈島の南方70kmに位置する，人口約180人の小さな村である。島，そして村唯一の小学校である青ケ島小は，平成8年度より4年間にわたり文部省(当時)「へき地学校高度情報通信設備(マルチメディア)活用方法研究開発事業」(以下，「研究開発事業」と表記)に参加し，協力校である東京都中央区立城東小学校との間で遠隔交流授業を行った。この研究活動の展開は，大きく2期に分けられる。第1期は平成8年度から10年度にかけて，研究主題「環境への理解を深め，意欲的に学ぶ子供を育てる」を掲げ，衛星回線による双方向の遠隔交流授業を通して研究を行った。第2期は平成11年度から13年度にかけて，新たな研究主題「自然や人とかかわりながら意欲的に学ぶ子どもの育成」を設定し，培われた経験を継承し新教育課程導入に向けて研究を積み重ねた。

　その間，一貫して目指してきたことは，「地域の特性が生きる学習」「マルチメディアが生きる学習」「TT(ティーム・ティーチング)が生きる学習」の実現であった。これらの学習への意欲的な取り組みを通じて，「問題解決能力の育成」「個性の伸長」「表現力の育成」といった児童の資質を養成しようとした。そして，これら資質の育成に資する重点的な研究対象として，「学習過程と学習活動の工夫」「学習材の工夫」「TTと評価・支援の工夫」「マルチメディア機器の活用」の四点を特に考慮するとした。

　へき地教育には，少人数という人間関係が限定されやすい環境のもとで，社会性を欠く傾向にあったり，集団生活に不慣れな部分が生じやすい現状がある。また，複式学級が多いため，学年による学習内容の系統性に配慮した授業が難しく，コミュニケーションや発言に対する意欲・行動力に乏しく，やや消極的

になりやすい傾向にあるなど，解決すべき課題は多い。このようなへき地教育の改善には，都市部の学校との交流など人との関わり合いを促進することがひとつの策となる。この施策を効果的かつ合理的に進めるため，情報通信技術の活用が必要とされた。つまり，へき地においても都市部とかわらない魅力ある授業を展開し，児童・生徒が社会性を十分身につけ，主体的・積極的に参加し活力ある教育活動につなげることが，「研究開発事業」には期待された。

② 第1期(平成8～10年度)の取り組み

初年度(8年度)は「人とマルチメディア機器に慣れる段階」として，多くの時間が交流のための基盤づくりに費やされた。一方で，この大きな研究課題に取り組むための準備は年度当初より重ねられてきており，協同学習を支える研究内容・組織面，そして機器操作に関する「人づくり」に力が注がれた。特に教員が相互に学校訪問を繰り返すなど，学校間，教員間の人間関係を重視してきたことが，すべり出しをスムースにした。また，画面をはさむとはいえ，研究を支えるもうひとりの「主役」である青ケ島小児童の期待も，城東小児童と一緒に時間を過ごし何かを始めることに対し，大きいものがあった。

2年目(9年度)は，機器の本格的な運用とそれに伴う遠隔交流授業がさまざまな場面で始められた。それは，機器に関する教員・児童の習熟途上という状況にこだわらず，2つの教室の教員・児童が一緒になってひとつの授業を作り上げていくこと，すなわち「ひとつの教室」づくりを志向する活動であった。これは，討論授業において「青ケ島小対城東小」という形式的な対話関係ではなく，論題や自身の調査結果に基づき練り上げた自分の主張を基幹にして，両者の間で討論を行った場面などにも表れた。

最終年(10年度)は，お互いの存在や良さのみならず，その背景にある自然環境や社会環境にも目を向けながら学習に取り組むことができるようになった。ここに至ってようやく，研究主題に基づく学習のねらいが活かされるようになった。さらに，学習活動における発表の場面では，機材の活用や機材を通しての意見交換，それら活動の基礎となる聞き手を意識した発話・発問，また発話者に注目して自らの意見を再度組み立てられるようになり，より深化した話し

合いを生み出すための姿勢が身に付いてきた。
③　第2期(平成11年度)の取り組み

　第2期には，第1期から継続する側面と，新たな課題をもって取り組む側面が存在した。前者は，テレビ会議システム等協同学習システムを活用した遠隔交流授業の継続という点であり，児童のさらなる「表現力」「問題解決能力」の向上を目指した。後者は，「総合学習」全面実施への対応であり，インターネットやISDN網の活用と，これらを利用した交流を新たな協力校へと拡大することを目指した。排他的運用のため厳しい制約を有し，かつ高価な衛星回線から，回線の運用が柔軟かつ比較的安価なISDNを使用したシステムへと変更したことにより，新たに沖縄県北大東村立北大東小学校との交流も可能となった。

　研究の方向性は，これらの点をふまえ，「交流授業の推進」「新たな交流を通した情報収集・伝達能力の育成」「インターネット・マルチメディア機器の活用方法の開発」の3点に整理されている。1点目は，城東小との交流を継続させていくことに主眼が置かれ，その他に特色ある地域との交流も行うことで，自他の地域への理解と関心を高めるものである。2点目は，問題解決能力育成の側面が大きく，学習展開にインターネットを用いた情報収集・発信場面を取り入れ，その能力と資質を養うものである。3点目は，普及価格帯に入り始めたデジタルスチルカメラ，デジタルビデオカメラ等，身近になったマルチメディア機器の新たな活用方法を探ることである。

(2)　「研究開発事業」にみる成果と課題
①　成果

　この「研究開発事業」及び協同学習システムに関する成果について，児童の変容と対応させて整理してみよう。まず「問題解決能力の育成」の観点からは，意見交換の結果，問題の捉え方や考え方，解決方法など，自身の学習問題に関するアプローチの方法がさまざまであると思えるようになり，多くの考えや発想に耳を傾けられるようになった。次に，「個性の伸長」の観点からは，児童の中での役割分担，まとめ段階での方法の選択など，自分に適した学習展開が示さ

れることで，個々の意欲を引き出した学習活動が展開された。そして多くの友達の良いところを認め，自分のやり方に取り入れるという工夫もみられるようになった。最後に「表現力の育成」の観点からは，「友達に自分の考えを伝えたい」という意識から，音声・映像に関する機器毎の特性を考えた表現方法の工夫がみられた。

次に，教員が授業改善に向け獲得した成果としては，2点挙げられている。環境と学習計画との関連性からは，互いの環境並びに人々の違いに着目させたことで，児童の純粋な驚きや疑問を引き出すことができ，学習意欲・関心を高めると同時に主体的に物事を考える場面を作り出せた。対照的に，学習過程の工夫と子どもの意欲については，教員側から学習問題を明確にしようとすると，多様な発想をもっている児童側の学習意欲が途切れてしまうことから，児童の意識に沿った学習計画が重要であるという実感が示された。

② 課題

一方，課題については，マルチメディア機器活用上の課題と，他校との遠隔交流授業実施の課題と2つに分けて整理する。

前者では，特に機器の特性を授業の目的や内容とどのように関連づけていくかということが挙げられている。例えば音声面では，ハンドマイクはひとりの音声を拾うことに長けていても，大勢の音声を同時伝えることは難しいため，授業の進行に合わせた機材の使い分けが必要となる。映像面では，書画カメラや大画面，小画面，パソコン，VTRなどその種類並びに使い道は多岐にわたるため，音声以上にその使い分けが重要である。さらに実際の授業展開では，これらを適切に選択し展開に位置づけていくことが求められる。後者については，授業だけにとどまらない日常的な交流の持ち方と，この活動によって得られる成果を学校生活全般に生かす方策に関して検討が必要であるとされている。

③ 考察

以上の経過並びに成果に基づき，まず指摘できるのは，この機会が青ケ島小のような極小規模校にとって，城東小との交流が児童のみならず教員にとってもさまざまな面でメリットを享受できる場となっていた。特に，双方の児童に

とってはいつもと違う，いつもより多い「友達」「話し相手」が定期的に存在することにより，授業時間のみならず，学校生活全体にわたり意欲づけがなされている。つまり，遠隔交流授業がひとつの集約点となって，日々の学習で積み重ねてきた自身の成果を披露する場となり，かつ次の活動への期待と意欲を生みだしている。そして教員は，このような児童の期待と意欲を受け止め，よりよい授業展開のあり方を模索する中で，児童の意識へとより目を向けるようになった。さらに，このような課題を城東小と共有し，授業計画について議論を重ねてきたことは，教員としての資質向上の良い研修機会となっていることも実感として挙げられている。

一方で，継続性確保のために生じた課題とその解決もまた必要とされていたことは事実である。遠隔交流授業とその運営準備のための機会は，平成10年度には157回・215時間にも及んだが，平成11年度に入ると50回・54時間へと大きく減少した。これは，協同学習システムに関する研究が積み重ねられてきたことにより，単純に回数を多くすることが課題ではなく，遠隔交流授業の機会を学習展開において適切に取り入れていこうとする学校・教員の姿勢の表れである。しかしながら，青ケ島小教員がほぼ2年ごとに異動となっていることに加え，当該年度に教員の異動が重なったことは，状況をより難しいものにする要因となった。これにより，培われてきた協同学習システムに関するノウハウや機器操作の技術面のみならず，人的関連において継続性が欠けることになり，遠隔交流授業そのものの実施が難しくなったことは否めない。加えて機器の仕様が古くなったこと，これに派生して交流先の拡大を願うも機器の制約によりなかなかうまくいかないという実情もあり，遠隔交流授業の継続性の確保が年々難しくなってきた現状もあった。

それまで青ケ島小は，同じ東京都の学校でありながら環境の大きく違う城東小との遠隔交流授業実施の際に，極小規模校であるがゆえの柔軟性，小回りの良さを十分に生かしてきた。例えば，城東小と午前中の授業時間を同一にしたり，隔年で実施する移動教室でも城東小を訪問して交流を育んできた。この成果は，島に戻ってからの遠隔交流授業をより充実させることにも役立てられた。

つまり，児童や教員，学校環境や年間スケジュール，行事に至るまでお互いを知り尽くすことこそ，大きな成果を享受できた要因であった。

しかし，城東小との継続性確保のうえで新規交流校を探す場合，新規・継続の両方向に対しあらゆる面で調整が必要となり，青ケ島小の学校運営・授業計画上大きな負担となることは明白であった。加えて，単に学校環境や行事スケジュール等実施上の課題のみならず，双方の児童の関心・意欲を背景とした学習課題の共有できるかどうかといった，これまでも生じていた多くの問題を再びクリアしなくてはならない。また単純に，城東小との交流継続にあたっても，比較的短期の教員異動サイクルなど青ケ島小特有の事情，さらに7年という長期にわたる交流により，マンネリに陥らないためのより一層の工夫が求められるという難しさがあった。つまり，青ケ島小の遠隔交流授業は，システム運用や方策づくりの点で，現状維持並びに交流拡大の両局面において課題を抱えていたのである。

## 3．地域学習の経過とその効果

### (1) 「東京都」に関する地域学習の概要

協同学習システムを活用した地域学習のあり方を踏まえ，青ケ島小での「東京都」に関する学習の概要と授業展開，その成果と課題について論じる。具体的には，4年生社会科「東京のまちをたずねて」という単元を，授業記録並びに報告書から考察する。

この単元の目標は，「東京都の地形や様子を調べることから，各地域の産業や生活について疑問や意見をもち，進んで追究することができる」「東京都全体の地形や主な産業・都市などの特色を調べ，人々が地域の特色を生かして生活していることを理解する」「マルチメディアを活用して，友達の意見を聞いたり自分の意見を伝えたりして自分の考えを修正したり深めたりすることができる」の3点である。単元では，東京を特徴づける各地域の特色，児童が住む諸地域とのつながりの発見，そして遠隔地とリアルタイムで話し合えるマルチメ

表1-1-1　平成10年度青ケ島小学校第4学年社会科「東京のまちをたずねて」学習計画

学習計画(16時間)

| | 学習活動 | 子供の意識の流れ | | 教員の働きかけ |
|---|---|---|---|---|
| 事実に当面する | ①日本や東京都内の知っている地域について話し合う。 | ○夏休みに○○県に行ったよ。緑がいっぱいあった。<br>○おばあちゃんが△△県に住んでいる。近くの川で遊んだ。<br>○テレビで××島のことを放送していたのを見たよ。海がきれいだった。<br>○□□区では家やマンションがたくさんある。 | MM①　4 | ○自分が行ったことのある地域でなくてもテレビや会話の中で聞いたことがある場所でもよいことを助言する。<br>○白地図を用意し、出てきた地域に印をつけ、位置を確認するように指示する。 |
| 集約化・問題化する | ②東京の地形や様子について知る。<br>③写真を見て、東京にもいろいろな地域があることを知り、問題を作る。 | ○東京にも山があるんだね。<br>○東京にはいろいろな区や市や町村があるんだ。<br>○畑や田んぼがあるよ。僕たちが食べている野菜はここから来るのかなあ。<br>○自分の学校のまわりの様子と似ているよ。<br>○この海で遊んだことがある。 | MM②<br>MM③<br>本時<br>3 | ○簡易立体地図を作り、東京都の地形を感覚的に捉えられるようにする。<br>○各地域の写真を見て、自分の東京のイメージと比較させ、東京のイメージを膨らませて考えるように声をかける。 |
| 計画を立てる | ④調べるのに必要な資料や調べ方をまとめる。 | ○本で調べよう。<br>○電話で聞いてみようかな。<br>○インターネットを使って調べられそうだ。<br>○パソコンでメールを送ってみよう。 | 1 | ○調べ方がわからない子供には助言する。 |
| 追究する | ⑤計画にしたがって各自追究する。<br>⑥情報交換しながら調べたことを整理する。 | ○調べていくうちに新しい疑問が浮かんだよ。<br>○旅行のパンフレットみたいにまとめてみよう。<br>○僕たちの地域とどんなつながりがあるのかな。 | 6 | ○同じ問題を抱えている子供同士が、マルチメディアを使い、情報交換をしていく。<br>○個に応じたまとめ方の支援をする。 |
| まとめ・発展 | ⑦個々に調べたことを発表し合う。 | ○東京にはいろいろな地域があるんだね。<br>○その地域らしい生活をしているんだね。 | 2 | ○ファックスやパソコンなどを使い、調べたことの情報交換を行う。 |

＊MM……マルチメディアを活用した双方向授業
（青ケ島小学校資料より作成）

ディア機器の特性を生かした話し合い活動の活性化が重視された。

　学習過程・学習計画と上記目標との関連性は、まず導入において、既習事項から児童が抱いている東京へのイメージを生かし、「現実」の東京の姿とのギャ

ップに気づかせている点にある。具体的には，平日と休日の中央区の写真や資料を比較し，クイズを通して人口動態や車両動態の変化に気づかせたり，低地・台地・山地等異なる東京の地形を表す写真を用いて，それぞれ東京のどのあたりかを考察させている。また展開においては，小グループによる話し合いや個人の調べ活動等，単に「青ケ島小対城東小」というシステム上の表面的形式にとどまらない学習形態の工夫と，多様な機器を使った調べ学習を行った。これらの活動は，個々の児童の興味関心，そして考えを深く掘り下げるためのものでもある。まとめの段階では，遠隔交流授業という形式ではないものの，他の情報通信機器を使用してお互いの成果について披露する機会を確保した。つまり，学習経過は一貫して，青ケ島小と城東小双方の間で行われる調べ学習と，それに伴う意見交換を軸に展開されていた。

(2) 授業記録にみる成果と課題

　授業記録には，異なる地域に根ざす児童がそれぞれ知っていることを出発点とし，抱いた疑問や意見交換を通して，調べる課題や対象を明確化していく様子が残されている。この記録から読み取れることを，機器の使用方法による効果の違いから整理してみる。

　メリットは，個々の活動場面と協同する場面が交互に連続しており，遠隔交流授業の意図した展開が読み取れることにある。具体的には，写真と地域名を合致させる作業に際し，「自分の考えを明確にする段階」「グループに分かれ意見交換する段階」「自分の意見を再考し修止する段階」が明確に組み込まれている。これは，大画面とパソコン通信の2グループに分け，グループ活動も取り入れる学習形態の工夫によっても得られた成果である。

　一方デメリットは，教員・児童双方に関係する，受像を意識した動作の必要性によるものである。画面の向こうにいる児童に話しかける場合，実際は誰もいないのだがカメラに向かって発話する。言い換えれば，画面に映っている対象者の方を見ながら発話すると，受信側からすれば，あらぬ方向を向いて発話を受けている状況になる。発話者が教員・児童問わず，このような動作と映像，

音声のちょっとした不整合性に対して，受け手の児童は敏感に反応し，授業への取り組み姿勢にマイナスの変化が表れる。

つまり，遠隔交流授業の目指すものが前面に打ち出されてその効果を発揮している点が評価される一方で，情報通信機器の適切な操作が授業の臨場感や取り組む意欲に大きな影響を与えることが指摘できる。とはいえデメリットについては，協同学習の本質的な問題を示すものではなく，機器環境への習熟によって対応可能な問題である。ここにみられるメリットを生かし，デメリットを解消するための鍵が，社会科教育と「総合学習」の連携にある。

## (3) 情報通信機器活用にみる社会科教育と「総合的な学習の時間」の連携

情報通信機器の活用によって得られる成果とその学習活動における役割は，児童や教員の習熟度に応じてメリットにもデメリットにもなりうる。機器の特性を生かすことこそ，それらを活用する授業が狙う効果を確保するための前提である。さらに，学習意欲や関心の向上にとどまらない，「研究開発事業」において追究する問題解決能力の育成，そのための「事実に当面する→集約化する→学習問題化する→学習計画を立てる→学習問題を追究する→まとめ，発展させる」という問題解決的な学習過程全体により広がりをもたせている。

しかし，これは特定の1教科だけの課題ではない。それゆえ，主体的な課題意識と主体性を生かした学習が必要とされる「総合学習」の学習過程において，児童の主体的活動を重視した学習が望まれる。そのうえで学習内容は，教科への応用可能な学習プロセスと，そのために必要な情報収集等のスキル獲得に重点化されたものでなくてはならない。そのような「総合学習」から得られる多方面にわたる関心や学習への意欲と，それらを支えるスキルこそ，教科の学習活動をより充実したものにすると考えられる。つまり，学習方法や学習プロセスの習得とその活用という，役割分担にも似た関係性を「総合学習」と教科教育の間に見出し，これを学校の学習活動全体へ意識的に広げ，つなげていくことが必要である。

特に社会科教育においては，「調べ学習」の充実や，ツールとしての情報機器

活用の観点から「総合学習」が果たす役割は大きく，連携の具体的な意義のひとつとして指摘できる。パソコンやインターネットの普及による社会環境の変化により，学校教育における情報教育への関心が高まりを見せて久しい。これを受け，情報通信機器を活用する実践は数多く蓄積されているが，それは「総合学習」における学習展開を想定している。その理由は，「総合学習」が情報に関する学習を例示していることに加え，個々の児童の課題設定や主体的な探究を前提とし，スキル習得や交流体験といった学習のねらい，導入・展開・まとめといった一連の学習の流れにおいて，情報通信機器を用いた活動の設定が容易であることによる。

一方，教科教育では，あくまで教科の有する目標や学習内容に沿って展開されるため，情報通信機器は適切な場面で使用することが求められる。このように考えると，1教科としての社会科における情報通信機器の活用においては，子どもをとりまく社会認識を育成する教科の特性とともに，使用する機器の特性も合わせて考慮しなくてはならない。

ともすれば，情報通信機器の活用は，その本質的機能といえる時間的・空間的なギャップの解消やマルチメディア機能に基づく多彩な表現活動といった側面に偏ってしまい，本来の学習活動の目標との関連性を希薄なものにしてしまうこともしばしばである。しかし，社会科教育における情報通信機器の活用は，さまざまな社会事象をより具体的に「知る」「考える」「関わる」「創る」「表現する」力を向上できるような学習活動を導くものでなければならない。つまり情報通信機器を用いた学習活動は，学習活動へ機器活用のスキル確認の機会をもたらすだけにとどまらず，相乗効果を生み出すものとして想定されなくてはならない。

さらに，社会科教育における「調べ学習」では，「現実」という情報のソースを常に意識した学習展開が重要である。青ケ島小の場合，従来でも可能だった「調べ学習」が，城東小との関係において新しい気づきを生み出しただけではなく，高まった意欲を基盤に自発的な学習活動も生み出すなど，より広く多様な社会認識へと強化されていた。

「調べる」活動では，自ら獲得した情報以外のことは「等質性」をもって受け止められる可能性が高い。特に，情報化社会において，多くの情報がネットワークを介して入手できるようになると，情報の所在や公開されている意義，入手方法など，さまざまな背景的情報を失った形で受容される。そのため，単に自身で調べた結果であることを権威として，不確かな情報までも検証なく受容してしまうことに注意しなければならない。青ケ島小の遠隔交流授業においては，意見交換等で得られる情報のソースが明確であり，かつリアルタイムで確認できる情報から学習がスタートしている点で，形式的な情報授受にとどまらない，価値や真偽の所在の検討を許す余地をもった学習活動であった。

　一方，「伝える」活動は，「何を」という観点で発信者自らの状況や環境へのまなざしを取り戻し，「誰に」という観点で自らを取り巻く環境の外へとそのまなざしを向けさせる。これは，「調べる」「まとめる」にとどまることの多かった従来の教科教育においては，取り上げることが難しい活動である。「調べ」「伝える」活動を一連の学習過程として設定し，かつ情報通信機器の活用が関心・意欲・態度のみならずスキルも高めている学習のあり方，これこそが教科本来の目的を生かす側面と，基礎的・基本的な資質としての情報活用能力の育成を目指す「総合学習」が担うべき側面とがうまく合致したあり方である。

## 4．おわりに

　本節は，協同学習システムを用いた地域学習，具体的には「東京都」に関する社会科の学習を取り上げ，社会科教育と「総合学習」の連携可能性を論じてきた。青ケ島小における遠隔交流授業は，情報通信機器を活用した「調べ」「伝える」活動を問題解決的学習プロセスに明確に位置づけ，両校共通の地域である「東京都」について，異なる環境であることを生かしその多様性を浮き彫りにすることに成功しているものであった。

　考察した地域学習は，「家族」と「日本」の間を埋める地域区分に存在するあいまいさを，自分たちが暮らす環境に対するまなざしを生かし，さらに城東小と

の交流からその環境の相違を獲得し,結果として児童の「地域」に関する視野の広がりを「東京都」という行政単位に一旦帰結させる学習活動であったといえる。この学習において協同学習システムは,取り組む教員・児童の個々人,そして全体の総意を伝え合うのみならず,相違を認識し確認するための作業を支える,必要不可欠な「装置」であった。

　そもそも,地域学習の指す「地域」の概念はあいまいで多義性を有しており,その範囲や内実についてはさまざまな指標抜きでは示すことができない。ひるがえって,社会科教育における学習内容を考えると,自己を中心として家庭や地域,都道府県,国家,世界へと拡大していくスコープを有している。一定の地理的範囲を,特定の現象や指標を基準にして区切られた土地とされる「地域」を区分して捉えることにより,それぞれの地域に関する情報が整理され,地域的特色の理解が容易になる。

　「地域」概念を,児童がいかに理解しているか考えるとき,単純に「東京」という表現をもって「地域」,そしてそこへの「帰属意識」を問うことは難しい。それゆえに,社会科教育の場合は,スコープの拡大に合わせた自ら所属する「地域像」の獲得が必要となる。国家対国家の比較の場合には,「青ケ島」という地域像は相対的に意味を失い,都道府県や国家,アジアなどの地域世界へと「地域概念」を重層的に拡大していく必要が生じる。そのための学習を社会科が支えているのである。しかしながら青ケ島の場合,その地域的・社会的特性から,「東京都」という地域性を,他の都民同様に維持するためには多大な工夫が必要とされる。その工夫の余地一層を拡大していくためには,情報通信機器を活用した協同学習システムは必要かつ有効であったといえよう。

(佐藤　公)

 # 伊豆諸島大島・御蔵島における 「流人の歴史」に関する意識
―小・中学校の歴史学習を手がかりに―

## 1. はじめに

　本節の目的は，伊豆諸島大島と御蔵島の小・中学校における歴史学習を手がかりに，「流人の歴史」に関する島民の意識を明らかにすることである。日本だけでなく世界の歴史においても，罪を犯した者や為政者と対立した者を犯罪者として，辺境の地や島に移送する島流しが行われてきた。日本は島国であるがゆえ，早くも8世紀より伊豆大島や佐渡，隠岐などの島々が流罪で最も重い刑である遠流の地とされていた。

　それでは，それら流人を引き受けた島の人々は，島にまつわる流人の歴史をどのように意識しているのであろうか。それら流人が流された島には流人とは関係のないその島独自の歴史があるにもかかわらず，現代においてもしばしば「流人の子孫なのですか」と観光客に島の人々が尋ねられるという現象がある[1]。これは流人を島に流す側からの視点により，現在も流人が流された島へのイメージを形成していることを示している。その一方で，八丈島では背面に「流人」と筆書きされたTシャツが観光客に売られている。それがたとえ観光客の「うけ」を狙ったものであるとしても，このTシャツは「流人の島」というイメージが，少なくとも島民にとっては違う意味を持ちうることを示している[2]。

　この問いに答える手がかりとして，本節では八丈島と同じ伊豆諸島に属する伊豆大島と御蔵島の児童生徒の流人の歴史に関する学習に着目する。全国的に見て伊豆諸島は最も中央に近い離島ではあるが，大島に関しては古代，他の島々においても近世には思想犯や罪人たちが流される「流人の島」とされていた。地域の歴史学習に関する研究は数多くあり，特に歴史教育者協議会の機関誌『歴史地理教育』にその多くの実践例が載せられている。また，総合的な学習の時間が導入され，「へき地」といわれる離島や地域がそれまで行ってきた特色のあ

る地域学習を大きく評価する動きがある[3]。しかし、先行研究の中で離島を対象にその歴史学習や児童生徒の意識を分析したものは管見の限りない。本節により伊豆大島と御蔵島の「流人の歴史」(以下、「 」は省略)に関する島民の意識を明らかにすることで、中央からの視点に縛られがちな私たちの離島意識にも変化をもたらすことができると考える。

## 2.「流人の島」としての大島・御蔵島

伊豆大島における流人の歴史は天武天皇の時代までさかのぼるが、大陸文化の伝統に影響されて行われたもので日本本来のものではない。正史に現れたものとしては5世紀頃に書かれた『日本書紀』が最初であり、伊豆島(現在の大島)に流人を送ったという叙述がある[4]。その後、701年の大宝律令の制定により刑罰が設けられ、笞刑・杖刑・徒刑・流刑・死刑の五刑のうち流刑は死刑の次に重い刑とされた。その流刑も、近・中・遠に分けられており、処罰の軽いものほど都から近く、重いものほど遠くに流刑先を配置していた。聖武天皇の神亀元(724)年には、伊豆国およびその一部の伊豆諸島は流人地として確定し、大島が最初に流刑先に定められた[5]。鎌倉・室町時代から戦国時代を経て江戸時代に至るまで、伊豆諸島で最も有名な流人は源為朝である。源為朝は源氏の家督をもつ源為義の子で平安後期の武将であり、身体強大で性格は剛気、弓術に優れていたという。保元の乱のときに父の為義にしたがい崇徳上皇方についたが敗れ、伊豆大島に流されたのは1156年のことである。しかし、源為朝はその後も伊豆諸島で権力を保持したために、攻められて自殺したという。この後、江戸時代までに、おたあジュリア(1612)、武田信玄の孫顕了とその子教了(1613)、赤穂義士の遺児(1703)など流人が続いた[6]。江戸時代の遠島に該当する罪科は、博変をなす者、女犯の寺僧、誤って人を殺した者、不受不施の僧や信者などである[7]。また、流人たちの島での生活はその多くが過酷なものであり、罪を悔悟して善良な者と認められた有能技能者か重労働に堪えぬいた健康の持主だけがどうにか生きのびたという[8]。しかし、江戸時代の寛政8(1796)

年に大島が流人島から外される。大島が日本本土より近く「島抜け」を企てる者が頻繁であったということ,流人取締りの任務に直接当たる島民には物心両面から大変な重荷となったことが理由である[9]。大島の流人が島民の生活に直接与えた影響については,安藤治左衛門が読み書きを島民に教えたという伝承や,医術の心得がある流人が医者の代わりをしたり,不受不施僧が読み書きを教えたりした程度だという[10]。

　伊豆大島と比較して,御蔵島が流人の島となったのは江戸時代に入ってからである。それまでは大島だけが遠島の地として知られていたのが,江戸時代に入ると『公事方定書』により七島全体が配流地に定められた[11]。江戸時代を通じて途切れることなく御蔵島へ流人が来たが,流された人たちも町人から不受不施派の坊主などさまざまな人たちである。また,「島替え」という言葉が終わりの方に集中して現れているように,江戸末期には伊豆諸島内での流人の移動が行われていたことをうかがわせる。ただ,御蔵島における流人の生活に関する詳細な記録はない。

## 3．大島における流人学習

### (1) 大島における流人への意識

　本項では,大島の流人に関する学習について述べる。伊豆大島において有名な流人が残した足跡や跡地は,現在は観光地となっている場合が多い。大島の観光案内図で流人についての記載は,次のとおりである[12]。①源為朝古戦場,②為朝の碑,③為朝の館跡,④七人様（武田信玄の孫信道の墓）,⑤オタイネの碑,⑥八幡神社。これら①〜④は戦国武将であるが,⑤「オタイネ」とは秀吉の朝鮮侵略の時に朝鮮から日本に連れて来られたおたあジュリアを指している。⑥八幡神社は,源為朝が大島の岡田につくったと言われている神社である。④⑤の2つを除いてすべて源為朝に関するものとなっている。次に,大島の流人に関するイベントとして9月21日〜23日に行われていた「為朝ウオーキング」を挙げることができる。これは島の中心部である元町長根浜公園の「為朝の碑」

を始点に「為朝館跡」を経て，西北部の乳ヶ峰にある源為朝古職場まで往復14キロの道を約4時間かけて歩くのである。源為朝の住居跡近くに住みその子孫とされている藤井重道さんによると，この為朝ウオーキングは昭和45〜46年ごろから島の男たちが始め，大島秋祭りのオープニング行事だという。島の観光のために，弓の名人であった為朝にちなんで弓引き大会などもあったという[13]。

それでは，大島に住む人々の流人に対する意識はどうであろうか。大島教育文化課長の近藤正行氏は，流人は新しい文化を大島にもってきたというプラスの面を評価しているという[14]。また，結婚して大島に住み着いた大島町立図書館に勤務する金城喜美代氏は，大島では30cmもの大きなサクユリに「為朝ユリ」と名前をつけたりするという。さらに，島外の男の人が島の女性と結婚して大島に住み着く場合，その男の人は島の人から「為朝さん」と呼ばれたりするという[15]。近藤さんの話からは，流人を罪を犯した罪人と知識階級の罪人を分けて考えていること，金城さんの話しからは，源為朝が今もなお「為朝ユリ」「為朝さん」として大島に根付いていることを示す例であろう。

(2) 歴史学習における源為朝

大島の流人を代表する源為朝が小・中学校の社会科授業の中でどのように扱われているのか，社会科副読本と大島第二中学校の源為朝に関する歴史授業の様子から探る。

大島の小学3・4年生が使う社会科副読本『わたしたちの大島』は，大島の各小学校教師が編集委員として中心に執筆し，平成8年に第七版を重ねている。大島の歴史に関することは，5）の大島町のうつりかわりに叙述されているが，その内容は①学校，②交通，③生活，④大島町の4つの推移である[16]。注目すべきところは，昭和を中心にその内容が描かれており，近代以前の大島の歴史についてはほとんど触れられていないことである。巻末にある「大島の年表」でも，大島の歴史は1872（明治5）年「野増小学校ができる」から始まっており，前近代の大島の歴史は叙述されない。このように大島の社会科副読本では，明治までの島の歴史に関する叙述はない。

次に，源為朝に代表される流人の歴史は，実際の社会科授業でどのように取り扱われているのだろうか。歴史授業において源為朝を始めとした流人の歴史の扱いを調べるために，大島第二中(以下，第二中)の社会科教員に無記名の質問紙調査を行った。第二中の社会科教員は一人であり，この教員が三学年すべての社会科の授業を担当している。この社会科教員Aは，東京都出身で教員歴20年以上の中堅であり，すでに大島で3年を過ごしている。大島には観光で来たこともあり，知り合いもいたという。大島の生活に対するイメージは特になかったということであった。質問紙調査では，歴史の授業の中で地域の歴史を教えたものとして，平安時代の源為朝，戦国時代のおたあジュリア，江戸時代には天領としての大島を挙げている。このように，3つの時代(平安・戦国・江戸)で大島の歴史に触れているのであるが，その中でも源為朝に関しては，保元の乱を説明する時に扱うとして，為朝のその後についても学習させているという。流人の歴史については「地域の事柄を扱いたくても歴史の内容は多く，流人の歴史まで深入りできない気がします」という回答であった。このように，歴史授業においては各時代で特に大島と関係の深い出来事を扱うことが中心で，流人の歴史自体は特に意識して教えていないことがわかる。

　さらに，生徒の為朝に対する歴史意識を第二中の地域研究発表会(以下，地域研)の報告集から探ってみよう。地域研の始まりは，第五中との合併前の1970年にさかのぼる。当時，グランドが使用できずに体育的な行事ができなかったことが，地域研の始まりである。3〜5人の班に分かれて生徒たちが自ら地域を歩いて資料を集めていくスタイルは1976年ごろに定まり，報告書の作成は1982年に始まった[17]。流人である源為朝に関連する内容が生徒の研究テーマになったのは，報告書に記録が残っている1982年から2003年まで4回ある。為朝に関してはその伝説に関することがその研究テーマになっていることが多いが，その中で1996年「為朝の伝説班」は為朝が大島に流された理由と為朝の伝説を調べ，それに関する考察を生徒の対話形式で掲載している。少し長いが，生徒の為朝意識を知るよい資料であると思われるために，内容を以下に記す。大・常，扶，知，静は班員略名であり，生徒の意識に関する部分には

筆者が下線を引いた。

> 大・常：本によって書いていることが違うからうそっぽい。
> 扶　　：潮路さんのおかげで資料はいっぱいあったけど信じ難いものばかり。
> 静　　：他島の伝説もうそっぽい。
> 知　　：それって批判ばかりじゃない。
> 扶　　：でも大島の観光化のために作られたみたい。　　　（中略）
> 常　　：んとね，だから確かなことは残していないから全部ウソかもね。

　この生徒同士の対話から，生徒の為朝意識について次の3点が読み取れる。1点目は，為朝を島に来た有名人として捉えているということである。2点目は，為朝伝説の真偽に話の内容が集中していることである。3点目は，大島の観光化のために伝説がつくられたのではないかと考えていることである。この3点目については，1982年の「為朝班」は為朝伝説は「判官びいき」と同じ意識から来ていることを述べているが，2001年の「大島の為朝伝説班」ではこの為朝伝説と観光の結びつきを強く主張している。この背景には，1928（昭和3）年に純客船の「橘丸」「桜丸」が運行され観光客が激増したことに伴い，大島の藤井神主家が赤門を備えた屋敷内の為朝伝説を表象する物を整備して為朝館として観光化を図ったということ。また，二中の地元である岡田でも旅館業の白井潮路さんが「保元物語」「椿説弓張月」などを参考にして，地元の事物を為朝の事跡として解釈したとしている[18]。こうして昭和初期より大島の為朝伝説が次第に定着していき「大島の為朝伝説は島の観光化による観光資源の要求に応じて成長を遂げたものである」と担当した生徒は結んでおり[19]，為朝伝説普及の背景を観光化によるためと説明しているのである。

## 4．御蔵島における流人学習

### (1) 御蔵島における流人

　本節では，現在の御蔵島における流人の歴史の立場と島民の意識を探る。まず，流人に関係する項目を挙げているのは「市街地データ＆マップ」という御

蔵島案内図であるが，これには三宝神社，七人塚，奥山交竹院の墓の場所が絵で表されている。三宝神社は，御蔵島の産神様を祭る稲根神社の境内にある。江戸時代の1686〜1729年の40年間，三宅島の支配下に置かれていた御蔵島の窮状を見かねた流人の奥山交竹院が，島の神主である加藤蔵人と江戸にいた桂川甫筑に連絡を取り，幕府に働きかけて御蔵島の独立を勝ち取った。この3人の偉業を称えてその碑が今も三宝神社として置かれている。この三宝神社から少し離れたところに奥山交竹院の墓がある。七人塚は罪を犯して御蔵島に流されてきた7名が1753年に島の井戸に毒を入れて島を抜け出そうとして失敗し処刑された墓である。

次に，御蔵島の歴史案内文で明治までの歴史として叙述されている内容は，ゾウ（遺跡）に縄文人が住む（紀元前600年頃），奥山交竹院流される（1714年），白木屋お常流される（1728年），三宅島より独立（1729年），古人金七人斬り事件（1753年），近藤啓次郎事件（1822年），バイキング号事件（1863年）である。御蔵島の歴史とされているこれら前近代までの内容を見ると，最初のゾウ遺跡と最後のバイキング号事件を除いては，すべて流人に関係する内容であることがわかる。さらに，御蔵島の年中行事における流人であるが，11月10日に行われる三宝神社祭礼がある。御蔵島小・中学校の事務長であった栗本市郎さんによると，御蔵島における流人の歴史は口語伝承で記録がなく不確かであるという。小学校では4年生の総合的な学習の時間でこの内容を扱い，流人の話しを子どもたちは知っているという[20]。また，旅館西川の主人は，島の児童生徒は流人の歴史を知っていること，島の人々は島の発展に力を尽くしたか否かを区別して考えていることを語ってくれた[21]。

御蔵島村小・中学校の教師が中心となり，御蔵島村教育委員会の指導・助言を経て編集された社会科副読本『わたしたちの御蔵島』の目次では，御蔵島の歴史については「3）島のうつりかわり」「6）島の発てんにつくした人々」「8）島のむかし話しや伝説」がある[22]。その中で，島に流されてきた流人に関する話は3）と8）に叙述してある。3）では「学校とくらしのうつりかわり」とともに，「むかしをたずねて」という項目があり，先史時代からの島の歴史が叙述されて

いる。8）では流人に関係する島の伝説が叙述されている。御蔵島の副読本には，奥山交竹院のような御蔵島の独立に力を尽くした流人だけでなく，七人塚や近藤啓次郎などの犯罪者も平等に叙述されている。思想・政治犯や凶悪犯罪人などさまざまな流人の話しを「島の昔話」という枠内に入れ，島の歴史として児童たちに伝えようとする姿勢が読み取れる。

(2) 児童生徒の流人に対する認識

次は児童生徒の流人に対する意識を質問紙調査より検討する。御蔵島小学校は，小学校5年生の男女各2名，6年生は男女各1名の合計6名，御蔵島中学校は1学年男女各2名，2学年男女各1名，3学年女1名の合計7名が全在籍数である。質問紙調査の内容は，児童に対する基礎知識（御蔵生まれか，他島への移動回数など）の質問の後，御蔵島の歴史に関する認識を選択式と記述式で行った。流人認識について，御蔵島小学校5・6年生の半分以上は流人について知っており，その情報は学校での授業と地域から得ていることがわかる。中学生もほぼ全員が流人についての知識があり，小学生と同じように授業と地域からの情報が最も多い。生活居住区が島の一部にほぼ固定されている御蔵島の児童生徒にとって，その毎日の生活圏内にある奥山交竹院の墓や三宝神社，七人塚は小さい時から馴染み深いものである。さらに記述式調査では，奥山交竹院に対するイメージを中学生に聞いた。その答えとしては，すごい人（2人），えらい人，頭がいい（2人），はげている，けわしい顔をしているである。全体的に肯定的なイメージを形成しているのがわかる。

## 5．大島・御蔵島の流人学習に関する考察

以下，大島と御蔵島の流人の歴史と学習を3点に整理してみる。1点目は，両島とも流人の歴史を隠さずに伝えようという姿勢が見られ，島民の立場から流人の歴史を相対的に見ているということである。2点目は，流人の歴史に関して大島の副読本には前近代に関する叙述がないために流人への言及もない。

それに対して，御蔵島では島に来たさまざまな流人を副読本において叙述している。ただ歴史の授業においては，大島においても島と関係のある流人の歴史に触れる場合もあるということである。3点目は流人の歴史に対する生徒の歴史意識に関して，大島では源為朝に関する伝説の真偽やその伝説の語られ方を問題にしているのに対して，御蔵島の児童生徒は，島の流人に関する情報を学び，島の発展に尽くした人物については尊敬の念をもっているということである。これら2点目と3点目に見られる大島と御蔵島の違いは，(1)副読本の叙述の有無，(2)流人に関する史料の状態，(3)島の観光化に深い関係があると思われる。以下，この3点を具体的に考察する。

(1) 副読本の叙述の有無

御蔵島の副読本では通史的に島の歴史に関する叙述があるのに対して，大島の小学校副読本では島の歴史に関する叙述が近代から始まっている。しかし，前述したように，大島においても島民の生活向上のために読み書きを教えるなど島に貢献した流人はいた。この点を副読本に対する3つの視点から考えていきたい。1つ目は，副読本作成の意図に関して，両島の教育委員会がどのような考えに基づき作成しているのかを探るために，本の巻頭または巻末に記載してある編集者たちの「副読本作成のねらい」に注目した。これによると，両島も最後の言葉は「きょう土大島町のよさを見つけだし，これからの大島について考えてみましょう」[23]，「さらに郷土への理解を深めて，よりよい御蔵島にするためにどうしたらよいかを考えてみてください」[24]と書かれており，「郷土」という言葉からもわかるように両島とも情緒的な帰属意識を強調している。しかし，その内容には違いを見せる。大島の「作成のねらい」では，①自分たちの家や学校のまわりを知る，②各地区と白地区との比較，③大島町の変遷(「むかしから今年まで」)，④けんこうで安全なくらしが学習のポイントとして挙げられているのに対して，御蔵島では「ふるさと」という言葉ともに，厳しい自然との共存生活や他島との比較がここでは書かれている。大島は島内の各地区による比較が可能であるのに対し，御蔵島ではその自然環境により住居地域が一部に

限定されているために，他島との比較で情緒的な「ふるさと」としての御蔵島の特色を際立たせている。2つ目は副読本の対象学年であるが，御蔵島の副読本は小学校中学年(3・4年生)から中学生をまで対象にしているのに対して，大島では小学校中学年だけを対象としている。副読本が比較的長い期間使用される御蔵島では，小学生でも中学生でも利用できる難易入り混じった内容で副読本を編集する必要がある。これに対して大島では，小学校中学年の水準に合う副読本を編集すればよく，児童の発達段階に合わせた内容を構成しやすい。3つ目は，近現代史の叙述内容と方法であるが，両島とも児童のおじいちゃん・おばあちゃんの時代を探るという形式で，自分たちの通う学校の歴史年表を作成させたり，当時の民衆生活史を叙述したりしている。

　上記3点を総合的に考えると，大島では小学生の発達段階から身近に歴史を感じる近現代史だけを集中的に扱うのに対し，島への郷土・帰属意識を育てる面が強い御蔵島では，小・中学生が副読本を使用するために島の通史を叙述しているということがいえよう。

### (2) 史料の問題

　大島と御蔵島での流人の歴史に関しては，平安時代末期と江戸時代という時代の差が流人学習にも大きな影響をおよぼしている。つまり，残余史料の問題である。有名な流人である源為朝は平安時代末期の人物であり，その当時の様子を伝える古文書は残っておらず，江戸時代に書かれた滝沢馬琴の小説『椿説弓張月』により広まって行った[25]。また，大島では江戸時代の中ごろから流人は流されなくなることも，流人に関する史料が比較的少ない要因でもあろう。これに対して，御蔵島の流人の歴史は江戸時代に継続的に流され続け，古文書などの史料は大島よりは残っている。つまり源為朝の場合は，流人として大島での生活を記した原史料が存在せずフィクションとして話が伝わっているのに対して，御蔵島の流人はそれを記した当時の古文書が残存していることにその大きな違いがある。

(3) 島と観光化

　大島における流人の中でも特に源為朝は，島の観光化に利用されている部分が大きいという点が挙げられる。このことに関しては，大島の観光化に伴う源為朝に対する言説分析をさらに詳細に行う必要があるが，大島の観光化のために源為朝が使われたというのは，源為朝の子孫といわれる藤井さんや教育文化課長の近藤さんの話し，また第二中の地域研究発表会における生徒の調査報告書からもある程度裏付けられる話である。平成12年に行われた国勢調査によると，大島においては，第三次産業に従事するものが74.1％と圧倒的に多く，その多くは商業やサービス業など観光に関連するものである。1970年代の「離島ブーム」では1973年には大島を訪れた観光客は83万9千人にものぼり，これは伊豆諸島全体の141万人の60％近くを占めた。しかし，その後は次第に減少傾向にあり1999年35万人，2001年28万7千人と観光客は減り続けている[26]。これらの現実を踏まえて，観光客を大島に呼び戻すための一環として，源為朝の伝説が利用されているのである。これと比較して御蔵島では，島の自然を次世代に残そうという観光よりも，自然保全の面を意識しているようである。島には遺跡の説明を記した看板が立っているものの，特に観光客を意識して作成したとは思われない。また，2004年1月に御蔵島は東京都の自然環境保全促進地域に指定され，エコツーリズムが導入された。東京都と御蔵島村が，「島の自然を貴重な財産として後世に伝えることと，来島者がよりきめ細かく自然に親しめるようにするため」に，「島の自然を楽しむためのルールを定め，ガイド同行を原則とした」ものである[27]。ここでは島の観光化を否定していない。しかし，自然環境を守るために観光客の出入りを規制したことは，御蔵島が島の観光よりも環境問題に力を入れていくことを示している。

　以上のように，大島においては島の観光化のために流人の歴史が利用される側面が強いのに対し，御蔵島では他の歴史的事項とともに島の通史に位置づけられ，子どもの郷土・帰属意識育成の一端を担っているのである。

## 6. おわりに

　本節では流人の歴史を手がかりにして，伊豆諸島大島と御蔵島の小・中学校における歴史学習と島民の認識を明らかにしてきた。ここで明らかになったことは，児童生徒を含む大島・御蔵島の人々は，流人の歴史を自分たちとは違うものであると相対的に捉えているということである。今回の調査においては，自分たちが流人の子孫であるという意識は両島の人々から感じられず，学校での歴史学習においてもそうであった。

　それでは，島民から見た流人の歴史とはどのようなものなのだろうか。大島においては，島に流されてきた代表的流人である源為朝を「島に来た有名人」として捉え，島の観光化の一翼を担わせている。これに対して，御蔵島では流人の歴史も島の歴史に包含し一連の島の歴史を学ばせることによって，島に対する帰属意識を児童生徒に育成している。

　以上のように，実際に「流人が生活した島」である大島や御蔵島の人々は，中央からの「流人の島」という視線に対しては，その歴史を相対化することで，観光や帰属意識といった新たな価値を生み出しているのである。

（國分　麻里）

注
1) 大島郷土資料館の諸星光喜さんの話より (2003.12.3)。
2) このTシャツは空港売店などで売られている。調査当時，販売している空港の店舗に電話で聞いたところ，観光客はもちろん地元の人も買っていくという (2004.6.3)。
3) 例えば，玉井康之「現在におけるへき地教育の特性とパラダイム転換の可能性」『僻地教育研究』57号，2002年；鎌田浩子・佐々木幸「へき地教育に学ぶ『総合的な学習』の教材開発の構想」『へき地教育研究』56号，2001年などがある。社会科に関しては，君尹彦「へき地社会の変化と社会科教育の課題」(上 1992)(中 1995)『僻地教育研究』46-49号がある。ここでは，事例として北海道帯広市清川区の小学校社会科カリキュラムを分析している。
4) 立木猛治『伊豆大島志考』中央公論出版事業部，1961年，671頁。
5) 伊豆諸島東京移管百年史編纂委員会『伊豆諸島東京移管百年史』下，ぎょうせい 1981年，162頁。

6）同上，37-38 頁。
7）立木猛治，707-719 頁。
8）同上，676 頁。
9）伊豆諸島東京移管百年史編纂委員会，37 頁。
10）同上，40 頁。
11）立木猛治，675 頁。
12）(社)大島観光協会「伊豆大島観光マップ」。
13）藤井さんへの聞き取り(2003.12.4)。
14）近藤さんへの聞き取り(2003.12.3)。
15）金城さんへの聞き取り(2003.12.3)。
16）小学校社会科副読本編集委員会編『わたしたちの大島』1997 年。
17）この地域研は現在も続いており，2011 年には関係者を集めて 30 周年を迎えたという。大島第 2 中 http://www.16.ocn.ne.jp/~oshima2c/saka23.11.1NO296.pdf（2012 年 3 月 1 日確認）。
18）「大島の為朝伝説」2001 年，22 頁。
19）同上，23 頁。
20）栗本さんへの聞き取り(2003.12.3)。
21）西川さんへの聞き取り(2003.12.3)。
22）御蔵島村教育委員会編『わたしたちの御蔵島』2001 年。
23）『私たちの大島』7 頁。
24）『わたしたちの御蔵島』110 頁。
25）山口貞夫『伊豆大島図誌』地人社，1936 年，145 頁。
26）これら統計数字は『資料編』『大島町町勢要覧』1992 年度を参考にした。ちなみに，現在もこの傾向は続き，2009 年は 216,937 人と減少を続けている。
27）『東京七島新聞』2004 年 1 月 18 日付。

#  御蔵島における子どもの遊びの変容と教育の役割

## 1．はじめに

　子どもの遊びは，日常生活において大きな位置を占めており，遊びに着目する視点は，現代社会の中で遊び空間をいかに確保するかという計画論の立場か

ら建築学・都市計画において研究蓄積がみられる[1]。同様に，子どもは遊びを通じて周囲の環境を知覚していくことから，地理学においても，その舞台となる子どもの遊び空間や空間認知に関する研究は多い[2]。これまでの研究によって明らかになっていることを整理すると，遊びの変化には三間（遊び時間・遊び空間・遊び仲間）の消失や親の監視の強化が大きく影響を及ぼしていることが指摘できる。すなわち，習い事による子どもの遊び時間の減少や都市化の進展による遊び場確保の問題，少子化に伴う遊び仲間自体の減少が進行したのである。また，テレビゲームの普及や子ども部屋の個室化も屋内に子どもを留めさせる一因となってきた。さらに，近年では少子化の影響もあって，「かけがえのない子ども」や「特別な役割をもたず勉強し消費するだけの子ども」という子ども観が強くなっていることも影響している。

　一方で，近隣に居住する年齢構成の異なる遊び仲間との屋外での活動は，遊びの伝承や自然遊び，組織教育といった機能も有していた[3]。子どもは日々の遊びを通して，周囲の地形や特徴を理解し，安全な場所と危険な場所の違いを見極め，周囲の環境に合わせた遊びを創造してきたのである。このことは，自地域の理解を促し，ある面では地元への愛着や帰属意識を育むことにも相応の役割を果たしてきた。こうした郷土愛や地域アイデンティティの育成は，学校現場における主要な教育テーマのひとつでもある。特に，島嶼部のような高等学校をもたない地域では，中学卒業を機に大半の子どもが地域を離れていく現実を鑑みれば，より充実した教育プログラムを構築し，地域の発展に尽力できる人材の育成を図っていくことも必要であろう[4]。

　そこで，本節では，離島における子どもの遊び行動の変容を明らかにすることで，失われた教育機能を見直し，その一端を地域と連携した学校教育において補完していくことの可能性を考察する。事例地域としては東京都御蔵島村を選定した。なお，現地調査は，2003年12月に島民および児童・生徒，学校関係者，村役場職員へ聞き取りおよび資料収集を行い，2004年1月に児童・生徒に対してアンケートを実施した。

## 2．御蔵島の子どもにみる遊びの特性

### (1) 御蔵島の特徴

　御蔵島は，東京の南方海上約230kmに位置する（図1-3-1）。南北約5.5km，1周約16kmのほぼ円形の火山島である。周囲は絶壁となっており，昭和30年代に突堤工事が行われるまでは，船を出す浜らしき浜も見当たらなかった。このため，漁業は振るわず[5]，島の総収入の25％(1954年)をツゲ材などの林業が占めていた。島外との交通手段は船とヘリコプターで，海の荒れる時期は何日も島外から物資が運ばれないこともある。島の地形は急峻なため，島民の居住空間は御蔵島港に近接する一角に限られている。2011年4月1日現在の人口は305で，小学校の児童数は20名，中学校の生徒数は9名である。島内に高等学校はなく，生徒は中学卒業とともに島を離れることとなる。このことから，御蔵島小中学校は島内で唯一の教育機関であると同時に，社会教育に関する役割も担っている。例えば，学校の図書館は地域に開放されており，図書館の本は島民全員が借りることができる。

　以下では，2003年度に小学校および中学校に通っていた児童21名，生徒9名のうち，小学3年生以上の児童・生徒22名中19名から回答を得たアンケート調査をもとに遊び行動の現状について説明する。

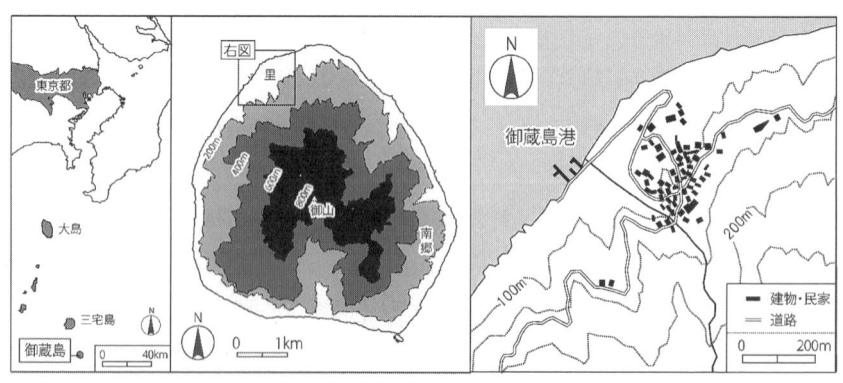

図1-3-1　御蔵島の位置

(2) 子どもの遊び行動の現状
① 小学校中学年(3・4年生)

小学校中学年では主な遊び場として御蔵島開発総合センターの体育館(以下，開発センター)を挙げる子が最も多かった(図1-3-2・表1-3-1)。回答者である6名全員が遊び場としていた。次いで御蔵島保育園の園庭(以下，園庭)を挙げる子が多く，休日の利用者が5名と平日に比べ増加する傾向がみられた。また，家の中もしくは家で遊ぶ子どもは，平日4名，休日3名とそれほど差はみられなかったが，家の周りで遊ぶと答えた子どもは，平日の1名から休日は3名に増加している。全体的に休日の方が遊び場の回答数が平日よりも増えているが，これは，遊び時間をより多く確保できることによる。遊び内容は，ドッジボールなどのボール遊びが多く，続いて陣取りやドロケイ[6]・鬼ごっこといった追いかけっこが選択されている。遊び仲間としては，年齢の近い子が挙げられている。

② 小学校高学年(5・6年生)

小学校高学年も，中学年同様，開発センターや園庭を遊び場として選択して

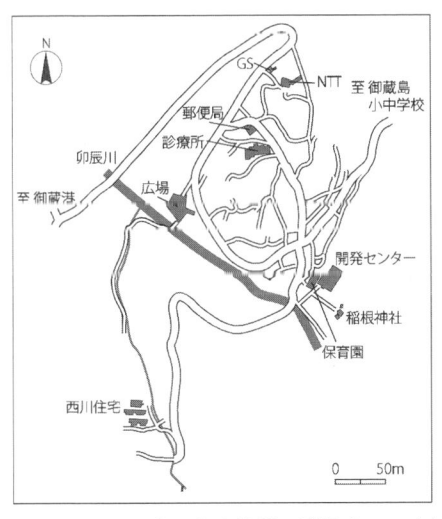

図1-3-2 里の中の主な施設・道路(2003年)

表 1-3-1　小学校中学年における遊びの特徴

| | 平日 | | |
|---|---|---|---|
| | 遊び仲間 | 遊び場所 | 遊び内容 |
| 男1 | 年の近い子 | 開発センター・家の中・広場 | ドッジボール・陣取り・鬼ごっこ・ドロケイ |
| 男2 | 年の近い子 | 開発センター | ドロケイ・陣取り・ボール遊び |
| 男3 | 年の近い子 | 開発センター・家・家の周り・海 | ドッジボール・ドロケイ |
| 男4 | 年の近い子 | 家・広場・道端・開発センター | ボールゲーム・野球・釣り・サッカー・(泳ぎ) |
| 男5 | 年の近い子 | 開発センター・園庭・家の中 | サッカー・ドッジボール |
| 女1 | 年の近い子 | 開発センター・園庭・神社 | ドッジボール・陣取り・鬼ごっこ |

| | 休日 | | |
|---|---|---|---|
| | 遊び仲間 | 遊び場所 | 遊び内容 |
| 男1 | 年の近い子 | 神社・開発センター・園庭・家の周り | ドッジボール・陣取り・鬼ごっこ・ドロケイ |
| 男2 | 年の近い子 | 開発センター・園庭・家の周り・自宅・友達の家 | ドロケイ・陣取り・ボール遊び |
| 男3 | 年の近い子 | 園庭・開発センター | ドッジボール・ドロケイ |
| 男4 | 年の近い子 | 開発センター・家 | カードゲーム |
| 男5 | 年の近い子 | 開発センター・園庭・家の中 | 野球 |
| 女1 | 年の近い子 | 開発センター・園庭・家の周り | ドッジボール・陣取り・鬼ごっこ |

(アンケート調査により作成)

いる(図1-3-2・表1-3-2)。家の中を遊び場とする子は平日・休日ともに2名のみで，家の周りと回答した子はいないことから，家やその周辺で遊ぶ傾向は中学年よりも弱い。これは，遊び内容としてサッカーやソフトボールと回答する子が多いことからも，より広いスペースを必要としていることが伺える。また，サッカーを日常的に行う子どもの多さについては，当地では小学4年生からは少年サッカー団があり，週に2日，男女でフットサルの練習が行われていることの影響もあると考えられる。遊び仲間については，中学年と同様に，年齢の近い子と遊んでいる。なお，ここでいう「年齢の近い子」には1～2歳年長となる中学生も含まれる。このことには，一島一集落で小中学校が併設されているという地域事情が影響しているものと思われるが，日本の多くの都市地域ではほとんどみられない傾向といえよう。

表 1-3-2 小学校高学年における遊びの特徴

| | 平日 | | |
|---|---|---|---|
| | 遊び仲間 | 遊び場所 | 遊び内容 |
| 男6 | 年の近い子 | 開発センター・園庭 | ドロケイ・鬼ごっこ・陣取り・ドン・サッカー・ボール遊び |
| 男7 | 学校の友達みんな | 園庭・開発センター | 缶蹴り・サッカー |
| 男8 | 中学生 | 開発センター・園庭・道端・家の中・海 | 陣取り・ドン・サッカー・釣り・(泳ぐ・松ぼっくり合戦) |
| 男9 | 年の近い子 | 開発センター・家の中 | サッカー・ゲーム |
| 女2 | 年の近い子(男女)・園児 | 園庭・開発センター | 鬼ごっこ・ドロケイ・ドッジボール |
| 女3 | 年の近い子 | 園庭・開発センター | ソフトボール・シール交換・サッカー・鬼ごっこ |

| | 休日 | | |
|---|---|---|---|
| | 遊び仲間 | 遊び場所 | 遊び内容 |
| 男6 | 年の近い子 | 開発センター | ドロケイ・鬼ごっこ・陣取り・ドン・サッカー・ボール遊び |
| 男7 | 学校の友達みんな | 園庭・開発センター | ボール遊び・サッカー・鬼ごっこ |
| 男8 | 中学生 | 開発センター・園庭・道端・家の中・海 | 陣取り・ドン・サッカー・釣り・(泳ぐ・松ぼっくり合戦) |
| 男9 | 年の近い子 | 開発センター・家の中 | サッカー・ゲーム |
| 女2 | 年の近い子(男女) | 園庭・開発センター | サッカー・鬼ごっこ |
| 女3 | 年の近い子 | 開発センター・広場 | ソフトボール・シール交換・サッカー・鬼ごっこ |

(アンケート調査により作成)

③ 中学生

　中学生においても、遊び場は小学生と同様、多くは開発センターと回答している(図1-3-2・表1-3-3)。しかしながら、遊び内容には、陣取りやサッカーに加え、「散歩」や「村中を遊び場として体を動かす」といった記述もみられる。年齢の近い子と遊ぶという回答が大勢を占めているものの、聞き取りによると、遊び仲間によって遊び内容と場所を変化させていた。つまり、小学生と遊ぶ場合は、開発センターや園庭を主な遊び場とし、遊ぶ内容も小学生に合わせているが、年齢の近い子(中学生同士)と一緒にいる時は海や山といったより広い範囲を遊び場にするのである。全体的に、大人の用意した空間で遊ぶ傾向は強い

表1-3-3 中学生における遊びの特徴

| | 平日 | | |
|---|---|---|---|
| | 遊び仲間 | 遊び場所 | 遊び内容 |
| 男10 | 年の近い子 | 開発センター | 卓球 |
| 男11 | 年の近い子 | 村中 | 体を動かすもの |
| 男12 | 年の近い子 | 開発センター・園庭・海・山・校庭・家の中 | サッカー・キャッチボール・散歩・ドロケイ・ドッジボール・陣取り・ドライブ・ドン |
| 女4 | 友達・姉妹 | 開発センター | かくれんぼ・サッカー・ドッジボール・キックベース |
| 女5 | 中学生（たまに小学生） | 開発センター | おしゃべり・陣取り・ドッジボール |
| 女6 | いろいろな人 | 開発センター | おしゃべり・ボール蹴り・読書 |
| 女7 | 小・中学生 | 園庭・開発センター | 陣取り・サッカー・缶蹴り・ドン |

| | 休日 | | |
|---|---|---|---|
| | 遊び仲間 | 遊び場所 | 遊び内容 |
| 男10 | 年の近い子 | 開発センター | 卓球 |
| 男11 | 年の近い子 | 村中 | 体を動かすもの |
| 男12 | 年の近い子 | 開発センター・園庭・海・山・校庭・屋内 | サッカー・キャッチボール・散歩・ドロケイ・ドッジボール・陣取り・ドライブ・ドン |
| 女4 | 同級生・先輩 | 開発センター・広場 | 散歩・陣取り |
| 女5 | 中学生（たまに小学生） | 園庭・開発センター・神社 | 体を動かす |
| 女6 | 家族・友達 | 校庭 | キャッチボール・ボール蹴り・追いかけっこ・ブランコ |
| 女7 | 小・中学生 | 家の中・園庭・開発センター | 陣取り・ドン・缶蹴り |

（アンケート調査により作成）

ものの，遊び仲間に合わせて遊び場や遊び内容を変えていることはひとつの特徴といえる。これは，御蔵島の自然環境がある面では危険と隣り合わせにあり，年齢はもちろんのこと，体格や体力面で劣る下級生の安全面を考慮した結果のことといえよう[7]。さらに，かつては遊ぶこと自体を目的に遊び場へ集合していたが，現在は特定の子どもと一緒にいることが目的となる傾向もみられた。これは，女子生徒に確認でき，集合後はおしゃべりをして過ごすだけといった行動にあらわれている。

次に，過去の御蔵島における子どもの遊び行動の傾向について整理する。

## 3. 御蔵島における子どもの遊びの時代変化

　図1-3-3は，1930年から2010年までの御蔵島における児童数の推移である。これによると，1930年代から1940年代半ばにかけての増加期と1950年代から1980年代前半にかけての減少期，1980年代から1990年代にかけての増加期，1990年代から2000年までの減少とそれ以降の維持期に分けることができる。そこで，各年代の島民へ聞き取りを行い，どのように遊び内容が変化してきたのかをみていきたい。具体的には，戦前（1930年代），1950年代〜1980年代前半まで，1980年代後半〜1990年代前半の子どもの遊び場・遊び仲間・遊び内容を以下に整理した。

(1) **戦前（1930年代）**

　1930年代の子どもは，男子は男子，女子は女子で遊ぶ傾向が強く，どちらかといえば同学年で遊んでいた。しかしながら，上級生が下級生の面倒をみる場面も多く，遊んでもらった経験のある子が上級生になると下級生と遊んであげることで遊びが伝承されていた。女子の場合は小学校高学年になると家の手

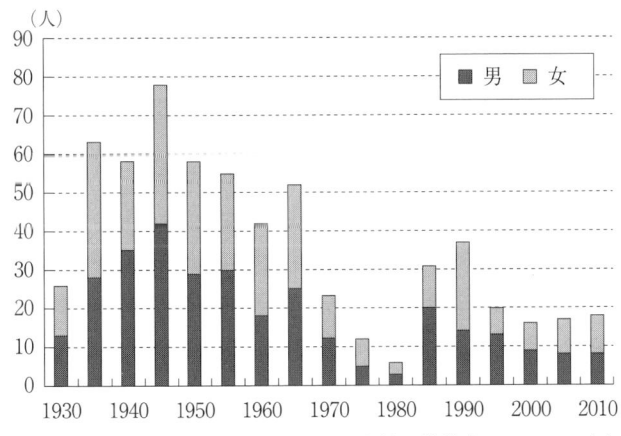

**図1-3-3　御蔵島小学校における児童数の推移（1930-2010年）**

（『学校基本調査』および御蔵島村資料により作成）

伝いに忙しくなり，遊ぶ時間は限定されたようである。主な集合場所は学校で，山の木や石など自然を利用する遊びが中心であった。山には，年間を通して労働の一環として入ることも多かったという。例えば，8月には南郷地区[8]のお祭りや柑子蜜柑（コウジミカン）拾いに行き，10月から4月は親と一緒に明日葉（アシタバ）を，12月から3〜4月にかけては黄楊（ツゲ）を取りに行った。当時は，南郷を含む島内を結ぶ都道223号は舗装されておらず，南郷まで行くのに徒歩で3時間もかかった。また，夏場は畑で甘藷などを栽培するとともに，桑の木や竹の雑草（アゲ）を取る仕事を任されたため，切った桑の木などを背負って山から帰ることもあった。このように家事労働と遊びが混在した中で，子どもは日々の生活を送っていた。

(2) **1950年代〜1980年代前半**

この時期の子どもは，中心となる子どもの家や広い庭のある子どもの家に集合し，そこから遊びに出かけていた。行動範囲は広く，海から山にまで及んでいた。当時は現在に比べて子どもの数も多かったものの[9]，年齢の異なる仲間と行動する機会の方が多く，遊び以外にも上下関係や協調性を学ぶ場にもなっていた。陣取りや「ドン」と呼ばれる戦争ごっこ，ビー玉，メンコ，ケンケンが主な遊びだった。家の手伝いも子どもの日常的な生活に組み込まれており，子守はもちろんのこと，水汲みや薪を山から取ってくることが仕事であった。さらに，ヤギや家畜を飼う家も多く，その餌を採りに行くこともあったため，里からおよそ2kmが子どもの日常的な行動範囲であった。

また，男女とも海で魚や貝を獲り，焼いて食べることもあった。こうした活動の際は，自宅からサツマイモ等を弁当代わりに持参し，帰宅の際には魚など，その日の成果をもち帰ることが常であった。自由に遊び場を選択し，行動できた半面，無意識のうちに，遊びの結果が家計にも貢献していたのである。その他にも，男子は南郷の海岸まで徒歩で行き，魚を釣り，うまく釣れたらリールなどを上級生からもらう「初釣り」と呼ばれる行事もあった。さらに，春から夏にかけては山で桑の実や木苺を採り，冬はイスズミを釣った。こうした屋外を

中心とした遊び行動は1980年頃まで行われたようである。しかし，聞き取りから1950年代半ばに子ども時代を過ごしたA氏やB氏の方が1980年頃に子ども時代を過ごしたC氏（男性，1973年生まれ）に比べて行動圏が広範であった。1980年頃に子ども時代を過ごしたC氏やD氏（男性，1975年生まれ）の頃になると，里の中の高台に秘密基地を作るなど行動圏は里の中に縮小していったという。ただし，秘密基地の建設に際しては，上級生が指揮を執っていた。さらに，教師宅を訪れ，島外のさまざまな話や書籍に触れることは，外部の知識を身につける場として重要であった。

(3) **1980年代後半〜1990年代前半**

この時期には，外遊び中心の生活にも変化がみられた。1982年に御蔵島保育園ができたことで，1980年代後半には，園庭が子どもの集合場所としての役割を担うようになっていった。それに伴い，遊び場も保育園や開発センターへと移り，自然を活かした遊びもほとんど行われなくなったのである。これは，1980年代前半に児童数が過去最少になったことで，遊び集団を形成することが難しくなっていったことや1980年代にテレビゲームが登場したことを受け，遊び仲間が年齢の近い小集団へと変わり，遊びの伝承が進まなくなったことが影響している。さらに，子どもが海に行く際のルールが定められたのもこの頃である。1981年に村営の西川住宅が完成し，島で働く人が単身から家族で入居できるようになり，子どもの数が再び増加しても，自然を活かした外遊びが，その後も重視されないのは上記のような理由による。加えて，以後は島外で生まれた子どもの比率が増加していったことも関係している。

(4) **遊びをめぐる時代変化とその要因**

これまでの分析から，かつては，山や海を含む広範な地域を子どもは日常的な遊び場としていたが，1980年代後半を境に自然を活かした遊びは姿を消し，開発センターや園庭での遊びが中心となっていることが明らかとなった。この変化の背景には，1980年代初頭の児童数の大幅な減少とそれに伴う遊びの伝

承の断絶があった。このため，それ以降，子どもの数が増加に転じても，自然を利用した遊びは姿を消したままなのである。聞き取りから，島外で生まれた子どもの方が前住地と島を比較できることから，島の自然に対して関心が高いとのことであったが，興味はあっても，それを利用した遊びの仕方(方法)が分からないのである[10]。一方で，塾などの習い事による時間の制約を受けないことは，都市部の子どもに比べて遊びに多くの時間を割くことのできる要因となっている。さらに，容易に新しいゲームを購入できるような環境にないこと(都市部との隔絶性)も，テレビゲーム等に特化した遊びを発展させなかったといえる。開発センターは屋内ではあるが，小学生に加えて中学生も集まり，日常的に体を動かすことから，異年齢の集団で遊ぶための環境を子どもに提供しており，こうした傾向は都市部の状況とは一線を画している。

## 4．学校および地域が子どもの教育に果たす役割

　子どもにとって遊びは単なる生活の一部ではなく，成長の中核ともいうべき意味をもっている。子どもは，遊びによって自然と体を鍛え，人間関係を経験し，さまざまな社会的な体験をもつのである[11]。すなわち，子どもが遊びを通じて獲得する能力は，その後の人生に大きな影響を与える要素を多分に含んでいる。

　現在の御蔵島の子どもには，自分で工夫して遊び道具を作ったり，自然にあるものを採(穫)ったりする体験は日常においてほとんどみられない。1950年代の子どもは，網で魚を捕まえたり，家畜の餌を探しに山に入るなどの経験を有していたが，こうした日常の家事労働と遊びの結びつきや，島の自然を認識し，それを遊びに利用するような視点は受け継がれていない。1980年頃の子どもにおいては，かろうじて里の高台に秘密基地を作って遊んだりもしたが，現在ではこのような行動も確認できなくなっている。

　こうした経験を補う活動として，御蔵島小中学校では，総合的な学習の時間(みくらタイム)において島の独自性を認識するための授業が行われている。こ

の中には，島の自然・人間・文化について学習する時間が設定され，地域住民との触れ合いの場にもなっている。一例としては，「えびたでっぽう」と呼ばれる鉄砲作りや，網の編み方講習やエビ網体験，山から竹を取ってきて筏を作るといった活動が挙げられる。地域の大人が協力し，指導することで，かつて子どもが体験してきたことの再現が図られている。島の素材を利用して新たなものを作ることができるという「発見」は，島の自然を子どもに意識させるうえで効果的である。こうした活動の成果が，中学生にみられた散歩や探検を志向する子の存在を生み出したともいえよう。また，黒潮会という組織の下，奉仕活動も積極的に行っている。植樹活動をはじめとする校外活動は島の自然環境に興味や関心をもつことを促し，遊び場周辺の景観を意識するようになるため，島でしかできないことを考えさせるきっかけとなり，野外での活動の頻度を高める可能性を秘めている。今後は，こうした取り組みが，過去の島の子どもが遊びの中で育んできた活動を追体験させるだけでなく，現在の島の自然環境を活かして，子どもが創意工夫できるような取り組みへと発展させていくことが期待される。そのためには島の特色を理解し，島(の環境)に愛情をもってもらうことが肝要である。

　かつて，地域の特徴を認識し，活用することは，遊びの中で無意識に培われてきた。これは，教員となって帰島する者の多かった御蔵島には特に当てはまる傾向ではないだろうか。島への愛着が，就業先の少ない島で生活でき，島の後継者を育てる教員という職業によって島の発展に尽くそうという精神を生み出してきたのである。こうした例は，現在では限定的なものかもしれないが，郷土の発展に力を尽くす，あるいは帰島しないまでも，島の発展をサポートしたいと思う人材を育成していくことは，経済面にとどまらない島の活性化や活力の源泉を生み出すうえでも重要となる。地域に開かれた学校は，こうした点についても大いに貢献できる可能性をもっているのである。ただし，そのためには，各地域の置かれた状況や課題に合わせて教員が住民と協力して，柔軟に教材開発や教科横断的な授業内容の工夫を行っていくことが一層求められる。

(林　琢也)

**注**
1) 例えば，千田　満『子どもとあそび—環境建築家の眼—』岩波新書，1992年。
2) 例えば，寺本　潔・大西宏治『子どもの初航海—遊び空間と探検行動の地理学』古今書院，2004年。
3) 寺本　潔「子どもの知覚環境と遊び行動」『国立民俗博物館研究報告』54，1993年，5-52頁。
4) 井田仁康「青ヶ島における子どものアイデンティティと教育の役割」『地域と教育』2，1-22頁。
5) 大村　肇「伊豆諸島の生活」浅香幸雄・中田栄一・三友国五郎・矢嶋仁吉編『日本地誌ゼミナールⅢ　関東地方』大明堂，1960年，190-199頁。
6) 泥棒と警察の最初の文字をつなげた追いかけ鬼ごっこのことである。
7) 児童・生徒が海に行く場合，小学1・2年生は親の同伴で可，小学3年生から6年生は中学生の同伴で可，中学生は1人で行ってはいけないという決まりがある。
8) 島の南東部に位置する南郷地区(図1-3-1)は昭和初期まで製炭業を営む家が10数軒あった。その後は交通の不便なこともあって居住者が減少し，昭和30年代には分校在籍の子どもがいなくなり，分校もなくなった。
9) 聞き取りを行ったA氏(男性，1944年生まれ)には12名(男女とも6名)，B氏(男性，1946年生まれ)には5名の同級生がいた。
10) 調査時(2003年)においても，島外で生まれた子どもの数は非常に多く，アンケートを実施した19名中，島で生まれた子はわずか5名(26.3%)に過ぎなかった。
11) 一番ヶ瀬康子「遊びからみた子どもの生活圏の探求」『児童心理』25(6)，1971年，46-51頁。

# ④ 卒業生は地場産業の体験学習をどのように意味づけているか
―― 利島小中学校卒業生への聴き取りを通して ――

## 1. はじめに

### (1) 本研究の目的

　卒業生は学校で学習した内容を日常生活の中でどのように意味づけているのだろうか。卒業後の生活の中で学習した内容がどのように活用され，どのように意味づけられているかということは，学びの意味や目的を検討していくうえ

で不可欠である。

　教育課程や学習内容を意味して使われる「カリキュラム」という語は、そもそも自分が歩んできたコースを意味していた[1]。この語源に遡ると、「カリキュラム」とは単に学習内容を意味するだけではなく「個々人が自分なりの意味を付与していく過程に他ならない」といえる[2]。そこで本節では卒業生が学習内容をどのように意味づけているかに着目する。

　卒業生がかつて受けた授業をどのように意味づけているかに着目した研究として村井(1996)を挙げることができる[3]。そこでは安井俊夫・本多公栄・久津見宣子・鈴木正気といった著名な教師の元生徒から聴き取りを行い、それらの教師の実践がもつ意味の一端を明らかにしている。また、佐野(1992)の『遠い「山びこ」』では「山びこ学校」の元生徒たちを追跡し、無着成恭の実践を元生徒の主観にも踏み込みながら明らかにしている[4]。

　以上のように、元生徒の語りに着目した先行研究では、教師の実践がもつ多様な意味を元生徒の視点から追究している。しかし、これらの研究では、児童・生徒が学校生活の中で影響を受けたか否かに関わらず、特定の著名な教師の実践がもつ意味を明らかにすることに主眼が置かれている。そのため、特定の教師の実践ではなく、児童・生徒の生活世界を主眼において学習経験についての語りを聴き取る必要があるのではないだろうか。

　そこで、本節では特定の教師の実践ではなく、身近な地域について学習した内容がその地域で暮らす元生徒にどのように意味づけられているのかに着目する。身近な地域についての学習がもつ意味に焦点を当てるのは、身近な地域の学習がその地域に住む卒業生の日常生活や地域社会の捉え方に深く影響を与えていると考えられるからである。

　実際に2008年改訂版の学習指導要領では、小学校3・4年生の社会科で「地域社会の一員としての自覚をもつようにする」「地域社会に対する誇りと愛情を育てるようにする」という目標が掲げている。また、中学校社会科の地理的分野では「生徒が生活している土地に対する理解と関心を深めて地域の課題を見いだし、地域社会の形成に参画しその発展に努力しようとする態度を養う」

ことを意図し,「身近な地域の調査」が学習内容に組み込まれている。さらに「総合的な学習の時間」でも地域の実態に即した学習が重視されている。

しかし,こうした身近な地域に関する学習が,その地域で生活する卒業生にどのように意味づけられているかについては明らかにされてこなかった。身近な地域についての学習の意義や効果について振り返るうえでも卒業生が構成する意味に着目する必要がある。

以上のことから,小中学生の時に学んだ身近な地域についての学習をその地域で生活する卒業生がどのように意味づけているのかを明らかにすることを本節の目的とする。

### (2) 調査の概要

東京都利島村で調査を実施した。利島は周囲が海に囲まれており,島の規模から考えても島域がひとつの生活圏である。そして,利島では地場産業として椿産業やイセエビ漁が発展している。このように範囲が明確な利島を事例にすることで,地域の特徴や地域の変容過程を比較的容易に捉えることができる。

また,調査対象である利島村立利島小中学校は,利島に唯一存在する小中学校である。そのため,利島出身者は同時に利島小中学校の同窓生でもある。利島には島外出身で島外の小中学校を卒業した者もいるが,ここでは利島小中学校の卒業生に限定して調査を実施し,利島小中学校に現存する資料から聴き取り内容を検証できるようにした。

調査方法としては,利島小中学校の卒業生を対象に1人当たり1時間程度の聴き取り調査を実施した。具体的には,比較的自由な対話の中で調査対象者に小学生・中学生の時に利島について学習した内容とその意味,当時の島の様子や生活状況についての語りを求めた。聴き取り調査は2010年11月30日・12月1日に,東京都利島村内で実施した。

調査対象者は,複数の世代から調査が行えるように意識しながら,調査対象者に随時,新たな調査対象者の紹介を求めて選定した。その結果,表1-4-1のように8名から聴き取り調査を実施した[5]。本節では個人が特定されないよう

表 1-4-1　調査対象者一覧

| ① | 佐藤（中学校在学が 1960 年代，女性） | ⑤ | 渡辺（中学校在学が 1990 年代，女性） |
|---|---|---|---|
| ② | 鈴木（中学校在学が 1960 年代，男性） | ⑥ | 伊藤（中学校在学が 1990 年代，男性） |
| ③ | 小林（中学校在学が 1960 年代，男性） | ⑦ | 山本（中学校在学が 1990 年代，男性） |
| ④ | 田中（中学校在学が 1980 年代，男性） | ⑧ | 中村（中学校在学が 1990 年代，男性） |

に，敬を省略した形式の仮名を使用し，中学校の卒業年度をふせている。

　調査結果としては，小中学校の社会科で身近な地域について学んだことを語る者はほとんどいなかった。その一方で，多くの調査対象者が地場産業の体験学習についてその意味の有無も含めて多様に語っていた。

　利島では地場産業の体験学習が 1984 年から中学校で「私たちの日」として実施されており，学習内容を裏付ける資料も存在した[6]。このような地域の伝統や産業についての体験学習は現在でも行われており，分析する意義も大きいといえる。

　そこで，本節では身近な地域に関する学習の中でも特に地場産業の体験学習に焦点を当てる。そして，先ずどのような体験学習が行われていたかについて言及したうえで，卒業生がそれをどのように意味づけていたかについて明らかにする。

　なお，今回の調査で確認することができた学習内容を裏付ける資料は 1980 年代以降のものであり，1960 年代の実践に関しては証言が得られても資料と照合することができなかった。そのため，本節では 1980 年代以降に中学生であった世代を中心に分析した。

## 2．利島小中学校における体験学習の歴史と概要

　利島中学校では，利島の伝統的な産業を体験するために，1984 年に「私たちの日」という時間が設けられた。「私たちの日」は，「郷土・利島の伝統的なもの，

産業に関するものを体験して，郷土理解をより深めること」を目的としていた[7]。「伝統的なもの，産業に関するもの」とは，具体的には炭焼きや椿産業，草履作り，すかり作りなどであり，これらの中から年にひとつを選定して体験学習を実施していた。

例えば，1992年の「私たちの日」では椿の実拾いと精油工場見学が行われた[8]。具体的には，12月に椿の実を拾い，計量し，地域住民から話をうかがうという活動が行われた。また，1月には搾油方法の歴史を事前に学習したうえで，搾油工場を見学し話をうかがった。このように「私たちの日」では，地域住民が講師として大きな役割を果たしていた。

「私たちの日」のような体験学習は，名称は異なるが，「ふるさと体験学習」として現在でも行われている。2010年度の「ふるさと体験学習」では，「山」をテーマにし，9月に椿畑の下草刈り，11月に椿の実拾い，3月に椿油を製造する搾油工場の見学が行われた[9]。

また，1980年代から90年代にかけては，「私たちの日」とは別に「エビ網実習」も行われた。「エビ網実習」は「島の地場産業のひとつであるエビ網漁を体験することにより，郷土への理解を深める」ことと「現場で働いている人々や親の姿を身近に見ることにより，勤労の尊さ，仕事の厳しさを学ぶ」ことを目的としていた[10]。このように「エビ網実習」は郷土学習と職場体験学習の目的を兼ね備えた地場産業の体験学習であった。「エビ網実習」では，漁師の協力を得て実際に乗船し，イセエビを捕らえる網を仕掛け，翌日の早朝に仕掛けた網を引きあげる作業を行った。

## 3．小中学生の時の生活と体験学習の意味

これらの体験学習は利島で生活している卒業生にどのように意味づけられているのだろうか。地場産業の体験学習の意味づけ方は，小中学生の時に普段の生活の中でどのように地場産業に関わっていたかによって異なっていた。具体的には，学習する地場産業に「普段から関わっていたので体験学習は意味がな

かった」という語りと，学習する地場産業に「普段から関わっていたけれど体験学習は意味があった」という語りの二種類がみられた。

(1) 「普段から関わっていたので体験学習は意味がなかった」という語り

　「普段から関わっていたので体験学習は意味がなかった」という語りとして，中学生のときに親と一緒に船に乗ってエビ網漁をしていた田中の事例をあげることができる。田中は，普段の手伝いの中で大人と同じようにエビ網漁に参加していたために，学校での「エビ網実習」はさほど意味がなかったと語っていた。そして「学校で利島のことを学んだっていうよりかは，日々の生活で学んだことの方が多いですね」と述べていた。

　同様のことは世代の異なる鈴木も論じていた。鈴木も，日々の生活の中で多くのことを学んでおり，授業で教わらなくても，自分の山のことは中学生になればわかったと語っていた。今回の調査では，鈴木が中学生だった1960年代に，地場産業に関する学習がどのように行われていたかということについては明らかにできなかった。しかし，普段から家の手伝いをする中で，利島の中心的な生業である椿や漁のことを学んでいたと考えられる。

(2) 「普段から関わっていたけれど体験学習は意味があった」という語り

　上記のように「普段から関わっていたので体験学習は意味がなかった」という語りがみられる一方で，「普段から関わっていたけれど体験学習は意味があった」という語りもみられた。それは山本と渡辺の事例からうかがうことができる。山本は次のように語っていた。

山本：(家でもエビ網を行っていたが)僕とかはとってきたものに関して，網を回収したものに関して，掃除とかしかやっていなかったんです。実際に海に出て網をあげたりだとかそういうの見て，エビがこれだけとれてこれだけ稼げますよとかって，エビに限ったことだけでなく，一般の仕事でもそうなんですけど，この人はこうやって稼いでいるよとかってわか

<u>ってくる</u>と思うんで。

　上記のように山本も先の田中と同じように普段から親の手伝いをしており，エビ網の仕事に参加していた。しかし，漁ではなく網の掃除という漁以外の作業に参加が限定されていた。そのため，「エビ網実習」ではそれまで知り得なかった漁の作業について学ぶことができた。この山本の語りでは，最後の下線部に着目する必要がある。「この人はこうやって稼いでいるよとかってわかってくる」というところでは，実習以前は単に「手伝い」として認識されていたエビ網が「職業」として理解されるようになったことがうかがえる。さらに「一般の仕事でもそうなんですけど」と述べていることからは，実習したエビ網漁に限定されずに，働くことと生きることについて広く考えられたことがうかがえる。したがって，山本は普段からエビ網の手伝いをしていたが，普段は経験することのない漁を体験し収穫量と収入について学習したことで，職業についての意識が高められたと考えられる。
　女性である渡辺も同様に「エビ網実習」について次のように語っていた。

渡辺：船に乗って網を置きにいったりとか，引き揚げたりとかっていうのは基本的にはどこの女の人もやってないんですよね。女の人たちは取ってきた網をエビを抜いたりだとか，草を取って網をきれいにとったりだとかはするんですけど，船には女の人は乗れないんです。
筆者：体験学習の時は？
渡辺：特別に乗ったんです。あの時は特別だったんです。(中略)<u>やっぱり大変さがわかりますね。地域の人たちがやってることって，みんな同じっていうか，同じ条件でやっているわけですからね。</u>

　渡辺も山本と同じく普段からエビ網の手伝いをしていたが，漁以外の網の掃除などの作業に参加が制限されていた。さらに女性である渡辺は，男性である山本とは異なり，ならわしからすると将来的にも漁船に乗ることはない。それ

でも渡辺は，下線部のように，実際に漁船に乗って「エビ網実習」をすることで，地域住民の苦労を理解し共有した。したがって渡辺の事例からは，将来その仕事に従事することがなくても，実習を通して地域住民の苦労を理解し共有できることがわかる。このように地域住民の苦労を共有することは，地域への理解を深め，地域の一員としての自覚を高めることにつながると考えられる。

(3) **考察**

以上のように，地場産業に普段からどのように関わっていたかによって実習の意味づけ方が異なっていた。子どものときから地場産業に大人と同様に参加していた場合は，実習以前からその作業に精通していたため，実習の意味が感じられていなかった。一方，普段から地場産業に参加していても，子どもや女性であるために特定の作業に参加が制限されていた場合は，未知の体験をすることができ，体験学習に肯定的な意味が見出されていた。

実習を通して得られた意味は，「エビ網実習」を行う際に学校が明示していた目的の通り「勤労の尊さ」(山本の事例)であり，「郷土への理解」(渡辺の事例)であった。このように普段から仕事に関わりながらも実習に意味を見出せた背景には，子どもと大人の境界が明確になったことがある。

高橋(2002)は，かつて子どもは大人から保護されるというよりも，むしろ大人たちの生活の一部を支えていたが，次第にその傾向が薄れていったと論じている[11]。今回の調査結果でも1960年代における利島の中学生の様子についての語りと1990年代における利島の中学生の様子についての語りを比較してみると，こうした傾向をみてとることができる。

1960年代の利島は，船が接岸する桟橋が整備されておらず，連絡船と島をつなぐのに「はしけ」という小型の船が使われていた。佐藤や小林の話によれば，「はしけ」を丘から運び出す作業は島民が総出で行っていたという。また，鈴木の話によれば，電気が利用できるようになったのも1960年代のことであり，それまでは蝋燭の灯りで勉強していたという[12]。

このように現在と比べるとインフラの整備が未発達であり，佐藤の話によれ

ば薪拾いや風呂焚き,子守りなどは子どもの仕事であり,ほぼ毎日のように手伝いをしていたという[13]。このように1960年代の利島の中学生は大人たちの生活の一部を支えており,「勤労の尊さ」や「仕事の厳しさ」を日々の生活の中で自ずと学んでいたと考えられる。

さらに1960年の時点では,産業別就業者の割合でいうと約80％が第一次産業に従事していた。このことから椿産業やエビ網漁に関与している家庭の子が比較的多かったといえる。そのため,「郷土への理解」も日々の生活の中で培われていたと考えられる。

しかし,インフラが整備された結果,1990年代の子どもは1960年代と比べると家庭での仕事が大きく減った。そのため,「勤労の尊さ」や「仕事の厳しさ」が日常生活の中では学びにくくなったと考えられる。また,図1-4-1のように1990年の産業別就業者の割合は第3次産業が約50％を占めており,第1次産業は30％未満になった。このように第1次産業に従事する者が減る中で,椿産業やエビ網漁などの郷土の産業に対する理解が日常生活の中では得られにく

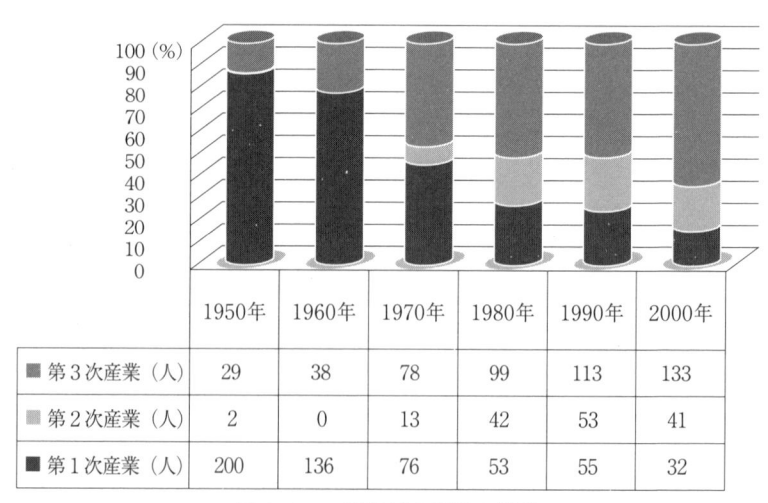

| | 1950年 | 1960年 | 1970年 | 1980年 | 1990年 | 2000年 |
|---|---|---|---|---|---|---|
| ■ 第3次産業（人） | 29 | 38 | 78 | 99 | 113 | 133 |
| ■ 第2次産業（人） | 2 | 0 | 13 | 42 | 53 | 41 |
| ■ 第1次産業（人） | 200 | 136 | 76 | 53 | 55 | 32 |

図1-4-1 利島村の産業の推移

出所）利島村『利島村史 通史編』（ぎょうせい,1995年）および総務省統計局『統計でみる市町村のすがた2005』をもとに筆者作成。

くなった。

　以上のように，大人の生活を支えていた子どもが保護の対象として捉えられるようになり，普段の生活の中で「勤労の尊さ」や「仕事の厳しさ」を感じる機会が減った。また，第1次産業から第3次産業へ移行していることからうかがえるように，利島の伝統的な産業に従事する世帯が減少し，日常生活の中では「郷土への理解」が得にくくなった。こうした変化の中で，鈴木や田中のように普段から大人と同じように仕事に関わっていたので体験学習は意味がなかったと考える生徒が減り，学校での体験学習を通して「勤労の尊さ」や「仕事の厳しさ」を体感し，「郷土への理解」を深める生徒が多くなったと考えられる。

## 4．成人後の職業と体験学習の意味

　地場産業の体験学習の意味づけ方は，現在従事している職業によっても異なっていた。具体的には，「現在の職業と関わりがあるので体験学習は意味があった」という語りと「現在の職業とは関わりがないので体験学習は意味がなかった」という語り，「現在の職業とは関わりがないけれど体験学習は意味がある」という語りの三種類がみられた。

### (1) 「現在の職業と関わりがあるので体験学習は意味があった」という語り

　「現在の職業と関わりがあるので体験学習は意味があった」ということについては，椿の実拾いに関する渡辺の語りにみられた。

　渡辺は，椿の実を拾う作業について「子どものときはどうしてこんな面倒くさいことやるのか」と思っていたが，大人になり椿の実から収入を得るようになって「働くってこういうことなんだ」ということがわかるようになったと振り返っていた。そして，「小さいころに学んだことと今やっていることっていうのは，やっぱり一貫している」と述べていた。

　また，渡辺は，椿の実を拾う体験学習を通して，おばあさんたちが腰を痛くしながら働いていることを，頭で理解するのではなく，身をもって体験するこ

とができたと述べていた。そして，成人して椿の実を拾い収入を得る中で，改めて実習で体験した苦労が何のためであったのかに気づいたと語っていた。このように成人して実際に椿の実拾いの作業に従事する中で，改めて体験学習の意義が再認識されていた。この事例のように体験したことが現在の職業と結びついている場合は，体験学習の意味が捉えやすいと考えられる。

## (2) 「現在の職業とは関わりがないので体験学習は意味がなかった」という語り

一方で「現在の職業とは関わりがないので体験学習は意味がなかった」という語りもみられた。例えば，伊藤は「エビ網実習」について「(体験学習が役に立ったという)そういう人もいますけどね。さすがに，だからといって同じ職に就いたというわけでもないもんで」と述べ，エビ網漁に現在携わっていないので「エビ網実習」は役に立たなかったと振り返っていた。先述のように「エビ網実習」は「郷土への理解を深める」「勤労の尊さ，仕事の厳しさを学ぶ」といった目的から行われていた。しかし，伊藤は現在の職業に直結するか否かという視点から実習を意味づけていた。

このような伊藤の語りとは矛盾するが，将来の可能性に目を向けた場合，「現在の職業とは関わりがないけれど体験学習は意味がある」という語りもみられた。例えば，佐藤は，「(島に帰ってきた)子が，お父さんが海のことやっていたから海へ行こうって，そういう(学校での体験学習の)経験も活かしてって，そういう人もいるしね」と語っていた。このように，体験学習を通してエビ網漁や炭焼き，椿の実拾いを体験しておくことは，将来，利島でこれらの職業に従事することになった場合に役に立つという考え方も存在する。この佐藤の語りは，体験学習の意義を従事する職業に直結するか否かで捉えている点では伊藤の語りと同じである。

## (3) 考察

以上で論じたように，現在の職業と関わりがあるか否かによって地場産業の体験学習の意味づけ方が異なっていた。現在の職業が体験学習の内容と関わり

がある場合は，かつて体験した学習が肯定的に理解され，過去に体験した学習と現在の職業との間につながりが見出されていた。一方，現在の職業が体験学習の内容と関わりがない場合は，体験学習に意味が見出されないでいる事例がみられた。

　佐藤や伊藤のように実際に職業に結びつくかどうかで実習が役に立つか否かを判断する視点は，郷土への理解を深めることに目的を置いていた「私たちの日」や「エビ網実習」の意図とはかけ離れたものである。佐藤や伊藤の語りでは体験した職業に就くことが重視されており，「勤労の尊さ」や「仕事の厳しさ」を学ぶといった全ての職業に通じる態度よりも，体験した職業の技術を身につけることが重視されている。勿論，地場産業の体験学習だけがキャリア教育を担う訳ではない。しかし，成人した卒業生が職業に直接つながるか否かを重視していたことは，地場産業の体験学習の意義を考えるうえで軽視できないだろう。

　先述の通り，利島の産業は第1次産業から第3次産業へと移行してきた。また，佐藤や渡辺の話では，現在の小中学生は代々利島に住んでいた家庭の子ではなく，島外から来た家庭の子が増えているという。こうした状況において，島外から来た家庭の生徒が地場産業の体験学習と関連する職業に将来従事するかは未知である。そのため，地場産業の体験学習が将来の職業に直接つながらなかったとしても，学習した体験がその後のキャリア形成に活かせるように配慮する必要がある。それと同時に島の産業や文化についても認識を深められるようにしていくことが地場産業の体験学習に求められている課題だといえる。

## 5．おわりに

　本節では，卒業生が中学校での地場産業の体験学習をどのように意味づけているのかについて明らかにしてきた。その結果，小中学生の時に普段の生活の中でどのように仕事と関わっていたかによって体験学習の意味づけ方が異なっていることが明らかになった。

具体的には，普段からその仕事を手伝っていた者は意味がないと述べていた。その一方で，普段から手伝っていても特定の作業にしか関わったことのない者は，体験学習に肯定的な意味を見出していた。後者のような事例が近年増えている背景として，地域における子どもが，大人を支える存在から保護の対象へと変化してきたことが考えられる。

　また，現在従事している職業が，体験した内容と関わりがあるか否かでも意味づけ方が異なっていた。具体的には，現在の職業が体験学習の内容と関わりがある場合は，体験学習が肯定的に意味づけられていた。しかし，現在の職業と関わりがないために，体験学習に意味が見出せないでいる事例もみられた。その一方で，現在の職業と関わりがなくても，将来役に立つこともあるのではないかという前向きな見解も存在した。

　このように現在従事している職業との関係から意味づけを行う視点は，体験学習が想定していた郷土への理解を深めるという目的とは異なるものである。したがって，職業との直接的な関わりを求める学習者のニーズと，郷土への理解を深めるという体験学習の目的との折り合いを如何に図るかということが地場産業の体験学習を行う際の課題だといえる。

　以上が本節のまとめである。しかし，本節の内容にはいくつかの課題が存在する。今回の調査で聴き取りを行うことができたのは，現在，利島で生活している卒業生のみであった。そのため，島を離れて生活する卒業生が多数いるにもかかわらず，島外で暮らす卒業生がどのように島内での体験学習の意味を捉えているかまでは明らかにできなかった。

　また，今回の調査では身近な地域に関して学習したことを聴き取ったが，小中学校の社会科で身近な地域について学んだことを語る者はほとんどいなかった。なぜ社会科で学習した内容は記憶に残っていなかったのだろうか。このことを明らかにするとともに，語られなかった学習をどのように評価していくかということについては今後の課題にしたい。

（村井　大介）

注

1) 日本カリキュラム学会編『カリキュラム事典』ぎょうせい，2005年。
2) 浅沼茂「カリキュラム研究とその理論的前提」安彦忠彦編『カリキュラム研究入門　新版』勁草書房，1999年，33頁。
3) 村井淳志『学力から意味へ』草土文化，1996年。
4) 佐野眞一『遠い「山びこ」』文藝春秋，1992年。
5) 本節では中学校での体験学習を中心に扱うため表1-4-1では中学生の時の年代を記している。
6) 具体的には，利島村立利島中学校『「私たちの時間」研究集録』第1～19集，1985～2003年。
7) 東京都利島村立利島中学校『「私たちの時間」研究集録』1993年，27頁。
8) 東京都利島村立利島中学校『「私たちの時間」研究集録』1993年。
9) 「利島小中学校ホームページ」http://www.dl.dion.ne.jp/~toshisc/（2011.9.18確認）。
10) 東京都利島村立利島中学校『「私たちの時間」研究集録』1993年，33頁。
11) 高橋勝『文化変容のなかの子ども』東信堂，2002年。
12) 利島村『利島村史　通史編』（ぎょうせい，1995年）によれば，1963年に家庭用送電発電所が完成し，17時から22時半までの5時間半送電が行われた。
13) 例えば，利島村『利島村史　通史編』（ぎょうせい，1995年）でも「風呂へ水を運ぶのは子供の仕事で，水を入れすぎてもったいないと叱られた」（761頁）という記述がみられた。


# 5　小学校・中学校の子どもにおける空間認識

——利島村立利島小中学校の児童および生徒を対象として——

## 1．はじめに

　人間が空間を認識することは，外部の世界に関する世界像を心の中に形成することである。そして，この世界像は，人間の生活のあらゆる場面で世界を理解するための道具になる。さらに，子どもは，それぞれの発達段階に応じて，一般的な興味・関心が大人と異なるばかりでなく，現実の環境を認識すること

においても，大人と子どもの間には差がある[1]。であるならば，代表的な空間の学問である地理を子どもに教える地理教育においても，子どもの空間認識の性質を学習指導要領，教材，指導方法などに反映させる必要がある。特に，爆発的な情報の氾濫という現代社会の特徴は，学校における思考教育の必要性を強めている[2]。子どもの空間認識は，地理的思考の代表的な結果のひとつであるので，それを調査することによって，地理的思考を育成するための基礎的なデータを獲得することが期待される。しかし，すでに大人になり，子どもの時にどのように空間を認識したかに関する記憶を喪失したわれわれは，子どもの空間認識を理解するためにどうすればよいだろう。それには，論理的な推論に基づく演繹的なアプローチだけでなく，子どもを対象とする調査から獲得できるデータを分析することがひとつの方法として考えられる。

「子どもがどのように空間を認識するか」という問には，多様な課題が含まれている。そのうち，ハートとムーア(Hart and Moore, 1973)は，「空間を認識する際に人間が用いる枠組み」(reference system)が，次の3つの段階にしたがい発達していくことと主張した[3]。1つ目の段階は，「空間を自己中心的に認識する段階」(egocentric reference system)である(前操作期，2-7歳)。この段階の人間は，自己を中心として空間を把握するので，自分の存在を仮定しないと空間を理解することができない。2つ目の段階は，「空間をランドマーク中心的に認識する段階」(fixed reference system)である(具体的操作期，7-11歳)。この段階では，自己以外に自分の経験によってつながりが形成されたランドマーク(landmark)が空間を把握する重要な基準になる。また，自分とこのランドマークの間の通路は空間認識を拡張する重要なベースになる。3つ目の段階は，「空間を抽象的な座標軸に基づいて把握する段階」(integrated coordinate system)である(形式的操作期，11歳以降)。この段階では，空間認識において自己中心の視点から離れて，自分を他者として認識する視点ができる。また，この段階の人間は多様な空間の事物の位置を統合的に把握することができる。前述した人間の空間認識の発達に関する3つの段階に影響をおよぼす要因としては，空間認識における人間の自己中心性が挙げられる。すなわち，人間は，自己中心性

から抜け出すことによって，空間の地理的事象を統合的に把握することができる。したがって，本節の目的は，「空間認識における自己中心性」という観点に基づいて，利島村立利島小中学校(以下，利島小中学校と呼ぶ)の児童および生徒の空間認識の性質を明らかにすることである。

　前述した目的を達成するために収集するデータ，調査方法，調査対象および調査内容は次のとおりである。まず，子どもの空間認識に関するデータとしては，子どもがもっている空間に関する心的表象に焦点をあてる。人々は，目の前にない光景や物体のことを考えるとき，まるで心の中で見ているかのように，その光景や物体を，視覚イメージとして，しばしば経験することができる[4]。それは，われわれが外部の対象を認識する際に，認識対象についての表象を心の中に作り上げるからである。同様に，人々は空間を認識する際にも，その空間に関する心的表象を心の中に形成すると考えられる。さらに，心的表象の形成には，心的表象を作り上げる主体の知識，経験，個性などが反映されるので，心的表象は表象される対象の単なる複写物ではない[5]。したがって，空間に対する人の心的表象を調査することによって，人がどのように空間を認識するかに関する示唆を得ることができる。

　次に，各人の記憶やイメージに関するデータを収集する方法の中で，スケッチをさせて，それに解説文を付記させる方法は，具体的な画像としての表象のデータを得るのに有効である[6]。本節の調査でも，子どもがもっている空間に関する心的表象を顕在化させるために，前述した説明文が付記されているスケッチ(以下，スケッチマップと呼ぶ)を，調査対象の子どもに描いてもらう方法を採用する。

　最後に，本調査は，利島小中学校の児童・生徒を対象に，利島に関してもっている空間認識を明らかにするために行われた。利島の児童・生徒は，島という自然条件を共有しているので，島内という限定された日常生活圏を共有している可能性が高い。よって，本調査を通じて，利島の諸事物の中で，同じ事物に関する子どもたちの空間認識のデータを獲得できる可能性が高くなる。そのデータに基づいて分析を行うことで，同じ空間の事物を認識する際に，児童・

生徒の間にどのような共通点と相違点があるかを比較することができると考える。

## 2．調査の概要

　調査は，利島小中学校の先生に調査票の配布及び回収を依頼する形態で行われた。調査問題は，2つの質問で構成し，所要時間は15分程度に設定した。1つ目の質問では，利島の輪郭が描かれている白地図を利島小中学校の児童・生徒に配布し，利島にある事物を自由にスケッチしてもらった。なお，児童・生徒が描いた内容が何かを研究者が判別できるように，どのような事物であるかを文字で一緒に明記することを求めた。2つ目の質問では，空間認識の準拠体系の主なランドマークを調べるために，児童・生徒が一番最初に描いた事物が何かを尋ねた。調査は，利島小中学校の児童・生徒16名（小1年生3名，小2年生1名，小3年生1名，小4年生3名，小5年生2名，小6年生2名，中1年生1名，中2年生1名，中3年生2名）を対象に行われ，小学校1年生から中学校3年生までの全学年児童・生徒のから回答をえることができた。

## 3．「表象の心的回転」と「村の大きさ」の視点からの分析

　利島小中学校の児童と生徒が作成したスケッチマップの中には，絵と説明文がひっくり返されていたり，2つの方角システムが1枚の白地図に同時に採用されていたり，村の大きさが誇張されて描かれていたスケッチマップがある。2つの方角システムは，小学校1年生の1名のスケッチマップに表れていた。そして，ひっくり返された絵と説明文は，小学校1年生と6年生の2名，中学校2年生の1名のスケッチマップに表れた。そして，すべての調査対象のスケッチマップには，村の大きさが誇張される傾向が見られたが，極端に村の大きさが強調されるケースは，小学校1年生の1名のスケッチマップに表れた。このような結果を空間認識の自己中心性から考察してみると，次のようなことが考えられる。

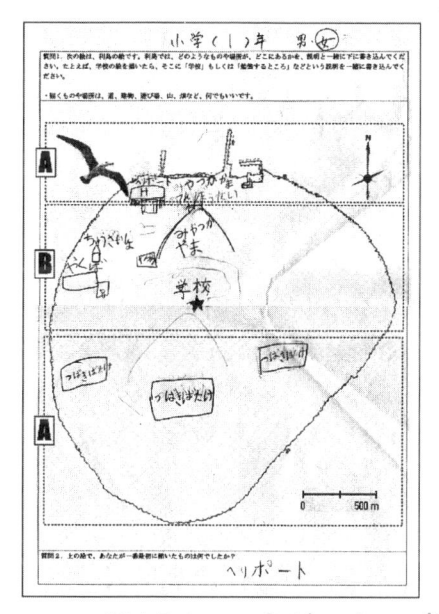

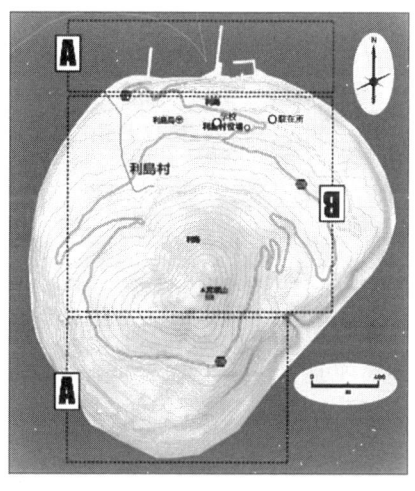

**図 1-5-1　一つのスケッチマップに適用された 2 つの方角システム**
（調査問題の回答(左)と Yahoo 地図(右)より筆者作成）

　利島小中学校の児童と生徒の主な生活空間は，利島の北側に形成されている村である。したがって，利島の空間認識において，児童・生徒が慣れている視点は，集落を中心として周辺を眺める視点である。そして，こうした慣れている視点は，利島の児童と生徒が白地図に利島の事物を描く際に，心的な表象の視点としても用いられると考えられる。調査で用いられた調査問題の白地図は，上が北向きになっていた。したがって，児童と生徒が漁港や桟橋の周辺などを心的表象に基づいて白地図上に描くときは，慣れている視点と白地図の視点が一致しているので，調査問題の白地図の向きは，そのままでよい。しかし，宮塚山や学校などのように村から南方向に位置している事物を描く時は，慣れている視点と白地図の視点が一致してない。このような不一致を認識していない調査協力者は，白地図の方角は気にせずに，自分が慣れている視点に基づいて利島の事物を白地図上に描いた。その結果，「白地図とスケッチの方角が一致す

第 1 章　東京の地域と教育　　55

る方角システム（図1-5-1の④）」と「白地図とスケッチの方角が一致しない方角システム（図1-5-1の⑧）」が，1枚の白地図上に同時に表れた。

次に，視点の不一致を認識した調査協力者の子ども達は，慣れている視点と白地図の視点を一致させるために，利島の心的表象を心の中で回転させたり，調査問題の白地図を物理的に動かしたりした。その結果，心的表象を心の中で回転させることができた児童及び生徒は，絵と説明文の上下が白地図の上下と合わせられていたが，そうでなかった児童と生徒は，物理的に白地図を回転させてスケッチマップを作成したので，絵と説明文がひっくり返ることになった。

表象を心の中で作り上げて，さらにそれを心の中で回転させたりする心的操作を行うためには，表象している事物が，慣れている視点からだけでなく，他の視点からはどのように見えるかという空間的な想像力や，他の事物との相対的な位置関係にも考慮するが必要がある。そして，空間的な想像力や相対的な位置関係の把握は，自己中心性を抜け出しているからこそ可能な心的操作のひとつである。反面，空間認識においてこのような心的操作ができない場合は，心的表象の方位と白地図の方位を定置させるために，白地図を物理的に回転させるしかない。「白地図に複数の方角システムが採用されたこと」と「白地図が物理的に回転されたこと」は，子どもが，他の視点からの事物の姿を想像することができない，自己中心性が強く作用している空間認識の状態にあったということを表わす。

さらに，利島北部の村が占める面積は，島全体の10分の1程度であるが，調査対象の子ども達のスケッチマップを見ると，その大きさが利島の3分の1以上を占めているかのように描写されている。このような結果からは，調査対象の子ども達が，自分に最も親しみのある生活空間の大きさを心的に表象する際に，それを利島や利島の他の地域の大きさと比較する過程が欠如していることが分かる。すなわち，調査対象の子ども達の空間認識においては，他のものとの比較が行われておらず，自己中心性の傾向が表れていると考えることができる。

今回の調査からは，自己中心性と脱自己中心性の空間認識の段階のいずれも

すべての調査対象の児童および生徒にわたって表れた。したがって，利島小中学校の児童および生徒の場合，空間認識における自己中心性の度合いは，個人差が大きく，2つの段階の児童と生徒が混在していることがわかった。

## 4.「ランドマーク」の視点からの分析

　人が未知の空間を把握する際には，まずその空間の中で必須のポイントをランドマークとして認識し，それらを結ぶルートが把握される[7]。このように，人は，空間を認識するための準拠体系を構築し，構築した準拠体系に基づいて空間を心的に表象する際に，ある基準点を空間認識の出発点として活用していると考えられる。そして，本節では，その空間認識の出発点をランドマークと呼ぶ。ランドマークは，ある特徴的な場所である場合もあるし，特徴的な場所ではなくても，認識主体にとって親しみのある場所になる場合もある。本節の調査で利島小中学校の児童・生徒が用いたランドマークの数は，判別できないものを除いて48ケ所であり，最も多く用いられたランドマークは，学校であった。しかし，調査問題の中で児童・生徒の問題に対する理解を助けるために取り上げた事例に学校が含まれているため，ランドマークとしての学校は，調査結果の分析対象から除いた。さらに，児童・生徒の中で共有されている生活空間のランドマークを分析対象とするために，2回以上用いられたランドマークだけを分析の対象とした。

　以上から，利島小中学校の児童・生徒が用いたランドマークを分類してみると，7つのカテゴリーに分けることができた（表1-5-1）。この分類から見ると，利島小中学校の児童・生徒は，島の他のところに比べて，頻繁に接する機会が多い場所をランドマークとして活用したことがわかる。そして，その場所は，接する機会が多いので，親近感を感じやすいところでもある。この傾向は，身近な生活環境から準拠体系が形成され始めるという，ハートとムーア（Hart and Moore, 1973）の見解と一致する。そして，「大きな規模」のカテゴリーは，他のカテゴリーのランドマークが，ひとつの建物や場所を指すこととは異なり，

表 1-5-1 利島小中学校の児童・生徒が用いたランドマークの分類

| カテゴリー | | ランドマーク | 頻度 | 計 |
|---|---|---|---|---|
| 親近感 | 遊び場 | きんぷく(勤労福祉会館) | 9 | 31 |
| | | なかよし公園 | 4 | |
| | | プール | 3 | |
| | | 南ヶ山遠地 | 3 | |
| | | うすいごう遠地 | 2 | |
| | | A君の家 | 2 | |
| | | B君の家 | 2 | |
| | 自宅 | 自宅 | 6 | |
| 交通・産業 | | ヘリポート | 7 | 24 |
| | | 泊地 | 4 | |
| | | 西桟橋 | 3 | |
| | | 灯台 | 2 | |
| | | 桟橋 | 5 | |
| | | 工場 | 3 | |
| 公共機関 | | 駐在所 | 8 | 18 |
| | | 役場 | 6 | |
| | | 保育園 | 2 | |
| | | 診療所 | 2 | |
| 大きな規模 | | 宮塚山 | 4 | 14 |
| | | 椿林 | 6 | |
| | | 住宅 | 4 | |
| 眺望 | | 展望台 | 6 | 8 |
| | | 宮塚山の頂上 | 2 | |
| 生活 | | みせ | 3 | 7 |
| | | 吉田屋 | 2 | |
| | | ガソリンスタンド | 2 | |
| 宗教 | | 神社 | 4 | 4 |
| 総計 | | | 106 | 106 |

住宅地のような範囲を持っている空間がランドマークとして活用されることを意味する。この場合，個別のランドマークが正確な位置として認識されるというよりは，大まかな範囲をもっているものとして認識される傾向がある。そして，「眺望」のカテゴリーは，普段の視点では把握が難しい，地域の全体の姿に関するイメージを獲得するための有効な手段である。利島で眺望ができる場所としては，宮塚山の展望台が考えられるので，利島小中学校の児童・生徒は，この展望台から利島の北部を眺望する経験を獲得することができたと考えられる。この分類を自己中心性の観点から見ると，親近感を覚える場所という自己中心性の高いランドマークが，利島小中学校の児童・生徒の空間認識の主なランドマークとしての役割を果たしていると考えられる。

## 5.「空間認識における自己中心性」がもつ意味の見直し

ハートとムーア(Hart and Moore, 1973)は，ピアジェの発生的認識論に基づいて子どもの空間認識の発達を3つの段階で定義した。しかし，新ピアジェ学派

が主張しているように，ピアジェの4つの認知発達の段階は，形式的操作期に入った子ども，もしくは成人が全ての認知的操作において形式的操作だけを行うことを意味するのではない。それは，発達によって認知的操作の選択肢が増えることを意味する。ピアジェの4つの認知発達の段階説で重要な点は，認知の主体が，問題状況に応じて，具体的操作，もしくは形式的操作を選択的に用いることである。このような新ピアジェ学派の主張と本節の調査結果から見ると，ピアジェの認知発達の段階説に基づいたハートとムーア(Hart and Moore, 1973)の理論も見直しが必要である。それは，子どもが「空間を抽象的な座標軸に基づいて把握する段階」(形式的操作期，11歳以降)に到達しても，自己中心性が高い「空間をランドマーク中心的に認識する段階」(具体的操作期，7-11歳)の認知的操作を用いる可能性が示唆されるからである。むしろ，「空間をランドマーク中心的に認識する段階」で行われる認知的操作は，以前の段階の認知操作より認知的な負担が大きいので，それのみを活用しているとは言い切れない。したがって，「空間をランドマーク中心的に認識する段階」に到達した子どもや成人であっても，自己中心性が空間認識の段階の認定的操作を行うことも考えられる。

　しかし，このように自己中心性が残っている空間認識の段階は，教育の中で未熟な段階として認識され，克服しなければならないものとして扱われる傾向がある。学校教育の中で，何を教えるかという問題に関してよく議論されるひとつの話題は，知識の主観性と客観性という，知識の二元論である。この二元論に基づくと，自己中心性が高い空間認識の段階は，主観性が高い地理知識の一部としてみなすことができる。人文主義地理学者のひとりであるローウェンタール(Lowenthal, 1961)は，人間が外部の世界から心の中に構築した世界のうち，他人とは異なる独特な世界像を「個人的な世界」として，他の人々と共有している世界像を「共有されている世界」として定義し，個人的な世界に属する地理知識を「個人地理」(personal geography)として，共有されている世界の地理知識を「一般地理知識」(public geographical knowledge)として定義している[8]。「一般地理知識」は，人間が同じ感覚器官を有している点と，人間同士の間にコミュ

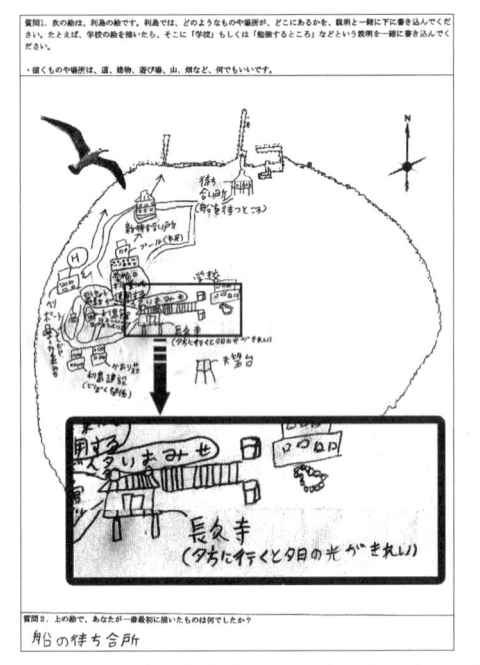

**図1-5-2　個人的な意味づけが現れたスケッチマップ**
（調査問題の回答より筆者作成）

ニケーションが成り立つためには、それが人々が論理的に理解できる水準で説明される必要がある点の2点から考えられる地理知識である[9]。一方、「個人地理」は、文化、言語、歴史的な背景、性別、嗜好、知的成熟度などのような人が置かれている環境及び個人の特質によって形成される地理知識である[10]。

人は空間を認識する際に、「一般地理知識」だけでなく、「個人地理」も活用することが考えられる。ある空間を認識するということは、その空間に認識の主体が意味を付与することである。理性と感性を同時にもっている人は、ある空間に意味を付与する際に、完全に客観的な意味づけでも、完全に主観的な意味づけでもない、両方の領域の意味づけが同時に行われると考えるのが妥当である。実際、本節の調査で獲得した児童と生徒のスケッチマップ（図1-5-2）を見ると、その傾向が見られる。「一般地理知識」の立場から見ると、学校は勉強をする場所、泊地は船が留まる場所である。このような「一般地理知識」に基づいた空間認識は、全学年にわたって表れた。しかし、その中には、寺を綺麗な夕暮れが見られる場所という自分の「個人地理」に基づいて定義した場合も見られた。

教育は、知識の伝授だけが目的ではなく、児童と生徒が自分の人生を豊かにするための方法を学べるよう、そのために行う人間の意図的な活動である。人生を豊かにすることは、多様な定義が可能であるが、筆者は、人間が存在する

ための必須条件のひとつである空間に多様な意味を持たせ続けることが，そのひとつの方法であると考えている。物理的な同じ空間を見つめていても，その空間にどのような意味をもたせるかによって，人は他の人とは異なる空間の中で生きていくことが可能である。空間に意味をもたせる方法には，単なる「一般地理知識」だけが有効ではなく，個人の感情，趣味，好みなどに基づいて形成されている「個人地理」の活用も重要である。そして，「個人地理」を活用して意味づけを行った児童・生徒の空間認識の価値を認めることによって，児童・生徒は自ら自信をもって意味豊かな自分の世界を心の中で構築していくのではないだろうか。

## 6．おわりに

今回の調査で明らかになったことは，調査対象の人数から見て，一般化ができる水準の結果というよりは，次の研究のための仮説理論に相当するものである。さらに，今回の調査は，主に小学校・中学校の児童及び生徒を対象と行われたものである。したがって，後続研究の方向としては，仮説理論を検証するために調査対象の人数を増やす方向や高等学校の生徒を含む空間認識の仮説理論を算出する方向が考えられる。この2つの方向の研究を，今後の課題として述べておきたい。

（梁　炳逸）

注
1）斎藤毅『発生的地理教育論—ピアジェ理論の地理教育論的展開—』古今書院，2003年。
2）Beyer, B. K., *Practical strategies for the teaching of thinking.* Allyn and Bacon, INC., 1987, 273p.
3）Hart, R. A. and Moore, G. T., The Development of Spatial Cognition: A Review. R. M. Downs and D. Stea eds., *Image and environment : cognitive mapping and spatial behavior.* Chicago : Aldine, 1973, pp. 32-45.
4）三宅晶「短期記憶と作動記憶」高野陽太郎編著『認知心理学2—記憶』東京大学出版会，1995年，71-99頁。

5) Cassirer, E., *Die Sprache*. Berlin : Bruno, 1923, 293p.
6) 寺本潔『子ども世界の原風景』黎明書房，1990年。
7) 日本地理教育学会『地理教育用語技能事典』帝国書院，2006年。
8) Lowenthal, D., Geography, Experience, and Imagination: Towards a Geographical Epistemology. *Annals of the Association of American Geographers*, 51(3), 1961, pp.241-260.
9) Ibid.
10) Ibid.

# 第2章　愛媛の地域と教育

## 1　愛媛県松山市立野忽那小学校における社会科地域学習の意義
　　──「人や地域とのかかわり合い」に基づく取り組み──

### 1．はじめに

　高度経済成長期以降の人口移動の活発化に伴い，生まれた土地として郷土を認識しにくくなったことや郷土概念がもつ心情的要素への懸念から，昭和44年版中学校学習指導要領の改訂以降，社会科教育では，子どもたちの身近な地域社会についての学習を郷土ではなく，身近な地域の学習(以下，地域学習)という言葉を使用してきた。一方で，国際化，グローバル化時代といわれる今日の社会的状況に対し，郷土がもつ心情的側面が，人間形成に寄与するという教育的機能から，郷土の復活が叫ばれてきたという状況もある[1]。こうした議論を踏まえ，安藤は，「客観的な分析や研究と，主観的な誇りや愛情を育てる学習の両者をいかに整合させるか」[2]が地域学習の課題であることを指摘している。

　こうした地域学習の課題解決の1つの手がかりとして，へき地・小規模校[3]が行う教育実践が注目されている。玉井康之は，へき地・小規模校では，「地域の協力を得られやすい側面と同時に，学校での教育活動や教育課程内容を通じて，地域を創っていくという側面も重視されなければならない」[4]ため，地域と連携した教育活動が展開され，それらが都市部の教育改善の発想の幅を広げることを主張している。しかしながら，へき地・小規模校の地域学習に着目した先行研究の多くは，総合的な学習の時間，生活科，学校行事の分析を中心に行い，社会科における取り組みについては十分に検討してこなかった[5]。へき

地・小規模校の実践からさらに多くのことを学ぶためにも，社会科における地域学習の取り組みを検討する必要があると考える。

そこで本節では，「地域と学校が一体」[6]となり，各教科で地域学習を展開してきた愛媛県松山市立野忽那小学校(以下，野忽那小学校)の取り組みに注目する。野忽那小学校では，平成 14 ～ 16 年度には，社会科，生活科，総合的な学習の時間を中心に「人や地域とのかかわり合い」に基づく地域学習を推進した。この時間の取り組みは，「のぐつなわくわくタイム」の設置や地域と連携した各教科にわたる実践を行うなど，野忽那小学校の「多くを地域から学び，学んだことをまた地域に返すという教育」[7]の基盤を作ったものであった。

しかしながら，これまでに，野忽那小学校が行った「人と地域とのかかわり合い」に基づく地域学習の実態は明らかにされてこなかった。それは，野忽那小学校が行うシーサイド留学がマスコミから注目されてきたことが関係している[8]。シーサイド留学は，島を舞台とした山村留学のめずらしい例であるとともに，これを実施したことで，野忽那小学校が「地域における文化継承・発展の拠点」として機能してきた。そのため，シーサイド留学と結びついた地域と学校との連携方法，創意工夫された学校行事，留学生，地元生，住民，教職員の交流の実態等が調査されてきたのである[9]。したがって，「人と地域とのかかわり合い」に基づく地域学習の実態を明らかにするためには，上記の研究成果を踏まえたうえで，実践が行われた理由と実践の特質を検討する必要がある。

以上を踏まえ，本節では，野忽那小学校の「人や地域とのかかわり合い」に基づく地域学習が行われた理由と実践の特質を明らかにし，その意義を指摘することを目的とする。そこで，野忽那小学校の教育実践の検討から「人や地域とのかかわり合い」が提唱された経緯を解明し，「人や地域とのかかわり合い」の理念と地域学習の指導内容との関連を分析する。そのうえで，野忽那小学校における地域学習から学べることとは何かについて言及することで，上記の目的に答えたい。

## 2.「人や地域とのかかわり合い」に基づく地域学習の背景

### (1) シーサイド留学の実施

　野忽那島は，愛媛県忽那諸島の東端に位置し，周囲5.7km，面積0.92k㎡の有人島である。全体的に丘陵性の地形で，北西に小湾があり，そのわずかな平坦地に1集落(120戸，約200人)が形成され，家が密集している。昔から柑橘栽培と漁業を中心産業として栄えてきたが，柑橘類の価格低下，漁業資源の減少などにより，農業・漁業を家業とする家は経済的に苦しい状態にある。また，島には，他の就職の場がないことから，若者は都会へ流れるため，生産年齢人口と幼年人口が年々減少傾向にある一方で，65歳以上の老齢年齢人口が増加傾向にある。こうした島の影響により，野忽那小学校では，昭和20・30年頃には200名を超えていた児童数も昭和50年代から減少し，「小学校存続問題」[10]が浮上した。

　そこで，昭和61年度には，島の有志が中心となり，「野忽那小学校を支える会」(以下，支える会)を発足させ，野忽那島を舞台とした山村留学の実施を決めた[11]。支える会では，山村留学推進校への調査[12]から野忽那島に合う方法を模索し，1年後にはテストケースで1名の児童を受け入れた。その結果，住民の賛同を得られ，翌年度から正式にシーサイド留学を開始することとなった。その時，「瀬戸内シーサイド留学制度実施要綱」(昭和62)において，シーサイド留学の目的が次のように設定された[13]。

　　「この制度は，野忽那地区の恵まれた自然とのびのびした環境の中で，個性を伸ばし望ましい人間性を育成することを目的に，留学を希望する保護者ならびに児童に対して，野忽那地区の総意により里親(留学生を受け入れる保護者)の協力のもとに児童の受け入れを図り，里親での生活はもとより地域での生活を通して，人間としての基本的生活習慣や望ましい行動様式を身につけさせる。あわせて，過疎，過密の地域の交流を深め，野忽那地区教育の活性化を図る。」

　ここから，シーサイド留学の目的が，野忽那島の豊かな環境の中での人間性

の育成,里親による留学生の養育,子どもたちの交流と住民の連携による野忽那島の活性化,の3点であったことがわかる[14]。したがって,野忽那小学校では,野忽那島の活気の回復と島の将来のために,「島全体が学校,島全員が先生」という方針のもとで,島の有志と野忽那小学校の教員が一丸となってシーサイド留学を開始したのである。

(2) 「海に鍛え,太陽に学び,花と育つ教育」の課題

野忽那小学校では,シーサイド留学と結びつきながら,「海に鍛え,太陽に学び,花と育つ教育」をスローガンにして教育実践を展開してきた[15]。「海に鍛え」は,たくましい体力と強い意志力,自分で課題を見つけて挑戦し,ねばり強く実践するたくましさ,体験的な学習を充実し,自分の思いを自分の言葉で表現することができる力,という「きびしさに耐える力の育成」を意味した。「太陽に学び」は,自然に親しむ体験的な活動を積極的にとり入れ,郷土を愛する心の育成,明るく元気なあいさつ運動を推進し,あたたかい心の育成,地域に親しみ,地域に学ぶ環境教育及び福祉教育の充実を図ることを通した「あたたかい心の育成」を意味した。「花と育つ」は,栽培・飼育活動を通して,美しさに感動し,命の尊さがわかる心を育てる,ひとりひとりのちがいを大切にし,支え励まし合う仲間づくりに努める,温かい人間関係をはぐくみ,いじめ・不登校の防止に努める,ということを通した「あざやかな感性の育成」を意味した。これらは,学校行事でいうと,魚釣り,地曳網体験,島巡り,海の活動(水泳,ボート,カヌー)等が「海」,勤労生産活動にあたるさつまいも掘り,みかん採り,やきいもパーティー等が「太陽」,小動物の世話,独居老人訪問,老人参観日,花づくり活動等が「花」にあたる[16]。

一方,野忽那小学校では,学習指導の面で,「少人数であるゆえに,慣れ親しんだ生活や学習のパターンにとらわれたり,教師からの支援に頼りがちになったりする面が多く,自ら創意工夫し進んで新しい物事を追究しようとするたくましさに欠ける。また,自分の考え方に不安をもち,みんなの前で表現することに抵抗を感じている傾向が見られる」[17]という課題を抱えていた。野忽那小

学校では，平成10～13年度にかけて「心豊かで，たくましく実践する児童の育成」として，特別活動に力を入れた研究を行った。この研究は，「児童の興味関心を大切にした学級活動や児童会活動をすることによって，児童は主体的に生き生きと活動するのではないか」「地域の特性を生かした体験的な活動を取入れることによって，児童は意欲的に生き生きと活動するのではないか」という研究仮説のもとで行われた[18]。その結果，話合い活動や縦割り集団の効果的活用で，児童たちの助け合いや自分の役割を果たすことの大切さの喚起，自分の思いの実現に向けて努力することや多面的な表現力が育成された。また，自然体験を重視して学校・家庭・地域の一体化をはかることで，自分たちが住む地域への関心や児童の意欲を高め，自分らしく生き生きと活動することに寄与した。だが，自己表現力を伸ばす必要性，体験的な活動と教科との関連性の曖昧さ，活動を高める鍵を握る地元生の育成，地元生と留学生との円滑な人間関係の育成，が課題として残された[19]。

そこで，野忽那小学校では，児童の「それぞれの個性を生かし，自分の考えをもって課題解決に取り組んだり，それを自信をもって表現したりする力」「友達や地域の人・文化等ともふれ合いを通してその良さを学び，自分の考えを自信をもって表現する」[20]力を育成するために，平成14～16年度から「自ら考え，生き生きと表現する児童の育成～人や地域とのかかわり合いを通して～」というテーマで研究を行うことになったのである。

## 3．「人や地域とのかかわり合い」に基づく教育実践研究

### (1)　「人や地域とのかかわり合い」

野忽那小学校は，「自ら考える」「生き生きと表現する」「かかわり合い」を柱として研究主題を構成した。「自ら考える」は，「知りたい，調べたいという欲求に基づき，既習の学習方法や手段を生かして学習の対象にかかわっている姿」[21]とされる。「生き生きと表現する」は，自ら進んで考え，追究した体験や学習から得た感動を他者と共有するために児童が自分の個性を生かし，心を開いて表現

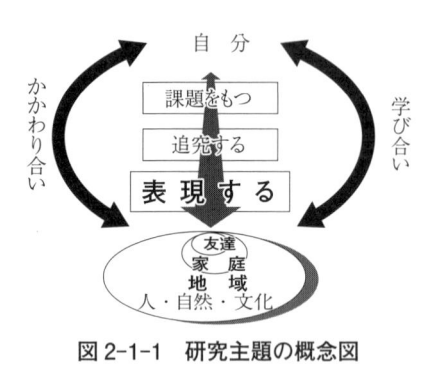

**図 2-1-1 研究主題の概念図**
（中島町立野忽那小学校『平成16年度学校経営諸計画』(2004) 11頁より転載）

する状態を目指すことである。「かかわり合い」は，自分を取りまく環境全てに積極的に働きかけ，「そこから学んだことをまた環境に返すという，学習の循環」[22]とされる。これらをまとめたのが図 2-1-1 の概念図である。

図 2-1-1 から，次の点を確認することができる。まず，「人や地域」は，自分と対称にある友達・家庭や地域の人・自然・文化という点である。また，「かかわり合い」とは，自分と友達・家庭・地域の人・自然・文化を繋ぐものであり，自分自身の課題を追究する際と，まとめたことをそれぞれに伝える際に生じるという点である。したがって，「人や地域とのかかわり合い」とは，友達・家庭や地域の人・自然・文化との学び合いであると捉えることができる。

### (2) 平成 14～16 年度の教育実践研究

以上を踏まえ，野忽那小学校では，「人とのふれ合いや様々な体験活動の場を設定し，児童自らが考え，進んで課題を追究して，伝えたいという思いが高まれば，自信をもって生き生きと自分を表現することができる」[23]という仮説のもとで実践研究を行った。

研究は次の過程で進められ，最終的に表 2-1-1 に示す 13 の教育実践を報告した。平成 14 年度は，研究の方向及び研究計画の樹立，研究の主題および研究仮説の設定，表現力に関する児童の実態調査と個に応じた支援計画の作成，表現力についての理論研究，地域素材・人材の開発，研究集録の作成。平成 15 年度は，研究主題及び研究仮説の見直し，表現力に関する児童の実態の分析と個に応じた支援の工夫，総合的な学習・生活科と他教科とのかかわりを生かした年間計画の作成と実践，表現力育成のための方法と場の設定の工夫，研究実践の評価と課題の研究，研究集録の作成。平成 16 年度は，前年度までの

**表 2-1-1　平成 14〜16 年度における教育実践内容**

| 年度 | 学年（人数） | 実践事例名 |
|---|---|---|
| 14年度 | 3・4年<br>5・6年 | 異学年合同による道徳学習を中心にした取り組み |
|  | 1年(2) | 表現活動を取り入れた国語科の取り組み |
|  | 全校(6) ※地元生(4)留学生(2) | 全学年による国際理解教育を中心にした取り組み |
|  | 全校(6) ※地元生(4)留学生(2) | 人や地域とのかかわりを中心とした取り組み<br>— 総合的な学習の時間「のぐつなわくわくタイム」の実施に当たって — |
|  | 全校(6) ※地元生(4)留学生(2) | 健康教育 |
| 15年度 | 1年(1), 2年(2) | 第1・2学年の実践<br>— 生活科「町となかよし」を中心とした取り組み — |
|  | 4年 | 第4学年の実践<br>— 社会科「きょうどにつたわるねがい」を中心とした取り組み — |
|  | 5・6年<br>※地元生(5), 留学生(3) | 第5・6学年の実践<br>— 道徳科「特攻隊が残したもの」を中心とした取り組み — |
|  | 全校(7) ※地元生(5), 留学生(2) | のぐつなわくわくタイムの実践<br>—「のぐつなわくわくフェスティバル」を中心とした取り組み — |
|  | 全校(7) | 健康教育の実践 |
| 16年度 | 2年(1), 3年(2)　5年(3), 6年(2)<br>※地元生(5), 留学生(3) | 総合的な学習の時間「のぐつなのすごい人, 見つけた！」 |
|  | 2年(1), 3年(2)　5年(3), 6年(2)<br>※地元生(5), 留学生(3) | 総合的な学習の時間「のぐつなわくわくフェスティバル」 |
|  | 2年(1), 3年(2)　5年(3), 6年(2)<br>※地元生(5), 留学生(3) | 健康教育の実践 |

（中島町立野忽那小学校『平成14年度研究集録　のぐつな』(2002)，同著『平成15年度研究集録　のぐつな』(2003)，同『平成16年度研究集録　のぐつな』(2004)より著者作成）

活動の見直し，表現力に関する児童の実態の分析と個に応じた支援の工夫，管内大会事前研究会（授業公開・研究協議・情報交換等），管内大会への参加，研究の成果と課題のまとめ，研究集録の作成。

　表2-1-1から，「のぐつなわくわくタイム」（総合的な学習の時間），生活科，社

会科での地域学習の研究成果の多くを占めることがわかる。次に、この中から、「きょうどにつたわるねがい」（社会科）を中心に、授業の実際を明らかにしたい。

### 4.「人や地域とのかかわり合い」に基づく社会科地域学習の実際

『平成15年度学校経営計画』で、社会科指導の目標は、「社会的な見方や考え方を育てる社会科学習、学校や地域の実情に応じた教材構成の工夫、総合的な学習や他教科との関連を生かした指導計画の作成」[24]とされた。本単元は、こうした社会科指導の目標を踏まえつつ、「郷土の歴史に触れる中で、先人が身近かな地域の人々の生活を向上させるために工夫や努力をしてきたことを理解し、郷土愛をもつこと」[25]をねらいとして実践された。

表2-1-2は、指導計画である。本単元は、「日常的に三世代交流があり、地域に多くのお年寄りがいる環境」で子どもたちが生活していることと、お祭りは幼少期から参加していて非常に馴染み深いもの、という地域と児童の実態が考慮されている。しかしながら、児童たちは、「なぜ行われてきたのか」「どうしてこういった形式なのか」「年々小規模化しているにもかかわらず、絶やさず続けるのはなぜか」、ということに着眼・探究したことがない。したがって、児童の中に以前からあり続けた事柄を今一度見つめ直し、自らつみ取っていく中で郷土愛が育まれることを期待し、授業として取り挙げられたのである。

授業は、①自分の郷土の確認と過去の様子の確認、②自らの疑問や関心をもとに家族や神社総代へのインタビュー、③調査を通して得た情報をもとに「わたしたちの野忽那」を作り、島の人々に配布する、④島の人々から感想、批評をもらう、⑤次回への話し合い、という流れで進められた。この中で「自ら考える」「生き生きと表現する」「かかわり合い」が次のように導入されている。「自ら考える」は、第1次における親や先生にとっての郷土の追究活動、第2次と第3次における、神社副総代さんとおたゆうさん（宮司）へのインタビューの計画と質問内容を考え、それを生かしてインタビューを進める活動を中心とした追究活動として導入されている。次に、「生き生きと表現する」は、第2次の「む

表2-1-2 「きょうどにつたわるねがい～野忽那のお祭り調べ～」の指導計画

| 単元名 | 「きょうどにつたわるねがい」 | |
|---|---|---|
| 日時 | 平成15年10月10日(水)第3校時(10：45～11：30) | |
| 場所 | 4年生教室 | |
| 授業研究の視点 | ○ 他者に対して自分の言葉で自主的に問いかける場面設定が適切であったか。<br>○ 一学期から継続しているまとめ新聞「わたしたちの野忽那」は、他者に伝達するのに適切であったか。 | |
| 次(時間) | 学習活動 | 評価 |
| 1次<br>(1～3) | ○ 親や先生の郷土を知り、自分の郷土は野忽那であることを理解する。<br>○ 「わたしたちの中島」(p59)の二枚の写真をきっかけに、今と昔の違いについて気付く。<br>○ 服装や遊びなどで、今と昔の比較を行う。<br>○ ビデオ(野忽那盆踊りの様子、S62年)でむかし調べを行う。<br>○ 日本各地に現存する木造建築校舎や大人数での給食の様子を写真で見る。 | ○ 郷土に関心をもち、今と昔の違いに気付けたか。<br>【関・意】<br>○ 今と昔の具体的な比較ができたか。<br>○ 各地に残る昔ながらの様子に細かく気付くことができたか。<br>【知・理】 |
| 2次<br>(4～9) | ○ 野忽那のむかしを調べるために何が必要かを考える。<br>○ むかしの遊びや野忽那の祭りについて、祖父母に取材した内容を教師に発表する。<br>○ 地元の神社副総代さんに、祭りについてインタビューする計画を立てる。<br>○ 地元の神社副総代さんに、祭りについてインタビューする。(自教室にて)<br>○ 前回のインタビューを振り返り、新たな疑問をもつ。<br>○ 持参した写真をもとに、これまで参加した祭りを思い出す。 | ○ 今までの学習をもとに、むかし調べに何が必要か考えられたか。<br>【思・判】<br>○ メモに自分の言葉を交えて発表することができたか。<br>【技・表】<br>○ 何をどのように聞くか、ちゃんと計画が立てられたか。また、的確にインタビューできたか。<br>【技・表】<br>○ 資料をもとに自分の体験を振り返り、疑問を具体的に表現できたか。<br>【技・表・知・理】 |
| 3次<br>(10) | ○ 更に祭りについて知るため、「おたゆうさん(宮司)」にどんなことを、どのように質問するかを考える。<br>○ これまで調べた内容を振り返り、まとめ作業に入る計画を立てる。 | ○ インタビューへの意欲がさらに高まったか。<br>【関・意】<br>○ 調べた内容を他者に伝達する際の適切な方法が分かったか。<br>【知・理】 |
| 課外 | ○ 秋祭りの日、おたゆうさんにインタビューする。 | |
| 4次<br>(11～14) | ○ 秋祭りへの参加やおたゆうさんへのインタビューで分かったことを発表し、理解を深める。<br>○ 「わたしたちの野忽那③」を作る。 | ○ 取材を整理し、教師にそのことを的確に伝達できたか。<br>【技・表】<br>○ 一学期の成果や反省を踏まえて作ることができたか。<br>【知・理】<br>○ 写真やメモを活用し、自分の意見を交えて製作できたか。<br>【思・判・知・理】 |
| 5次<br>(15，16) | ○ 完成した「わたしたちの野忽那③」を各人に配布し、新聞の感想や批評をもらう。<br>○ 完成した「わたしたちの野忽那③」を読んでもらっての感想を読み返し、次回の新聞作りに役立てられるよう話合う。 | ○ 配布する際、祭り調べや新聞作りのねらいを伝えることができたか。<br>【技・表】 |

(中島町立野忽那小学校『平成15年度研究集録　のぐつな』(2003) 19-22頁より筆者作成)

かしの遊びや野忽那の祭りについて祖父母に取材した内容を教員に発表する」，第4次の「秋祭りへの参加やおたゆうさんへのインタビューで分かったことを発表し，理解を深める」「『わたしたちの野忽那③』を作る」，第5次の「完成した『わたしたちの野忽那③』を各人に配布し，新聞の感想や批評をもらう」等の活動に導入されている。最後に，「かかわり合い」は，第2，3次のインタビューを通しての祖父母，神社副総代さん，課外のおたゆうさんとのかかわり，第5次の「わたしたちの野忽那③」の配布と感想と批評をもらう際の島の住民へのかかわり，として導入されている。

授業後に配布した「わたしたちの野忽那③」に対して，授業を受けていない児童，教員，地域の住民から次のような感想が提出された[26]。

「○自分が思って調べたことをたくさん書いてあったのがよかったです。(児童)
○野忽那もお年寄りが多くなり，子供も少なくなって何だかさびしい感じですが，『大人になっても伝統行事を続けていきたい』という感想を読んで，ホッとしました。(教員)
○絵や図をもっと描いたほうが良くなると思いました。(児童)
○今まで分からなかったことが，新聞を読んでよく分かった。(児童)
○今までお祭りのことについて何も考えずにおみこしについて行っていましたが，これでよく分かりました。(地域の方)」

ここから，この授業の成果と課題は次のように解釈できる。成果は，「『大人になっても伝統行事を続けていきたい』という感想を読んで，ホッとしました」という教員の感想にみられるように，児童の中に野忽那島の伝統行事への愛着がみられたということと，地域の住民や授業を受けていない児童たちのお祭りへの理解を深めることができたことである。課題は，授業を受けていない児童からの「まとめる際に絵や図をもっと描いたほうが良くなる」という指摘にあるように，学んだことを上手にわかりやすく他人に伝える力を伸ばしていくことであった。

## 5．おわりに—野忽那小学校の社会科地域学習から学ぶこと—

　以上の考察から，野忽那小学校で「人や地域とのかかわり合い」に基づく地域学習が行われた理由と実践の特質は，次のようにまとめることができる。まず，野忽那小学校で「人や地域とのかかわり合い」に基づく地域学習が行われたのは，シーサイド留学と結びついた教育とそこで生じた教育実践の課題があったためである。昭和50年代後半，少子高齢化で野忽那小学校の存続が危ぶまれた際に，島民が一丸となって，島と子どもたちの未来のためにシーサイド留学を発足させた。野忽那小学校では「多くを地域から学び，学んだことをまた地域に返す」という目標の下で「海に鍛え，太陽に学び，花と育つ教育」を実施した。しかし，少人数であるゆえに生じた，児童の探究心や表現力の欠如という課題を解決するために，島の特性である「人と地域とのかかわり合い」を活かした取り組みを開始したのである。次に，実践の特質は，次のようにまとめることができる。「人や地域とのかかわり合い」とは，自分と友達・家庭や地域の人・自然・文化との間での学び合いを重視するものであった。そのため，社会科地域学習は，児童が，教員，友達，家族，地域住民とのかかわり合いの中で，自分自身の課題を追究し，まとめたことを伝えるという活動から構成されていた。その結果，地域学習を実施することで，児童と島の人双方の島への理解と愛着を高めることに寄与していた。

　野忽那小学校は，少子高齢化の影響から学校存続問題が再浮上し，平成20年度をもって廃校となった。しかしながら，長年にわたって野忽那小学校で行われてきた取り組みは，児童と島の未来のために学校と地域が一体となり，児童・島民双方の野忽那島への理解と愛着の育成を目指して取り組まれたものあった。それは，今日の社会科地域学習の課題解決へのひとつの視点であり，今，日本の子どもたちに必要とされている教育のひとつの形であるといえるかもしれない[27]。

（篠﨑　正典）

注 ─────

1) 例えば，主な論考として次のものが挙げられる。朝倉隆太郎「社会科教育と地域学習」朝倉隆太郎先生退官記念会編『社会科教育と地域学習の構想』明治図書，1985年，13-44頁，朝倉隆太郎「地域と地域学習の本質」朝倉隆太郎編著『地域に学ぶ社会科教育』東洋館出版社，1996年，7-14頁，山口幸男『社会科地理教育論』古今書院，2002年。
2) 安藤清「郷土の学習」日本地理教育学会編『地理教育用語技能事典』帝国書院，2006年，93頁。
3) 「へき地・小規模校」という言葉は，鈴木の論考と同様の意味で使用する。鈴木は，「へき地・小規模校」について次のように定義している。「学校教育法施行規則では，学校数が12～18学級の学校を標準としており，それ以下の学校数である学校が小規模校であると考えることができる。しかし，1学級における子どもの人数についての規定はなく，小規模校を法律から定義することはできない。よって，へき地校に指定されている学校は，市街地の学校に比べ子どもの数が少ないと考え，へき地校をそのまま，へき地・小規模校として捉えることとした。」(鈴木悠里「小規模性を生かした生活科及び総合的な学習のあり方に関する研究―へき地・小規模校の課題に焦点をあてて―」『生活科・総合的学習研究』6，2008年，49頁。)
4) 玉井康之「へき地・小規模校教育研究の領域と現代的な可能性」『へき地教育研究』60，2005年，138-139頁。
5) 例えば，次の論考がある。吉田正生・須田康之・木谷静香「へき地小規模校における『総合的な学習の時間』実践の創出」『僻地教育研究』55，2000年，1-22頁，鎌田浩子・佐々木宰「へき地教育に学ぶ『総合的な学習』の教材開発の構想」『へき地教育研究』56，2001年，47-54頁，鈴木悠里「へき地小規模校の歴史から探る『生活科・総合学習』への指針」『生活科・総合的学習研究』5，2007年，103-108頁。
6) 内藤久司「シーサイド留学20年の思い出」野忽那小学校開校130周年・瀬戸内シーサイド留学20周年記念事業委員会編『記念誌　歩』2007年，37頁。
7) 中島町立野忽那小学校「地域で取り組む学校づくり」愛媛県教育研究協議会温泉支部中島分会研究部編『中島町の「生きる力」を培う教育』2003，44頁。
8) シーサイド留学を取り上げた文献としては，次のものがある。島田恵「小さな島に都会っ子がやってきた」家の光協会『地上』10，1989年，19-25頁，木元修次「野忽那島―瀬戸内海シーサイド留学」『小さな離島へ行こう』ハート出版，1995年，186-188頁，中国新聞「瀬戸内海を歩く班」取材班「シーサイド留学」『瀬戸内海を歩く　下巻』中国新聞社，1998年，82-88頁，豊田渉「広がれ，留学生パワー！瀬戸内シーサイド留学～瀬戸内海の島からの発信」『しま』47-2，2001年，74-82頁。
9) 主な研究としては，次のものが挙げられる。山田知子「『島』型教育に関する一考

察—愛媛県野忽那小学校『シーサイド留学』調査報告—」『比治山女子短期大学紀要』31, 1996 年, 23-32 頁, 同著「交流学習の場としての離島復興効果—愛媛県野忽那島『瀬戸内シーサイド留学』からの学び—」『島嶼研究』1, 2000 年, 87-97頁がある。

10) 山田 (2000), 前掲 9), 90 頁。
11) 初代実行委員長として, シーサイド留学の発足に関わった田村善蔵氏は, のちに次のように述懐している。「昭和 61 年, 私が町会議員在住中のことでした。野首校長が赴任して数か月後, PTA 会長と 3 人で話し合う機会がありました。その中で, 山村留学がひそかなブームを呼んでいることを知りました。私はこの話に興味を抱き, 『それじゃこの島でもやってみますか?』と簡単に相談に応じました。それ以降 1 年間, 学校から山村留学の著者や新聞等参考資料の提供を受けておりました。」(田村善蔵「瀬戸内シーサイド留学発足にいたるまで」, 前掲 6), 35 頁。)
12) 第 3 代実行委員長として, 長年支える会で活躍された内藤久司氏は, 当時収集した資料を「山村留学綴」として保存している。保存されている主な史料は, 次の通りである。門真市幸福町「山村留学を考える会」新聞, 花園村山村留学関係史料(『『山村留学』生徒募集要項』,「『山村留学』面接申し込み書」,「一日学校見学」),新城小学校関係史料(昭和 61 年)。
13) 「野忽那地区『瀬戸内シーサイド留学』制度実施要綱」(内藤氏所蔵『野忽那シーサイド留学資料』所収)。
14) シーサイド留学発足の際に校長であった野首氏も, シーサイド留学の目的が,「①野忽那地区の豊かな自然を生かし, 自然の中で望ましい人間性を育てる。②留学を希望する児童を里親が預かり, わが子同様に責任を持って養育する。③過疎・過密の地区を深め, 野忽那地区を活性化させると同時に, 地域住民の連帯感を高め, 教育力の向上を図る。」の 3 点であったと述べている。(野首恒明「瀬戸内シーサイド留学について」, 前掲 6), 10 頁。)
15) "海と太陽と花"の教育」というスローガンがはじめて登場したのは, 昭和 62 年 5 月 2 日に行われた実行委員会の会議で配布された資料 "海と太陽と花"の教育 野忽那小学校の紹介」(内藤氏所蔵『野忽那シーサイド留学資料』所収) その後, 平成 10 年度から「海に鍛え, 太陽に学び, 花と育つ教育」に修正され, 今日まで至る。
16) 関係者からの聞き取り(2007 年 11 月 19 日)による。
17) 中島町立野忽那小学校『平成 14 年度学校経営諸計画』2002 年, 10 頁。
18) 中島町立野忽那小学校『平成 10 年度研究集録　のぐつな』1999 年, 4 頁。
19) 前掲 18), 34 頁。
20) 中島町立野忽那小学校『平成 14 年度研究集録　のぐつな』2002 年, 10 頁。
21) 中島町立野忽那小学校『平成 16 年度研究集録　のぐつな』2004 年, 4 頁。

22) 前掲21），4頁。
23) 前掲20），5頁。
24) 中島町立野忽那小学校『平成15年度学校経営諸計画』2003年，13頁。
25) 中島町立野忽那小学校『平成15年度研究集録　のぐつな』2003年，19頁。
26) 前掲25），25頁。
27) 本調査終了後に，沢田俊子『小さな島のちっちゃな学校』汐文社，2009年が出版された。沢田氏も野忽那小学校の取り組みについて，「美しい日本の自然と，ゆったりした島の人の心が，子どもたちを育くんでいくのを目の当たりにして，野忽那島での教育こそ，今，日本中の子どもたちが必要としているもののように感じました。」(83頁)と述べている。

# 2 愛媛県忽那諸島の小学校における集合学習の成果と課題

## 1．はじめに

　小規模校の定義は多様である。ひとつは，12-18学級を標準規模としている現行法令(学校教育法施行規則17条，55条)に従って，11学級以下を小規模校とする場合がある。これに対して，門脇(1997)[1]は，複式学級を含む6学級以下，50人未満の学校を小規模校として定義している。この定義により2007年度学校基本調査[2]を分析してみると，日本全国の2万2693小学校のうち，5学級以下の3036校(13.4%)あるいは児童数50人未満の3053校(13.5%)が小規模校に該当する。

　学校の小規模化は，主に農山村地域やへき地の問題としてとりあげられてきたが，最近では少子化や都心のドーナツ化により都市部の学校においても見られるようになった。1997年の雑誌『綜合教育技術』における「〈小規模化〉時代の悩みと対応」という特集においては，都心部を含む小規模校の教育実践が紹介されている[3]。このように小規模校に関する関心が近年高くなっているものの，研究においては今もなお昔ながらの農山村地域やへき地といった地域の特性を

生かした教育内容に向けている場合が多い。今後は，教育内容だけでなく小規模を生かした教育方法にも注目する必要がある。その例として，玉井(2005)[4]は，都市部の教育活動への応用を含め，現代の新しい教育問題の中で小規模校に関する研究を発展する必要性を論じている。また天笠(1997)[5]は，これまで農山村地域やへき地の小規模校が積み重ねてきた教育活動から学校の小規模化に対応する方法を指摘している。

そこで本節では，愛媛県忽那諸島の小学校における集合学習を事例として，小規模校の教育の特質及び課題を明らかにすることを目的とする。具体的な研究方法としては，2007年11月19日から21日の間，中島3小学校(中島東小，中島南小，天谷小)及び中島中学校を訪問し，教員への聞き取り及び資料収集を行った。さらに，5・6年生を対象とした担任教員によって実施された児童への質問紙調査を行った。

## ２．忽那諸島の小学校における集合学習の必要性

(1) 忽那諸島における児童・生徒数の推移と学校の状況

過疎地域である忽那諸島においては児童・生徒数も減少傾向である。表2-2-1は，1981年度から2011年度までの忽那諸島における児童・生徒数の推移を示したものである。

2007年の児童・生徒数(児童数157人，生徒数91人)は，26年前の1981年度の児童・生徒数(児童数744人，生徒数449人)に比べて21％に過ぎない。このような児童・生徒数の減少は，学校の統廃合・小規模化を起こしていた。

表 2-2-1　忽那諸島における児童・生徒の推移　(単位：人)

| 年度 | 1981 | 1986 | 1991 | 1996 | 2001 | 2007 | 2011 |
|---|---|---|---|---|---|---|---|
| 小学校児童数 | 744 | 588 | 464 | 356 | 215 | 157 | 105 |
| 中学校生徒数 | 449 | 406 | 292 | 216 | 164 | 91 | 68 |

(2001年まで中島町，2007年以降は松山市による)

調査当時，忽那諸島においては，小学校8，中学校1，高等学校分校1があり，島ごとにひとつの小学校，町にひとつの中学校を設けることを原則としていた。そのため，島ごとにあった中学校は，すでに中島中に統合・廃校されており[6]，2009年に中島の3つの小学校も統合し，中島小になった。しかし，2009年より睦月小，野忽那小，二神小は休校しており，2011年度現在，学校が設けている島は，中島，怒和島，津和地島の3つだけである。2007年の中島中学校においては，中島以外の生徒17人が寮生活しており[7]，卒業後，多い生徒は松山市にある高校への進学を希望していた。実際に2006年度中島中の卒業生の進路先をみると，総30人のうち26人が松山市所在の高校に入学し

**表 2-2-2　忽那諸島の小学校における児童数（2007学年度）**

| 小学校＼学年 | 1 | 2 | 3 | 4 | 5 | 6 | Total |
|---|---|---|---|---|---|---|---|
| | 男：女 | 男：女 | 男：女 | 男：女 | 男：女 | 男：女 | 男：女 |
| 睦月小 | 0 | 2 | 0 | 1 | 2 | 1 | 6 |
| | | 1：1 | | 0：1 | 1：1 | 0：1 | 2：4 |
| 野忽那小 | 0 | 0 | 1 | 1 | 2 | 2 | 6 |
| | | | 1：0 | 1：0 | 1：1 | 1：1 | 4：2 |
| 中島南小 | 3 | 6 | 3 | 4 | 5 | 4 | 25 |
| | 2：1 | 4：2 | 1：2 | 3：1 | 5：0 | 2：2 | 17：8 |
| 天谷小 | 5 | 4 | 3 | 4 | 3 | 2 | 21 |
| | 2：3 | 2：2 | 2：1 | 2：2 | 0：3 | 1：1 | 9：12 |
| 中島東小 | 7 | 16 | 14 | 13 | 13 | 13 | 76 |
| | 4：3 | 11：5 | 9：5 | 7：6 | 8：5 | 11：2 | 50：26 |
| 怒和小 | 2 | 2 | 0 | 1 | 0 | 2 | 7 |
| | 0：2 | 1：1 | | 0：1 | | 0：2 | 1：6 |
| 津和地小 | 3 | 1 | 3 | 1 | 2 | 3 | 13 |
| | 2：1 | 1：0 | 3：0 | 0：1 | 1：1 | 2：1 | 9：4 |
| 二神小 | 0 | 1 | 0 | 0 | 1 | 1 | 3 |
| | | 1：0 | | | 1：0 | 0：1 | 2：1 |
| 計 | 20 | 32 | 24 | 25 | 28 | 28 | 157 |
| | 10：10 | 21：11 | 16：8 | 13：12 | 17：11 | 17：11 | 94：63 |

■複式学級

（平成19年度第1回集合学習字実施計画案より）

ており，中島分校に入学した者は4人しかいなかった[8]。こうした松山市への高校進学のために，中島中においては，生徒に基礎学力を身につけさせることを重視していた[9]。

　表2-2-2は，2007年度の各小学校における児童数を示したものである。町全体の児童数は157人であり，中島東小が76人で一番多く，全校児童が一番少ないのは3人の兄弟が通っていた二神小である。また，町全体的には男子児童(94人)が女子児童(63人)より多いが，学校によって女子児童が多い場合もあり，学校ごとに性比率が不均等である。さらに，中島東小を除いての小学校は，児童数が50人以下で複式学級を含む小規模学校である。

## (2) 忽那諸島における小規模校政策

　中島町教育委員会と愛教研温泉支部中島分会は，2002・03年に「へき地小規模校における教育の在り方」というテーマで「中島町夏季教職員研修会」を開催した[10]。研修においては，「へき地小規模校の特色を生かした教育」，「へき地小規模校における指導と評価の在り方」，「へき地小規模校における心の教育」，「地域との連帯・融合」という内容で，各学校の教育実践の発表とそれに対する議論が行われた。その2年間の研修会の成果をまとめた報告書[11]によると，へき地小規模校の長所としては，豊かな地域の自然・文化的素材を生かした小規模校での特色ある教育課程の編成や，地域社会の構成員全てが参加した学校づくりができることである。一方，短所としては，学年や男女の偏りによる経験不足，自己表現力や社会性不足など，少人数の児童数による問題が多い。この小規模校の長短は相対的であり，よさを生かし，弱点を克服する教育を行う必要がある。そのため，忽那諸島における8つの小学校が取り組んでいたのが，「集合学習」である。つまり，忽那諸島における全ての小学校が協力し，小規模校の限界を乗り越えようとしていたのである。この集合学習は，2007年に「特色ある学校づくり」としての成果が認められ，松山市教育委員会からの財政支援を受けた。

## 3．忽那諸島の小学校における集合学習の実践

### (1) 集合学習のあゆみ

　忽那諸島における集合学習は，1981年に野忽那小と二神小，中島東小との交流から始まった。それに1986年から睦月小も参加することになった[12]。その頃は「交流学習」という名称で，中島中の寄宿舎を利用し1泊2日の日程で年1回実施されていた。しかし，二神小は中島への交通の便がよくないこと，神和地区の津和地小，怒和小も児童数が減少していたことにより，1988年より「協同学習」という名称で津和地小・怒和小・二神小の3校間の交流が行われるようになった。その後は，しばらく野忽那小・睦月小・中島東小の3校交流学習と，津和地小・怒和小・二神小の3校協同学習という形で行われた。中島南小・天谷小も児童減により集団での学習が困難になってきた2001年から，3校交流学習に参加し，5校集合学習という名称で実施されるようになった。また，2001年からは中島における中島東小・中島南小・天谷小の3校集合学習も始まった。さらに，2002・03年の「中島町夏季教職員研修会」において，忽那諸島全体での集合学習の必要性が指摘され，2004年からは8校集合学習が始まった。

　こうした過程を経て，調査当時の集合学習は年6回行われていた。具体的には，2回の8校集合学習（5月10日・1月22日）と，2回の中島・神和6校集合学習（6月5日・10月11日），1回の中島・睦野5校集合学習（7月3日），1回の中島3校集合学習（11月13日）が実施されていた。さらに，忽那諸島における8校が参加する水泳交流学習会（7月24日）や陸上交流学習会（10月17日），音楽集合学習会（11月28日）も行われていた。

### (2) 集合学習の運営内容
#### ① 集合学習のねらい

　忽那諸島における集合学習のねらいは，以下のようである[13]。

ⅰ）より大きな集団の一員として，意欲をもって楽しく学習に取り組もうとする態度を育てる。

ⅱ）より大きな集団の一員として活動することを通して，社会性や，主体性，自主性，自己表現力の育成に資する。

ⅲ）児童相互の交流を深め，中島地域に生まれ育つ者として協調性や連帯感を養うとともに，地域を愛する心情を培う。

集合学習では，多人数で学習することにより，児童が競い合ったり助けあったりしながら，普段の小規模学校ではできなかった体験を提供する。さらに，他校の児童と一緒に学習したり，遊んだりしたことで相互の交流が深まり，忽那諸島の小学生としての連帯感を高めることを目指す。

② 集合学習のプログラム

集合学習の当日は，Ⓐ対面式，Ⓑ学習Ⅰ～Ⅲ，Ⓒ昼食・昼休み，Ⓓ学習Ⅳ，Ⓔ学級交流，Ⓕお別れ式といった日程で行われる。集合学習は，Ⓐ対面式において，日程や参加学校の紹介を行い，「白いかおりの島へ」，「大好き中島」[14]などの歌を皆で歌うことで始まる。途中のⒸ昼食は，弁当を持参することが多いが，給食の場合もある[15]。各校の代表　人が感想を発表するⒻお別れ式で集合学習の全てが終わる。

Ⓑ学習Ⅰ～Ⅲ，Ⓓ学習Ⅳにおいては，主に学年ごとの授業が実施される。表5は，2007年度第1～5回の集合学習においての授業内容を示したものである。音楽と体育，国語の授業が多く，その次は学級活動（学活），算数，ALT（Assistant of Language Teacher）[16]の順である。一方，理科や社会科の授業は少ない。音楽と体育の場合は，水泳や陸上交流学習会，音楽集合学習会なども設けられており，特に重点を置いていることがわかる。これについて中島東小の教諭である尾脇（2006）[17]は，小規模校の課題の中で，まず体育において同学年の児童とボール運動などの団体競技を楽しんだり競いあったりする喜びが味わえないこと，そして音楽において大勢で歌ったり合奏したりするときの音の響きや美しさを味わえないことを挙げていた。しかし，このような教科教育における課

題解決だけではなく，集合学習のねらいi)を達成するためにも体育や音楽が重要視される。例えば，対面式において皆で歌を歌うことにより，その後の学習でも意欲をもって楽しく勉強することが可能となる。

　基礎・基本知識の習得という面において，国語・算数・ALTの授業も重視する。例えば国語の場合，「漢字の広場（1回の3年，2回の2・3年）」，「国語辞典の使い方（3回の3年）」などの授業が行われており，5回の6年生の授業（「言葉のきまり」）は中島中学校の国語教師[18]によって実施されていた。また，集合学習におけるALTの位置付けは極めて重要である。1997年度より始まったALT制度は，より効率的に実施するために2001年からは睦月小・二神小・中

表2-2-3　2007年度の集合学習プログラム

|  |  | 1年 | 2年 | 3年 | 4年 | 5年 | 6年 |
|---|---|---|---|---|---|---|---|
| 1回<br>東小<br>8校 | 学習Ⅰ（8：55～9：40） | 全体学習（学活） | | | | | |
|  | 学習Ⅱ（9：50～10：35） | 体育 | | ALT | 国語 | 国語 | 音楽 |
|  | 学習Ⅲ（10：45～11：30） | 国語 | 道徳 | 体育 | 体育 | 音楽 | 学活 |
|  | 学習Ⅳ（12：40～13：25） | 算数 | 算数 | 国語 | ALT | 体育 | 体育 |
| 2回<br>南小<br>6校 | 学習Ⅰ（9：40～9：45） | 学活 | 国語 | 音楽 | 国語 | 体育 | ALT |
|  | 学習Ⅱ（9：55～10：40） | 体育 | | 国語 | 音楽 | ALT | 国語 |
|  | 学習Ⅲ（10：50～11：35） | 算数 | ALT | 体育 | | 学活 | 学活 |
|  | 学習Ⅳ（12：50～13：35） | 国語 | 算数 | 算数 | 算数 | 学活 | 体育 |
| 3回<br>天谷小<br>3校 | 学習Ⅰ（9：15～10：00） | 生活 | | 国語 | 保健 | ALT | 音楽 |
|  | 学習Ⅱ（10：15～11：00） | 体育 | | 音楽 | ALT | 体育 | 国語 |
|  | 学習Ⅲ（11：15～12：00） | 道徳 | ALT | 体育 | | 学活 | 道徳 |
|  | 学習Ⅳ（13：45～14：30） | 国語 | 国語 | 学活 | 理科 | 学活 | 国語 |
| 4回<br>南小<br>6校 | 学習Ⅰ・Ⅱ（9：40～11：15） | 全体学習（音楽） | | | | | |
|  | 学習Ⅲ（10：50～11：35） | 体育 | | 総合 | 算数 | 保健 | 図工 |
|  | 学習Ⅳ（12：50～13：35） | 国語 | 国語 | 算数 | 保健 | 体育 | 体育 |
| 5回<br>天谷小<br>5校 | 学習Ⅰ（9：00～9：45） | 体育 | | 保健 | 音楽 | ALT | 算数 |
|  | 学習Ⅱ（9：55～10：40） | 算数 | 算数 | 音楽 | 理科 | 体育 | 国語 |
|  | 学習Ⅲ（10：50～11：35） | ALT | 道徳 | 国語 | 理科 | 国語 | 体育 |
|  | 学習Ⅳ（12：50～13：35） | 音楽 | 国語 | 算数 | 体育 | 図工 | 社会 |

（第1～5回集合学習の日程表より筆者編集）

島東小・中島南小・天谷小の5校集合学習において実施されてきた[19]。

集合学習のねらいiii)は，プログラムの全体を通して達成される。例えば，第3回の1・2年生の生活と体育の授業は，学校の中ではなく学校裏海岸で実施され，地域を勉強の場所として使っている。さらに，第5回の6年生の社会授業では，「明治のころの中島」という授業が行われ，中島の歴史について理解を深めていた[20]。

## 4．忽那諸島の小学校における集合学習の成果と課題

### (1) 児童から見た集合学習の成果と課題

集合学習に対する児童の認識を調べるために，中島における3つの小学校の5・6年生を対象とした質問紙調査を実施した(中島東小24名，中島南小9名，天谷小5名，合計38名)。

まず，選択式の質問において集合学習とその後にいかに感じているかを聞いた。結果を見ると，中島東小や天谷小と比べて中島南小の児童が集合学習を楽しんでいた(とっても楽しい及び楽しい：中島南小9名，中島東小20名，天谷小3名)。このことから，同質集団の生徒数が多くもなく少なくもない中間の生徒数が集合学習に慣れやすいことがわかる。特に，他の学校より生徒数が多い中島東小の児童は集合学習の必要を感じにくい。2006年の第1回の集合学習においても，中島東小の児童だけで集まっていることが指摘されている[21]。また，女子生徒(11名中7名)より男子生徒(27名中25名)の方が，また6年生(17名中13名)より5年生(21名中19名)の方が集合学習を楽しんでいた。

次は，集合学習をしながら感じたことを自由に記述した結果である。生徒の自由記述を見ると，多くの児童が「大勢で遊んだり勉強したりすることを楽しく」感じていた。このことから，集合学習を通して意欲をもって楽しく学習に取り組もうとする態度を育てることが可能であることがわかる。具体的に見ると，重点を置いている体育には多くの生徒が集合学習の思い出として挙げている(「体育だったらいっぱいチームがつくれてとってもたのしくなるから」：天谷小5年・女)。

さらに，同年齢・同性の集団が少ない学校の生徒においては，集合学習は同年齢・同性の友達をつくる機会を提供していることがわかる（「他の学年じゃなくて同級生だから楽しい」：中島南小５年・男，「同じ学年の女子が普段いないので，いきかいだと思います」：天谷小６年・女）。また，より大きな集団の一員として活動することを通して，「他人の考えを聞くこと」，「みんなで協力すること」，「友達と約束すること」などの社会性を養うこともできている。しかしながら，中島東小の児童や６年生の記述は他の生徒より簡単で，前の選択式質問の結果と同じく，集合学習に対する意識が薄い（「少し楽しい」：中島東小６年・男）。さらに，基礎・基本知識の習得という面において重視している算数の場合は，大勢で勉強することで緊張することもあり，個別の細かな指導が難しくなる（「算数などはきんちょうして勉強がやりにくい」：天谷小５年・女）。

これまで分析した結果から，児童から見た集合学習の成果と課題として次の２点を指摘することかできる。第１に，集合学習では集団で競ったり助け合ったりすることで学習意欲を向上させることができる。しかしながら，大勢の人々の前で発表した経験が少ない生徒には負担が生じることもあり，生徒一人ひとりの性格に合わせて指導できる小規模校の長所を活かす集合学習のあり方を考えることが必要である。第２に，集合学習では普段経験することが難しい同年齢・同性の集団での活動や多様な考えに接触する機会を提供することで社会性を養うことが可能となる。しかしながら，集団での経験が少ない生徒にとっては，より大きい集団での経験に混乱を感じることもある。個人と集団，小さな集団と大きな集団との間で交流する方法を指導することが必要である。

(2) **教員から見た集合学習の成果と課題**

文献資料から以下のような 2003 年[22]と 2006 年度[23]における集合学習の成果を確認することができる。

2003 年までは８校集合学習を行っていないことより，５校集合学習を中心とした成果をまとめている。５校集合学習においては，ALT の有効的実施が大きな成果であった。それに比べて，８校集合学習が実施された 2006 年にお

〈2003年〉
・多人数で学習することにより，多数な意見が出てきて，ふだんの授業では体験できない練りあい・高めあいができた。
・体育においては，極小規模ではけっしてできない同学年の児童とのボール運動を体験することができた。
・音楽においては，大勢で歌うときの声の響きやハーモニーの美しさを体験することができた。
・図工においては，大勢で制作することの楽しさを味わったり，ひとりひとりの個性あふれた作品を鑑賞したりすることができた。
・学習形態において，同学年の児童とグループで活動することの楽しさや友達同士で教え合うよさを味わうことができた。
・<u>5校の児童が一同に会して学習することにより基本的に1か月に1回しか配置されないALTの有効活用ができた。</u>
・他校の児童と一緒に学習したり，遊んだり，弁当を食べたりしたことで児童相互の交流が深まり，中島地区の小学生としての連帯感を強めることができた。

〈2006年〉
・多人数で学習することにより，多数な意見が出てきて，普段の授業では体験できない練りあい・高めあいができた。<u>また，大勢の前で発表する喜びを味わうことができた。</u>
・体育においては，極小規模ではけっしてできない同学年の児童とのボール運動を体験することができた。
・音楽においては，大勢で歌うときの声の響きやハーモニーの美しさを体験することができた。
・図工においては，大勢で制作することの楽しさを味わったり，ひとりひとりの個性あふれた作品を鑑賞したりすることができた。
・学習形態において，同学年の児童とグループで活動することの楽しさや友達同士で教え合うよさを味わうことができた。
・他校の児童と一緒に学習したり，遊んだり，弁当を食べたりしたことで児童相互の交流が深まり，中島地区の小学生としての連帯感を強めることができた。
・<u>5・6年生は，連合で実施する修学旅行や集団宿泊訓練のグループ編成と事前指導を行うことができ，事前交流が図れた。更にこのことは中島中学校へ進学しても，スムーズに交流が図れる素地となることが期待できる。</u>
・<u>同学年に複数の教員がいるので，ティームティーチングの形がとれ，とりきめ細やかな指導をすることができた。</u>

いては，忽那諸島の小学校5・6年生を中心とした共同修学旅行や集団宿泊訓練のために事前指導や中学校との連携，集合学習の準備のための教員の相互交流などが成果として挙げられている。2007年の集合学習のプログラムにおいても学活が多く設けられており，修学旅行（1回の6年）や集団宿泊訓練（1回の5年）のために事前交流を図っていた。さらに集合学習は，小学校だけではなく中学校も踏まえて，忽那諸島のすべての学校で実施されていた。忽那諸島の小・中学校の校長は，集合学習時に中島ブロック校長会を行っており，中学校の教員も集合学習を参観している[24]。特に2007年度においては，中島中学校

の教員による授業も実施されていた(5回の6年,国語)。もうひとつの成果である集合学習の準備のための教師の相互交流は,第1回集合学習(2006年5月10日)で課題として挙げられたものである[25]。その指摘を踏まえ,2007年においては,第1回集合学習(5月10日)の約1ヶ月前に,集合学習実施計画案(4月18日)が出ており,授業案は1週間前までに会場校の授業中心指導者が他の学校の協力指導者に送付することを原則としていた。

　一方,集合学習の課題としては,以下のようなことが挙げられていた。

〈2003年〉
・教科によっては机の数が不足して学習に困難をきたす場合がある。
・全体的に指導案の送付が遅れがちになることが多い。
・国語,算数,理科,社会の場合は各校で学習進度をそろえるのが難しく,復習や小単元の学習になる場合が多い。

〈2006年〉
・移動の費用がかかる。
・移動のための時間的ロスが大きい。
・日程調整や準備など会場校の負担が大きい。
・国語,算数,理科,社会の場合は,各校で学習進度をそろえるのが難しく,復習や小単元の学習になる場合が多い。

　まず,2003年までは指導案の準備や教室の整理などの問題があって,まだ集合学習が安定していなかったことがわかる。2006年においても,日程調整や準備を会場校に任せていたが,負担が大きかったことが指摘されていた。このような事前準備の課題は,2007年では前述したように実施計画案を立て解決するようになった。次に,会場校以外の学校の方は船やバスを利用して移動する必要があり,そのための時間や経費面が課題として挙げられる。2007年の経費は,松山市教育委員会の財政支援(ニュードリームプラン)から支出していた。

　そして集合学習では,体育や音楽などの集団活動を中心としている。しかし,各校で学習進度をそろえるのが難しい国語,算数,理科,社会の場合は,授業準備において混乱が生じることがある。この課題については,調査当時まだ具体的解決案が出されていない状況にあった。そこで,筆者は,①国語及び算数の場合は能力別授業を導入すること,②理科及び社会科の場合は地域素材を生かした副読本を作成することを提案したい。その理由は,①能力別授業は,個々

の生徒の状況に合わせた指導が可能である小規模学校において効果的な方法であり，基礎・基本知識の習得がより容易であるからである。さらに，②地域素材を生かした副読本の作成は,「iii)中島地域に生まれ育つ者として協調性や連帯感を養うとともに，地域を愛する心情を培う」という集合学習のねらいを達成するために，より効果的であるからである。

## 5．おわりに

　本節では，2007年の忽那諸島の小学校における集合学習を事例として，小規模校における教育の特質及び課題を明らかにした。近年忽那諸島においては，生徒数の減少により，学校の小規模化が進展している。そのため，2004年からは忽那諸島の8小学校の生徒が集まって，一緒に学ぶ集合学習を行っていた。

　忽那諸島の小学校における集合学習は，協同・協力的な集団学習，基礎・基本知識の習得，地域素材の教材化と地域アイデンティティの育成という3つの特質をもっていた。こうした特質をもつ集合学習を通して，生徒は競ったり助け合ったりすることで学習意欲を向上することができる。さらに，普段経験することが難しい同年齢・同性の集団での活動や多様な考えに接触することで，社会性を養うことが可能となる。

　2009年に中島の3校が統合したことにより，統合する中島小学校は集合学習の必要性が少なくなった。しかしながら，生徒が減少している周辺島の小学校はより集合学習が必要になっている。そのため，集合学習のあり方について再考することを今後の課題としたい。

（金　玹辰）

注
1）門脇正俊「小規模を生かした教育実践，教育課程の工夫」『総合教育技術』52(1)，1997年，68-70頁。
2）文部科学省『平成19年度学校基本調査』。

3）東京都中央区立城東小学校，和歌山県日高郡美山村立川上第一中学校，佐賀県東松浦郡鎮西町立馬渡中学校の実践が紹介されている。『総合教育技術』52(1)，58-76頁。
4）玉井康之「義務教育費国負担制度の廃止問題とへき地・小規模学校の統廃合問題」『教育学研究』72(4)，2005年，480-491頁。
5）天笠茂(1997)，〈小規模化〉時代，学校・学級経営と課題，『総合教育技術』，52(1)，1997年74-76頁。
6）1963年に津和地中，1970年に野忽那中と二神中，2002年に睦月中，2005年に怒和中が中島中学校と統合，廃校された(中島文化センターの金本先生への聞き取りにより)。
7）出身別には，睦月島5人，野忽那島3人，怒和島6人，津和地島2人，二神島1人である(中島中学校『学校要覧』2007年)。
8）同上。
9）中学校の古田先生(教頭)への聞き取りにより。
10）中島町内の小中学校の教職員を対象として中島文化センターで開かれ，2002年に67人，2003年に56人が参加した。
11）愛教教育研究協議会温泉支部中島分会研究部『中島町の「生きる力」を培う教育』中島町教育委員会，2003年。
12）同上，45頁。
13）「平成19年度　第1回集合学習実施計画案」(2007.4.18)。
14）中島東小学校の児童によって作詞・作曲され，一番は「自然がおいしい中島」，二番は「いい人いっぱい中島」，三番は「でかい未来の中島」と最後の一節に中島のよさと思いがこめられている歌である。尾脇康資「中島の友達，集まれ集合学習」『教育広報えひめ』162号，2004年。
15）東小学校の河野健二校長先生は，給食体験を小規模校ではできない重要な経験であると指摘している。
16）「語学指導などを行う外国青年招致事業(JET)」による外国語指導助手をいう。ALTは，教育委員会や中・高等学校などに配属され，外国語担当教員などの助手として職務に従事する。今野喜清・新井郁男・児島邦宏編『学校教育辞典』教育出版，2003年，46頁。
17）尾脇康資「平成18年度へき地・複式学級担当者研修会資料」2006年，2頁。
18）授業を担当した中島中学校の高須賀純先生への聞き取りにより。
19）前掲11)，45頁。
20）授業を担当した東小学校の能田尚幸先生は中島出身である。能田先生は，「鎌倉時代ころの中島」，「明治時代ころの中島」など，地域の歴史を中心に集合学習を行っている。授業では，教科書以外に，『中島の歴史物語』や『中島町誌』などを副教材として使っている。

21) 前掲17), 8頁。
22) 前掲11), 48頁。
23) 前掲17), 2-3頁。
24) 中学校の河野健二校長先生への聞き取りによる。
25) 2006年の第1回集合学習の反省について, 他校(東校以外)の反省として以下の指摘があった(前掲17), 6頁)。
「たくさんの教師がいてもメインティーチャーがほとんど授業をして, 後の教師は見ているだけがいまだに多い。『言ってくれたら手伝うように』と後片づけの感想を言うのはやめて, 『一人一役』で授業ができるように授業案を立てたい。そのためには, 8校の先生が集まって年間の予定を決める時間を日程の中に位置づける必要がある。」

## 3 平和学習におけるオーラル・ヒストリーの活用
—— 愛媛県津和地小学校における実践を手がかりに ——

### 1. はじめに

愛媛県松山市立津和地小学校の傍らに,「平和の碑」がある。正確には, 第21号輸送艦の碑という。1945(昭和20)年8月6日, 津和地島では, 呉から大津島に向かう途上の第21号輸送艦がアメリカ軍機の波状攻撃によって損傷, 多数の死傷者を出し, 浜にのし上げるという事件が起こった。この碑は, 戦後, 救助にあたった島民と輸送艦の旧乗組員によって, 平和を希求して建立されたものである[1]。

こうした, 地域に残された史跡やそれにまつわる口碑など, すなわち, 地域素材は, 地域学習や歴史学習のみならず, 平和学習においても格好の教材である。例えば, 外池(2005)は, 地域素材の特性と意義について,「地域素材には, 実際の場や実際の人物, そして実物などといった資料の一次性に迫ることが容易であるという特性がある。このことは, 社会事象への本質的理解や事実究明への探究心を養おうとする社会科において極めて重要な特性である」[2], と述

べている。外池氏のこの指摘は社会科を念頭に置いたものだが，このような地域素材の特性と意義は，地域学習や歴史学習のみならず，平和学習においても該当しよう。

外池(2005)はまた，地域素材を「学習材」と捉える観点から，それを①資料的学習材(文献資料，遺物資料，民俗資料，図像資料，映像・音声資料，地図資料，統計資料，現物資料)，②臨場的学取材(資料館的施設，遺跡・史跡，地形，景観，伝統芸能)，③人的学習材(戦争体験者，就業者，異文化理解関係)に類型化し，そのうえで，秋田県下の高等学校の実践を事例に，地域素材の活用状況を調査している[3]。それによれば，全18件の実践で取り上げられた地域素材のうち，①資料的学習材は31件，②臨場的学取材は10件，③人的学習材は0件であった。このように，地域素材の活用にあっては，①資料的学習材が大半を占めており，②臨場的学取材はその3分の1以下，③人的学習材にいたってはまったく活用されていない，という報告がなされている。むろん学校段階が異なれば，地域素材の活用状況も変わってくるであろうが，本節では，これまで教材化されにくかった，③人的学習材に焦点を当て，なかでも地域素材としての戦争体験者の存在を活かした学習について扱うこととする。

戦争体験者の経験を子どもたちが学習するうえで有効な方法として，オーラル・ヒストリーがある。オーラル・ヒストリーとは，「テクノロジーの進歩によって発達した録音機器を用いて，人々にその経験を聞き，録音して，書き起こした史料を基に歴史を描いていく手法」[4]と定義されるが，実際，社会学者や歴史学者らによって，被爆者の経験や東京大空襲の経験を聞き取り，継承していく試みなどが行われている。

そこで本節では，戦争体験者を活かした学習として，愛媛県津和地小学校の平和学習に着目し，これを手がかりに，平和学習におけるオーラル・ヒストリーの活用について論議し，平和学習にオーラル・ヒストリーを導入する意義やその際の課題を明らかにすることを目的とする。

以下では，まず，津和地小学校における平和学習の取り組みについて整理する。次に，津和地小学校における平和学習の中心的なテーマである「第21号輸

送艦の遭難と平和の碑の建立」について，事実関係を整理し，関係者から収集したオーラル・ヒストリーを分析する。そして最後に，平和学習にオーラル・ヒストリーを導入する意義やその際の課題を論じる。

## 2．津和地小学校における平和学習の取り組み

### (1) 津和地小学校における平和学習の位置づけ

　はじめに，津和地小学校における平和学習の目標と位置づけについて確認しておきたい。津和地小学校では，「平和の碑」の清掃が，学校の教育計画の重点目標のひとつに位置づけられている。平成20年度の『学校要覧』[5]によれば，①たしかな学力の定着，②教職員の資質・能力の向上，③健康な体の育成，④一人一人を生かす生徒指導の推進，⑤安全・安心な学校づくり，という重点目標のうち，③のひとつとして「朝の自主奉仕活動，『平和の碑』の清掃等を通して，津和地を愛する心を育てる」，という文言が見られる。ここから，「平和の碑」の清掃は，「津和地を愛する心を育てる」ことを目的としていることがわかる。

　教員への聞き取りによれば，津和地小学校における平和学習は，特定の教科の枠内ではなく，「総合的な学習の時間」の中で実施されている。津和地小学校では3～6年生を対象に「総合的な学習の時間」が行われているが，平成20年度の年間活動計画によれば，3年が「探検」，4年が「調査」，5年が「追究」，6年が「探究」の学年として設定されている。また，領域としては，「課題追求・発信」（53），「福祉」（11），「国際理解」（11），「環境」（12），「情報」（8），「その他」（10）があり（括弧内の数字は時間数で，第3学年の事例。この学年の総時数105時間である。），このうち，「平和の碑」の清掃は，「環境」のなかの4時間が配当されている。

　それでは，特定の教科における取り組みや，教科と連携した平和学習の取り組みについてはどうであろうか。津和時小学校の教員によると，6年生の日本史の時間で第二次世界大戦下の島の状況について，簡単に言及することはあるものの，教科学習と連携させた平和学習は特には実施していないという。

　次に，平和学習の内容について明らかにする。津和地小学校における平和学

習の内容は，具体的には月に一度，全校児童で「平和の碑」の清掃をするというものである。初回には，全校児童に対して，平和の碑が建立された経緯の説明が校長先生によってなされている。毎月の清掃は，それを行わないと，「平和の碑」の前の道路に，土が溜まってしまうのだという。清掃では，供えてある花の水を交換したり，花や線香を供えたりする。そして碑に水をかけて綺麗にし，最後にお祈りするのが恒例であるという。このような活動を通して，少しでも平和について考えたり，感じたりする子どもが出てくれば嬉しい，という趣旨のことを教員は述べていた。一方，この平和学習では，「平和の碑」によってコメモレイトされる第21号輸送艦の遭難事件そのものについての学習は，特に深くは行われていないということが現地調査から明らかになった[6]。

(2) 児童における平和学習の内容の理解度

　津和地小学校の児童が平和学習の内容（第21号輸送艦が遭難した出来事や，平和の碑が建立された経緯）をどの程度理解しているかについて，低学年，中学年，高学年という3つのグループにインタビュー調査を行ったところ，以下の通りであった。

　低学年では，第21号輸送艦が遭難した出来事そのものについては，ほとんど理解していないことが明らかになった。例えば，遭難した船に乗っていたのが，島内の人か，島外の人か，子どもたちは把握していなかった。また，中学年においても，低学年ほどではないにせよ，第21号輸送艦が遭難した出来事そのものについては，子どもたちはあまり理解していなかった。ところが，高学年になると，第21号輸送艦が遭難した出来事について，ある程度的確な説明を試みることができる児童がいた。さらには，なぜ平和の碑が建立されたのか，その経緯についても正確に理解している児童がいた。

　このように，平和学習の内容に対する理解度には発達段階による差が見られたが，低学年や中学年の児童にとって第21号輸送艦が遭難という平和学習の内容じたいが難しすぎるのではないか，という声が教員からは聞こえた。津和地小学校の平和学習では，清掃という体験を重視するあまり，ややもすると知

識の習得が軽視され，学習の中で認識と実践の統合が十分に図られていない，ということもあるだろう。しかし，第21号輸送艦の遭難という事象が低・中学年の児童にとっては把握しがたいこと，さらには低・中学年の児童でも理解できるような平和学習の内容・教材が準備されていないことが，彼／彼女たちが平和学習の内容について十分に理解していない理由であると考えられる。

　なお，学校外で祖父母や地域の人から島の歴史や昔の出来事について話を聞く機会があるか児童に尋ねたところ，あると答えた児童も何人かいたが，大半の児童はそのような話を聞く機会はないと回答した。ここから，津和地島では学校外での戦争体験の継承が十分に行われていないことが示唆される。

## (3) 津和地小学校における平和学習の課題

　以上の現地調査で明らかになった知見をふまえ，津和地小学校における平和学習の取り組みを肯定的に受け止めたうえで，さらにそれを発展させるとしたら，どのような改善点が挙げられるだろうか。

　1つは平和学習を展開していくうえでの，学校・教員組織としての課題である。津和時小学校の教員は，島外の出身である。そのため，島の歴史について教員自身も詳しくは知らないという現状がある。島の歴史について教えようにも，本人がそのことについてよく知らないため，教えられないのである。実際，先生方や校長先生は，津和地小学校に赴任してきて初めて，平和の碑の存在や，同校で平和学習なるものが行われていることを知ったという。また，史実を調べようにも，そもそも関連史料が少なく，文献から当時の状況を教材化することが難しいという問題もある。さらに，津和地小学校の教員は，ほぼ3年周期で異動してしまう。そのため，津和地島の歴史に関する知識が教員間で継承されにくく，またそうした知識が学校内のアーカイヴに蓄積されにくい。このことが，平和学習を困難にしている。

　2つ目は，小学校の平和学習で戦争の一端を扱うことに伴う難しさである。津和地へ来島していた第21号輸送艦の元乗組員は，当然のことながら，旧海軍の関係者である。軍の関係者と会うことで，子どもたちが軍隊や戦争を称揚

するようになっては困る，と校長は述べていた。筆者も明らかにしたように，小学生の子どもたちは，戦争の複雑な構造や利害関係について，まだ十分には理解できないからである。また，同じような理由から，戦争の加害(対外的侵略)の側面ではなく，被害者を島民が力を合わせて救助したという，いわば被害のストーリーの方を強調するよう注意を払わなければならない，とも校長は述べていた。

## 3．第21号輸送艦遭難をめぐる事実関係とオーラル・ヒストリー

### (1) 戦時下の津和地島の状況と第21号輸送艦の遭難

『中島町誌』によれば，第二次世界大戦における神和地区(上怒和，元怒和，津和地，二神)の出征者は670名(うち津和地島出身者は229名)で，そのうち戦没者は173名(うち津和地島出身者は51名)である[7]。大浦や野忽那などを合わせた中島地方全体では，619名が出征により戦没している。そうした出征による戦没以外に，中島地方(忽那諸島)は軍港呉への経路にあたり，また近くに吉田浜飛行場が控えていたため，空襲や機銃掃射によって民間人にも被害者を出している。第二次世界大戦末期の中島地方の様子を，『中島町誌』では「沖縄が米軍の手に落ちてからは，土佐湾に航空母艦が出没し，これから飛来するもグラマンを交えて軍港呉・飛行場吉田浜への爆撃が繰り返された。その往復路として，米機が通過することにより警戒警報・空襲警報のサイレンの音に，中島地区の住民は戦々恐々の連日を送った。」[8]と記している。そうしたなか，1945(昭和20)年8月6日の午前11時ごろ，津和地沖を航行中の第21号輸送艦(1800トン)がアメリカ機の襲撃を受けて航行できなくなり，津和地港に避難，浜辺に強行着岸するという惨事が発生した。この事件については，『神和三島誌』[9]に詳細が記載されている。それによると，津和地島の島民は死傷者を津和地小学校に収容し，手当てに全力を挙げたとのことである。乗員270名中，58名がこの事件で亡くなっている。この事件を，『神和三島誌』の著者たちは，「敗戦の憂き目，戦争のみじめさを島全体の者が身を以って体験した前代未聞の出来事であり，

**第 21 号輸送艦**
（神和かたりべの会(1989) 146 頁）

**平和の碑**（筆者撮影）

二度と繰り返されてはならない惨事であった」[10]、と記している。

その後、第 21 号輸送艦の乗組員の生存者は、1970 (昭和 45) 年頃より隔年毎に供養のため津和地に来島し、会合を重ねていたが、1988 (昭和 63) 年、世界の平和を願って「平和の碑」が建立され、町長以下多数の人が参加して除幕式が行われた[11]。

## (2) 第 21 号輸送艦の遭難をめぐるオーラル・ヒストリー

文献資料からはアクセスできない歴史の位相を明らかにするため、4 組のインフォーマントに対し、第 21 号輸送艦の遭難をテーマにオーラル・ヒストリー・インタビューを実施した。インフォーマント A および C は、事件当時は島にいなかった人たちである。したがって、第 21 号輸送艦の遭難に関する彼／彼女の記憶は、直接経験によるのではなく、他者から伝え聞いたストーリーに基づいている。これに対して、インフォーマント B の 2 人は当時津和地島にいて、実際に事件に遭遇し、さらに乗員の救助にも参加した人たちである。また、インフォーマント D の 2 人は親子であるが、事件当時津和地島にいたのは、母親のみである。

**A の語り**：A 氏の語りでは、①輸送艦は呉から兵を輸送する最中に艦載機の攻撃を受け、コントロール不能になって引き返し、津和地へ上陸したことが述べられた。救助の際には、担架がなく、雨戸を外して負傷者をその上に載せて

第 2 章　愛媛の地域と教育　　95

運んだという。また，②輸送艦の副艦長が近年までは御存命で10人くらいの部下をつれて島に通っていたことも語られた。さらには③当時18〜20歳だった国防婦人会の人々が救護にあたったことが述べられた。①と③は文献資料が示す「史実」に合致しており，②も他のインフォーマントの話と合致する。ただし，描写のディティールについては，伝聞に基づくためか，それほど詳しくはなかった。これに対して，A氏自身が経験した広島における原爆投下は，非常に具体的でリアリティに富む語りとして表象されていた。このときのことをA氏は，「死んだ人間を積んでいるのかと思いそう班長に尋ねたら怒鳴られた」，と具体的なエピソードとして回顧していた。

**Bの語り**：この2人は，第21号輸送艦が遭難したときに島にいて，実際に救助にあたった人々である。小学校の校庭に運ばれてくる負傷者の救護を補佐したり，負傷者や救助にあたっている人のために食事を作って振舞ったりすることが主に行ったことだが，そのなかで，語り手のうちひとりは銃弾によって開いた傷口を手で押し込めて塞いだ経験があり，このことを非常に怖かった出来事として記憶していた。

**Cの語り**：C氏の語りでは，津和地島で道路を造るときに骨がたくさん出てきたことが述べられた。C氏によれば，第21号輸送艦の遭難事件で亡くなった兵士のなかには，17歳の人も含まれていたという。

**Dの語り**：Dの2人からは，当時の津和地島は呉へ向かう航路に当たっていたため，頻繁に空襲にあっていたことが語られた。学校の帰りに空襲にあったときは，山の防空壕ではなく，近くの防空壕へ飛び込んだこともあったそうだ。輸送艦が乗り上げた時刻は，昼前〜昼頃と語っていた。防空壕から出てみると目の前には惨事が起こっており，40〜50人の怪我人を国防婦人会が手当てしたという。怪我がひどい人は松山に送られ，なかには麻酔なしで足を切断せざるを得ないほどの大怪我を負った人もいたという。また，40人ほどの遺体を現在の津和地小学校があった付近で焼いたという。特に具体的な出来事としては，「お母ちゃん，お母ちゃん」と言って泣く兵のことをD親子の母親のほうが記憶していた。こうした一連の語りについて，D親子の子のほうは，「戦争を知

らない(われわれの)世代には信じられない話」と総括していた。

### (3) 第21号輸送艦の遭難をめぐるオーラル・ヒストリーの分析

以上のように，インタビューでは当時の状況を記憶している範囲で語ってもらったが，その際，合わせて次の2点に留意して聞き取りを行った。第1に，輸送艦が乗り上げた場所をそれぞれのインフォーマントに証言してもらうことである。インフォーマントの証言を地図に表現して比較することで，オーラル・ヒストリーを用いて構成された歴史の信憑性や妥当性などを検証できると考えたからである。そして第2に，児童へのインタビュー調査の結果をふまえて，第21号輸送艦の遭難を若い世代や子どもたちに伝えたいかどうかを，それぞれのインフォーマントに尋ねた。これにより，学校をとりまく地域の人々の間に，島の歴史を継承していくという意識がどの程度あるかを判断できると考えたからである。

これらの視点から21号輸送艦の遭難をめぐるオーラル・ヒストリーを分析すると，次のことが指摘できる。すなわち，インフォーマントは，例えば「誰それの家から何軒先に輸送艦が乗り上げた」など，何らかの〈場所〉を手がかりに，記憶を呼び覚まし，過去を再構成していた。そうした複数の証言を突き合わせた結果，輸送艦が乗り上げた場所は，地図上でほぼ一致した(図2-3-1を参照)。

このことから，オーラル・ヒストリー・インタビューによって顕在化された語り手の記憶を通して，ある程度正確に過去を再構成できるということが明らかになった。つまり，オーラル・ヒストリーは，過去に対する経験者の主観的な意

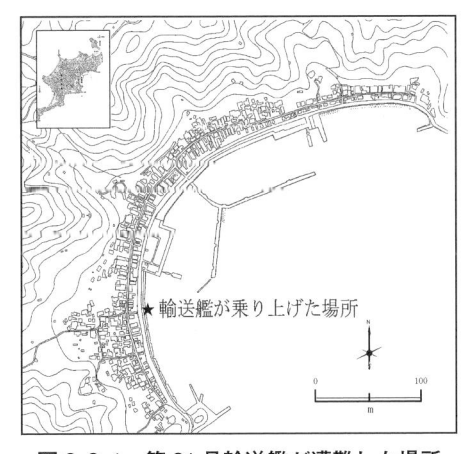

**図2-3-1　第21号輸送艦が遭難した場所**
(聞き取りをもとに筆者作成)

味だけでなく，客観的な過去の事実を明らかにするうえでも有効である。

　第2の点に関しては，インタビューの結果を総括すると，地域住民の中で戦争体験を継承していこうという意識は，概して希薄であることが伺える。つまり，津和島では，戦争の記憶は，学校教育以外の回路を通じては，小学生などの若い世代にあまり継承されていないことが示唆される。

## 4．平和学習におけるオーラル・ヒストリーの活用

　津和地島における調査と本節でこれまで述べてきたことをふまえ，平和学習でオーラル・ヒストリーを活用する意義をまとめると，次の3点が挙げられる。まず第1に，文献資料からはアクセスできない，多元的な歴史の位相を掘り起こすことができることである。津和地島において当時のことを想起させる景観は，「平和の碑」だけである。しかし，津和地島には当時の出来事を生きた人がいまも住んでおり，筆者が示したように，オーラル・ヒストリーによって，当時の出来事を客観的に明らかにすることができる。また，他方で津和地小学校の平和学習の場合は，加害のストーリーではなく，被害のストーリーを強調することが要請されていたが，オーラル・ヒストリーを用いれば，被害のストーリーも決して一様ではなく，その中にも多様性があることに気づかせることができ，一面的な理解に陥らない学習が展開できる。

　第2の意義は，オーラル・ヒストリーのもつ探索的な側面を活かすことで，より能動的な調査・探究活動が可能になるという点である。筆者も津和地島の住民へのインタビューにおいて，話の展開の中から次のインフォーマントを紹介していただくという経験をした。また，そうして巡り合ったインフォーマントが，さらに話をしていく中で，輸送艦の副艦長の手記や島民に宛てた手紙といった貴重な資料を紹介してくださった。これらは，図書館や公文書館における文献調査のみによってはアクセスし得なかった情報であり資料である。

　第3の意義は，戦争体験者の生の声に触れることによって，リアリティのある歴史像を獲得することができるということである。インフォーマントDは，

子どもの現状と戦争認識について,「ゲーム機の普及によって,今の子どもたちは簡単に『生きた,死んだ』ということを口にする。また,テレビを通して情報が入ってくるので,戦争を物語(フィクション)のように捉えている。それでは,心に残らないし,現実味が無い。食べ物についても,今の子どもたちは,例えば竹の子を掘ったことがないので,簡単に手に入るものだと思っている。そこで,竹の子を実際に掘らせてみたら,その大変さが子どもに伝わった」,と述べていた。この語りは,直接体験やリアリティの欠如という,現代社会とそこに生きる子どもたちの普遍的な問題を指摘しているとも理解できるが,平和学習という文脈に置きなおしてみると,「戦争を直接経験していない世代が,どのようにしたら戦争のリアリティを認識できるのか」,という重要な問題を提起しているように思われる。オーラル・ヒストリーは,この課題に応えうるアプローチである。実際,4組のインフォーマントのストーリーはいずれも生き生きとして臨場感に富んでいたが,とりわけ輸送艦の遭難を直接経験した者の語りは,きわめて具体的かつ印象的で,そこには文献資料が決して描き得ないリアリティがあった。

次に,平和学習でオーラル・ヒストリーを活用する際の課題としては,次の2点を指摘できる。第1に,筆者が聞き取りをしたインフォーマントが輸送艦の遭難と救助を非常に恐ろしかった出来事として語ったように,オーラル・ヒストリーによって戦争体験者のトラウマを呼び起こしてしまう恐れがあることである。児童についても,戦争体験者への聞き取りを通して戦争の悲惨なリアリティに迫ること,それによって平和を求める心が育つという考え方もあろうが,それが一方では児童のトラウマを引き起こす可能性を考慮する必要がある。

第2に,オーラル・ヒストリーの成果を,学習のために一時的に活用して,その後は忘れてしまうのではなく,録音のデータやフィールドノートのメモなども含め,学校アーカイヴとして蓄積していくことである。戦争体験者の語りは,生きた証言として大変貴重であり,人類の共有の財産として,大切に保存されるべきものだからである。さらには,インタビューの結果だけでなく,そのノウハウをも蓄積していくことで,教員が異動したとしても,平和学習の継

続的・組織的な取り組みが期待できる。

## 5. おわりに

　戦争体験を継承していくことは，戦争を直接体験した世代の高齢化が進む津和地島では，喫緊の課題である。可能な時に彼／彼女たちの声を遺さなければ，それは永遠に失われてしまうからである。したがって，第21号輸送艦の遭難という津和地島固有の戦争体験を継承していくために，津和地小学校における平和学習が果たす役割は極めて大きいといえよう。本節では，そのためにオーラル・ヒストリーが有効であることを示すことができた。他方で，本研究におけるインフォーマントは，第21号輸送艦を救助した側の島民に偏っている。したがって，今後，第21号輸送艦をめぐるオーラル・ヒストリーをより多面的・重層的に描いていくには，もう一方の当事者である輸送艦の乗組員への聞き取りを行っていく必要がある。しかしながら，輸送艦の副艦長をはじめ，乗組員の中で事件を生き抜いた方々は，その大半が近年すでに他界されたという。研究を開始する時期がもう何年かでも早ければと，そのことが悔やまれる。このことからも，平和学習において戦争をテーマにオーラル・ヒストリーを展開するならば，それは今をおいて他にない，といえるのではなかろうか。

（藤井　大亮）

注 ───────
1)「津和地島（愛媛）に平和の碑建立」1988年5月30日付『中国新聞』「海に眠る霊安らかに　遺族ら「平和の碑」建立」1988年6月6日付『愛媛新聞』。
2) 外池智「高校歴史学習における地域素材の活用と学習活動との連関—秋田県下高等学校の実践報告を事例として「学習材」の観点から—」『秋田大学教育文化学部教育実践研究紀要』27, 2005年, 1-12頁。
3) 外池智，前掲書，2005年。
4) 酒井順子『市民のオーラル・ヒストリー』かわさき市民アカデミー出版部，2008年, 26頁。
5) 松山市立津和地小学校「平成20年度の学校要覧」2008年。
6) 津和地小学校では，「平和の語り部」と称する戦争体験者を学校に招き，話を聞

くという試みも過去に行われている。
7）中島町誌編集委員会『中島町誌』中島町役場，1968年，427頁。
8）同，422-423頁。
9）神和かたりべの会『神和三島誌』神和かたりべの会，1989年，145-147頁。
10）同，147頁。
11）同，147頁。

## 4　津和地小学校に通う児童の「遊び」にみる学び
　　　　——子ども・学校・地域の視点から——

### 1．はじめに

　近年，子どもの遊びを取り巻く環境は変化してきている。その要因として，入口らは，「人口の都市集中・無秩序な宅地造成・モータリゼーション等による余剰空間の減少，コミュニティの崩壊と近隣社会の人間関係の稀薄化，テレビの普及やコマーシャリズムの進行，学歴偏重社会が生み出す受験競争の過激化」[1]などを挙げている。加えて，仙田も，少子化によって，きょうだい，同級生，近所の子どもが少なくなり，集団遊びをつうじて，我慢や思いやりなどを学ぶことができなくなっていると指摘している[2]。彼らは，これらの要因はいずれも，子どもにとってマイナスの影響を与えていると捉えている。だが，それはあくまで都市部においてであり，地域が変われば，マイナスに働いていた要因がプラスに働くという可能性も否定できない。たとえば，武田が示しているように，児童数の少ない郡部のほうが，市部に比して，学年の違う友人と遊ぶ傾向が強い[3]。そこには，何らかのメリットが存在していると仮定できる。そこで本稿では，津和地島を調査地域として選定し，（地域規模や子どもの数といった点において）都市部とは異なる遊び環境で，子どもは何を学んでいるのか，また，その学びを保障するうえで，学校や地域はどのような役割を担っている

のかを明らかにする。

　島嶼地域における子どもの遊びに関する研究として，たとえば田中[4]は，都市地域，農山村地域，島嶼地域などにおける児童の遊び場を調査し，地域間の差異を明らかにしている。田中の研究では，特に島嶼地域にみられる傾向として，児童は，普段は自宅やその近所で遊ぶことが多く，夏休みなどの長期休業期間中は学校や公民館といった公共施設で遊ぶことが多い，という結果が示されている。また，津和地島における児童の遊びを調査したものとしては，関西学院大学地理研究会による研究がある。同研究会は，学校の休み時間と家に帰ってからの時間，児童はどのような遊びを行っているのかについて調査し，学校の休み時間は一輪車，鉄棒，サッカーなど，家に帰ってからはテレビ，野球，トランプなどをして遊ぶ児童が多い，という結論を導き出している[5]。

　しかし，田中の研究においては，地域間における遊びの差異は明らかになっているが，その調査結果は，比較研究のためのデータのひとつとして位置づけられているため，遊びをとおした学びについては詳細に述べられていない。また，関西学院大学地理研究会の研究も，遊びの種類にのみ着目しており，そこでの子どもの学びや，それを支援する学校や地域の実態は明らかにされていない。

　以上を踏まえ，本研究では，津和地小学校に通う児童，そこで勤務する教師，そして地域の人々への聞き取り調査を行うことによって，子どもの遊びの総合的な把握を試みる。調査対象は，児童12名，教師4名，地域住民4名（昭和20年代に小学生時代を過ごした人が2名，昭和50年代に小学生時代を過ごした人が2名）である。以下，本節「2」では児童，「3」では教師，「4」では地域の人々への聞き取り調査から得られた結果を示しつつ，遊びをとおした児童の学びと，それを支える教師と地域住民による取り組みを明らかにする。

　なお，本研究では，前述した先行研究では遊びとみなされていない「手伝い」も，場合によっては遊びに含めて考えることにする。というのは，手伝いのなかで得られる充実感や満足感は，遊びをとおして得られるそれと，近い性質をもつことがあるからである。

## 2．児童の視点からみた児童の遊び

　ここではまず，全学年の児童[6])への聞き取り調査をもとに，児童の遊びの種類や場所を明らかにしたうえで，児童の日記を援用しながら，彼らが，遊びのなかで営まれる人間関係をとおして何を学んでいるのかを考察する。

### (1) 児童への聞き取り調査に基づく児童の遊び

　まず，1・2年生への聞き取り調査によって得られた回答は，次のとおりである。学校での遊びとしては，サッカーがメインである。一方，家に帰ってからは，男子は野球を好み，素振りの練習やキャッチボールをする。素振りの練習は，基本的には一人で行うが，クラブに所属する高学年の児童から教わることもある。キャッチボールについては，その相手は主として父親である。屋内では，テレビゲーム，アニメのビデオ鑑賞，ピアノ，そしてUNO，花札，トランプといったカードゲーム，オセロや将棋などをして遊ぶ。オセロや将棋については，友人とではなく，祖父や父親と一緒に遊ぶことが多い。

　続いて，3・4年生には，主に休日の遊びについて聞き取り調査を行った。休日は，両親と一緒に市街地へ遊びに行く児童がほとんどであり，津和地島に残っている児童は，釣りをしたり，学校の体育館に集まってキックベースなどをしたりする。

　最後に，5・6年生に対しても聞き取り調査を行ったが，残念ながら時間の関係上，具体的な内容を聞くことができなかった。けれども，やはりサッカーをして遊ぶことが多いということであった。

### (2) 児童の日記にみる遊びの実態

　では，児童はこうした遊びの中でどのようなことを感じ，学んでいるのだろうか。それを知る手がかりとして，児童の日記に着目した（津和地小学校では日記指導を行っている）。以下，遊びに関する内容を抜き出し，心情をあらわす表現を抽出・解釈していく。

児童の日記には，学校でサッカーをしたこと，家で友人とテレビアニメを観たり，テレビゲームをしたりしたこと，休日に市街地のゲームセンターへ出かけたこと，などが記されている。また，宿題に取り組んだり，両親や祖父母の手伝いをしたりといった内容もいくつかみられた。
　これらの内容を読んで，筆者が特に注目した点を以下に述べていく。
　1つ目は，サッカーや卓球といった遊びの中で，自分ではなく，友人が活躍したことに対する何らかの心情の描写が含まれている，ということである。

「…Ｉちゃんがサッカーをしているとき，シュートをいれてくれたのでうれしかったです。…」(2年生・女子)

　団体競技においては，当然のことながらチームメイトとの協力が不可欠である。そのなかで，チームメイトへの信頼や尊敬といった念を抱くのである。この女子児童のように，チームメイトと協力して勝利を収めたときに得られる達成感を表現したものは多数あった。また，以下に示す男子児童の日記には，遊びとは少し離れるが，卓球の試合で負けた家族(きょうだい)が悲しんでいる様子と，それを見たときに心を痛めたということが書かれている。

「今日，兄ちゃんのたっきゅう大会がありました。…そのとき兄ちゃ(ん)は，負けていました。兄ちゃんは，かなしそうでした。こんどのしあいはぜった(い)かってもらいたいです。…」(3年生・男子)

　スポーツをする中で，他者の様子から，その人の心情を理解しようとしていることがうかがえる。ともにスポーツをする友人ないし家族(きょうだい)の行動や表情を注視し，彼らが感じていることを積極的に読み取ろうとする姿勢が身についているといえる。
　次に注目したいのは，両親や祖父母の仕事を手伝ったという内容である。その一例を以下に挙げる。

「きょうおとうさんとトラックにのりそうこへいきおてつだいをしました。あわびのえさをはこびました。…」(1年生・男子)

「きょうわたしは、ばあちゃんとはたけにいきました。…」(2年生・女子)

「今日兄ちゃんと父さんの手つだいをしました。むずかしかったけどできたのでよかったです。またやりたいです。…」(3年生・男子)

　手伝いをとおして何を感じたのかという部分にまで踏み込んだ記述はほとんどないが、「できてよかった」「楽しかった」と書いている児童もわずかだがみられた。そうした記述からは、児童が手伝いをとおして充実感を得ていることがわかる。
　最後に触れたいのは、純粋な意味での遊びとは少し異なるが、友人と一緒に家で宿題をしたという内容についてである。複式学級という学級編成を採用している津和地小学校の児童は、授業中だけでなく、休み時間や放課後も、自分とは異なる学年の児童とともに行動する。宿題をする際にもそのようなケースが多く、以下に抜き出したように、自分よりも下の学年の児童をサポートしたいという意思を書きあらわしている児童がいた。

「きょうHくんちに行っていっしょにしゅくだいをしました。…こんどはHくんにほんのちょっとおしえたいです。」(2年生・男子)

　これは、児童数が少ないという環境が、自分とは異なる年齢の児童を気づかったり、世話をしたりという習慣を身につけるのに役立っているということを示す好例である。

(3)　遊びをとおした児童の学び
　本項を締めくくるにあたり、児童は、友人、教員、地域の人々と遊ぶ中で、

何を学んでいるのかを考察する。

　第1に、高学年の児童は、異年齢集団との交流により、リーダーシップを身につけている、ということである。津和地小学校の全校児童数は12名と非常に少ない。そうした環境では、すでに参照した武田が述べているように、児童が異年齢集団を形成する傾向が強い。これは、周囲の人間が意図的に用意した環境ではないが、そこでの遊びをつうじて、高学年の児童は、集団内の個々人の意見を尊重しつつも、それを全体としてまとめ、集団を牽引していこうとする能力を獲得する。日記の事例からは、宿題という個対個の関係においてしか、このことを確認できないが、この点については、次項で示す教師の語りから裏づけていきたい。

　第2に、児童は、他者への気づかい、思いやり、共感といった向社会的行動を身につけているということである。これらの能力は、同学年の友人、学年の違う友人、きょうだいといった、いずれの関係においても発揮されている。渡辺らによれば、こうした向社会的行動は、遊びを含めた体験活動を充実させることで高まり、集団生活にも良い影響をもたらす[7]。これにしたがえば、津和地小学校(広くは津和地島)においては、児童が上記能力を獲得できるくらいの、質の高い遊びを保障する環境が用意されているということになる。もちろん、前述した児童数の少なさも、その要因のひとつではあるが、ここで注目したいのは、児童は、両親や祖父母とも一緒に遊んでいる、という事実である。聞き取り調査からは、親・祖父母世代と一緒にオセロや将棋といった遊びをする、という結果が得られている。このことは、児童を遊びに参加するように促す効果があり、彼らの向社会的行動を発達させる要因となっている。この点に関しては、本節「4」で詳述する。

## 3．教員の視点からみた児童の遊び

　続いて、教員への聞き取り調査をもとに、教員の視点からみた児童の遊びの実態(遊びの種類、遊んでいるときの様子、遊びを取り巻く環境など)を示した

うえで，児童の遊びをとおした学びを支援する方法を明らかにする。

(1) 教員への聞き取り調査に基づく児童の遊び

　教員への聞き取り調査から得られた回答をもとに，児童の遊びの種類をまとめると，おおよそ次のようになる（なお，前項と重複する部分もある）。

　まず，学校の休み時間や放課後の遊びについて。児童の多くは，業間や昼休み，放課後を利用して，サッカー，野球，卓球，鬼ごっこなどをする。放課後になっても，すべての児童が夕方遅くまで学校で遊ぶ。というのは，いったん下校してしまえば，一定の人数を要する遊びを行うことができなくなってしまうからだ。学校は，友人どうしが集まる格好の場なのである。また，卓球に関しては，火曜日から金曜日の放課後に，地域の人が学校に来て児童を指導している。他にも，教室内では，剣玉，ピアノなどで遊ぶ児童もいる。

　そして休日は，屋内ではゲーム，外ではクロッケーや虫取りをして遊ぶ。市街地に行き，ゲームセンターで遊ぶ児童も多い。

(2) 児童の遊びにみられる傾向

　教員が児童の遊びを観察する中で問題だとしていることの1つ目は，児童が自ら遊びを創造することはあまりなく，海がすぐ近くにある環境であっても，釣りもそれほどしない，ということである。そこで，こうした状況を改善し，児童をできるだけ遊びへと向かわせるために，津和地小学校では，釣り道具を買いそろえるなどしたうえで，釣りをはじめ，種々の遊びの指導に力を入れている。2つ目は，児童数が少なく，全員で遊ぶしかないため，2つ以上の遊びを同時に行うことができない，ということである。このことによって，嫌々ながら遊びに参加するという児童がでてくる。そして3つ目は，同じく児童数の少なさに起因するが，野球の試合をしたくてもチームを組むことができないので，クラブに所属していない児童は，野球ボールを使う機会がほとんどなく，遠投が苦手になってしまう，ということである。

　また，教員が良い点だとしているのは，高学年の子どもが先頭に立って遊び

の種類やチームを決めるため，リーダーシップが身につく，ということである。遊びの中で，高学年の児童が低学年の児童をまとめ，気づかい，世話をしている様子も見受けられるという。

(3) **教員による児童の遊びの支援**

では，教員は，どのような仕方で児童の遊びを支援しているのだろうか。

その方法の1つ目は，教員が児童の遊びに直接的に参加するというものである。聞き取り調査を行う中で，すべての教員は，休み時間と放課後，児童と一緒に遊ぶようにしている，ということがわかった。一般的にいって，小学校では，すべての教員が同時に同じ遊びに参加するということはおそらく稀であろう。遊びをとおして教員は，児童を観察することができるし，ときには児童どうしの関係に介入することもできる。また，そこで築かれた児童との関係は，授業中の指導にも生かされる。

2つ目は，遊びのための環境を整えることである。聞き取り調査の中で，ある教員は，「児童は遊ぶことに対して義務感をもっているようだ」と話した。もちろん，児童は，実際に遊んでいるときは楽しいのだと思うが，それは遊びを創造しようという意欲を喚起するのに十分ではない。そこで教員は，遊び道具を買いそろえ，児童に多様な遊びを体験させ，その中で喜びや楽しさを感じ，種々の能力を獲得することができるよう，支援を行っているのである。このことは，児童数の少なさにより，遊びの内容が限定されることを回避する方法でもある。

最後に，教員側の課題について触れたい。聞き取り調査を行う中で，「6年生の女の子は，ピアノを弾くのが好きだが，皆がサッカーをしているので，しぶしぶ参加しているようだ」という声も聞かれた。津和地小学校は児童数が少なく，同時に2つの遊びをすることが困難なため，自分の好きなことができない児童もいる。この問題については，児童どうしの配慮が肝要だと考える。たとえば，30分ある業間のうち，違う種類の遊びを2つ，3つほど順番に行うなどである。加えて，教員側も，遊びに参加する中で，児童どうしの関係に適宜介入すると

いうことも必要であろう。聞き取り調査では確認できなかったが、おそらく、すでにこうした取り組みはなされているであろう。それを想定したうえで、筆者の提案としても示しておく。

## 4．地域の人々の視点からみた児童の遊び

　ここでは、地域の人々への聞き取り調査をもとに、彼らが小学生だったころ、どのような遊びを行っていたのかを示し、遊びの伝承という観点から、地域の人々が、児童の遊びの充実にどのように貢献しているのかを論じる。

(1)　昭和20年代および昭和50年代の遊び
　まず、昭和20年代の小学生の遊びは、「輪回し」[8]、木登り、馬とび、竹馬、かくれんぼ、竹とんぼなどである。現在のように、野球の道具やサッカーボール、テレビゲームといったものはなく、自然のなかで創り出される遊びや、独特の道具を使った遊び、あるいは伝統的な遊びが目立つ。輪回しの道具は親が作ってくれたということだったが、竹とんぼについては、親に作り方を教わり、自分で作ったという。
　また、昭和50年代の小学生の遊びは、ソフトボール、バスケットボール、遊泳、虫取り、ビー玉、メンコなどである。このほかにも、空気銃を使って的となるものを狙い撃つ、というような遊びもあった。この時代になると、サッカーや野球の道具は多くの児童がもっていたし、学校でも買いそろえていた。このこともあり、昭和20年代と比べて、遊びの内容が変化してきている。また、当時は児童数も多く、ごく近所の児童だけでも5～6人は集まって遊ぶことができた。

(2)　遊びの伝承と世代間交流
　次に、遊びの伝承をつうじた世代間交流がどのように行われているのかについて述べる。

まず，注目すべき点としては，親・祖父母世代から子ども世代への遊びの伝承の機会がある程度確保されているということである。親・祖父母世代から児童に昔の遊びを教えることはあっても，それを実行する児童は稀だが，教えることをとおして，世代間交流が行われている。
　しかしながら，手伝いをする児童は，以前よりも減少している。地域の人々への聞き取りを行った際，「今の子どもは手伝いをしない」という声が聞かれた。当時は，麦や芋の栽培を手伝うことが多かった（特に休日）。けれども，現在の児童は，手伝うこと自体があまり多くはないという。

(3)　世代間交流が児童の遊びに与える影響
　親・祖父母世代から教えてもらった遊びを実際に行うかどうかは別として，遊びが伝承されているという事実は，児童と地域の人々，あるいは親・祖父母世代との交流の機会が多いということを意味する。さらに，本節「3」(1)でも少し触れたように，津和地小学校では卓球が盛んであり，多くの児童が休日は市街地に赴き，卓球の練習をしている。さらに放課後には，地域の人が学校に卓球を指導しに来るということもあり，地域でも児童の遊びを支援する体制が整っていると解釈できる。このことは，本稿「2」(3)で述べたように，遊びへの積極的な参加を促す効果がある。「誰かと一緒に遊ぶことは，多くの遊びに親しむことに対して促進要因となり，特に大人と遊ぶことが遊びに親しむことへの促進要因となっている。さらに，親以外の大人が介在することによって，子どもたちが外遊び，特に『自然の中の遊び』へ親しみやすくなる」[9]という村瀬らの調査結果が，その根拠となっている。
　ただし，手伝いの減少は，親が子どもを，自然のなかでの遊びへと導く機会を奪い，児童の積極的な遊びへの参加を阻害する要因となる。また，これは遊びの伝承の機会の減少につながるおそれがある。津和地島における世代間交流の機会はまだまだ多いとはいえ，今後，もし手伝いの減少傾向がさらに進んでしまえば，地域でも何らかの対策をとる必要が生じるだろう。

## 5. おわりに

　最後に，本研究の成果を，以下の諸点にまとめる。

　まず，複式学級というシステムをとる，教員・児童ともに数少ない津和地小学校では，異年齢集団との交流が日常的に行われている，ということがわかった。学校で生活しているときも，自宅に帰ってからも，遊びの中に，自分とは学年の違う児童とのかかわりがある。このことにより，児童は，互いに配慮しあうという能力を獲得することができる。

　また，そうした児童の遊び環境は，教員および地域の人々によって，意図的にも提供されている。すべての教員が，休み時間に児童とともに遊び，児童の行動を観察し，改善が必要であればその方策を練る。また，なるべく多くの種類の遊びに児童が親しめるように指導する。こうした取り組みは，遊びの場面だけでなく，教室での授業やその他の日常生活場面においても，効果的に働いている。

　そして，児童が地域の人々や親・祖父母世代と交流する機会が，ある程度確保されている。近年，地域と学校との連携が重視されているが，津和地小学校では，高齢者との交流会を開催したり，放課後の卓球指導に力を入れたりするなどして，児童と地域の人々との結びつきを生成している。また，学校外においても，遊びや手伝いをとおした交流が多く行われている。学校や地域住民が，こうした環境を整えることにより，児童の遊びへの参加を促進している。

　以上のように，津和地小学校の児童は，教員，そして地域の人々によって支援され，遊びという学習空間に身を置く。そこは，豊かな人間関係を構築する場，人格形成の場であり，向社会的行動が獲得される場である。過疎化や少子化が深刻な問題であることに変わりはないが，そうした中で，津和地島における児童の遊びを取り巻く環境は，少子化が進行する現代社会において，子どもたちの豊かな学びを保障するためのひとつの手がかりとなりうるだろう。

（鎌田　公寿）

注 ───────

1) 入口豊・齋藤覚・稲森あゆみ・一原悦子・屋麻戸浩「大阪市における児童の屋外遊びの実態に関する経年比較研究（Ⅰ）―特に、遊び時間と遊び場について―」『大阪教育大学紀要　第Ⅳ部門：教育科学』57(2)，2009 年，53 頁。
2) 仙田満『子どもとあそび―環境建築家の眼―』岩波新書，1992 年，150-152 頁。
3) 武田京子「岩手県に於ける児童の遊びの現状―市部と郡部の比較―」『岩手大学教育学部附属教育実践研究指導センター研究紀要』7，1997 年，167 頁。また，児童の遊びの「空間」に着目し，都市と農村を比較した研究としては，次のものがある。木下勇「都市との比較からみた農村の児童の自然との接触状況―児童の遊びを通してみた農村的自然の教育的機能の諸相に関する研究（その１）―」『日本建築学会計画系論文報告集』431，1992 年，107-118 頁。
4) 田中亭胤「児童の遊び環境に関する研究―遊び場の調査を中心にして―」『日本教育社会学会大会発表要旨集録』42，1990 年，66-67 頁。
5) 関西学院大学地理研究会編『地理研瀬戸内調査シリーズ 13　津和地島』関西学院大学地理研究会，1989 年，110-111 頁。
6) 津和地小学校は，児童数が 12 名と非常に少ないため，複式学級（複数学年で１クラスにする学級編制）を採用している。具体的には，１・２年生（４名），３・４年生（５名），５・６年生（３名）という学級編成で授業を行っている（『平成 20 年度　学校要覧』）。ただし，これは調査当時の児童数であり，2011 年度は８名となっている。（「松山市立津和地小学校・学校公式サイト」http://tsuwaji-e.esnet.ed.jp/　2012 年３月 30 日確認）。
7) 渡辺広人・松崎展也・佐藤公代「児童の仲間集団形成に及ぼす遊びの役割―調査法の試み―」『愛媛大学教育学部紀要　教育科学』50(2)，2004 年，81 頁。
8) 直径 30～40cm，幅１cm 程度の鉄の輪に，Y 字型の棒を引っかけて転がす，という遊び。
9) 村瀬浩二・落合優・矢野正樹「子どもの遊びの調査から―子どもの遊びを取り巻く状況―」『横浜国立大学教育人間科学部紀要　Ⅰ．教育科学』7，2005 年，31 頁。

# 第3章　宮崎・広島の地域と教育

## 1　高千穂と世界をつなげる社会科の授業構想
――「グローカリゼーション」の視点に着目して――

### 1．はじめに

　グローバル化の進展を背景に「国際教育[1]」が日本でも盛んであるが，地球全体や外国に関わる課題は子どもたちの身近なものではないために現実感が乏しく，子ども自身との関係性が断ち切られ，学習理由を示せないという問題点があげられている。佐藤(2001)は，日本の「国際教育」では，子どもたちがリアリティを感じないままに地球社会の諸課題を学び，南北問題や難民等を，自らとは関わりの薄いものとして捉えてしまう恐れがあると主張している[2]。このことは，「国際教育」が重視してきた，当事者意識をもってグローバルな課題の解決を目指す市民の育成を妨げる結果につながりかねず，学習テーマと子どもとの「距離」を縮める方法論の開発が待たれている。

　本節では，この点に問題意識をもち，宮崎県の高千穂地域を事例として，子どもたちが身近なものと感じにくいグローバルな課題の学習を効果的に行うために，地元の教育資源[3]を活用した社会科の授業構想を提示することを目的とする。具体的には，まず，「国際教育」の目標に地球社会の諸課題の学習がどう位置づけられるのかを示したうえで，それがどのように「グローカリゼーション」の視点で効果的に行えるのかを検討する。次に，高千穂地域での質問紙・インタビュー調査の結果を元に，地元の教育資源を用いて「国際教育」を行う際の障害について考察する。最後に，検討した「国際教育」の方法論と実施上の問題点

を踏まえたうえで，高千穂と世界をつなげる社会科の授業構想を示す。

## 2．グローバルな課題を地域の教育資源を活用して教える意義

　佐藤(2001)は，多元的なアイデンティティの形成や共生の涵養等を目標にもつ「国際教育」では，世界が直面するグローバルな課題を主要な学習内容のひとつにすえるべきだとしている[4]。また，アメリカの「国際教育」の方向性に大きな影響を与え，日本の「国際教育」の発展にも貢献してきた Hanvey (1976) も学習に「グローバルな視野(Global Perspective)」を導入することの重要性を強調し，その中で，グローバルな課題について触れている[5]。具体的には, Hanvey (1976) は,「グローバルな視野」の5つの構成要素について，次のように提示している[6]。

① 「見方を意識すること」(Perspective Consciousness)
② 「『地球の状態』について意識すること」("State of the Planet" Awareness)
③ 「異文化的な意識をもつこと」(Cross-Cultural Awareness)
④ 「『グローバル・ダイナミクス』についての知識をもつこと」(Knowledge of Global Dynamics)
⑤ 「人間的選択について意識すること」(Human Choices Awareness)

このうち，特に，②は，「新興の状況・傾向を含めて，今日，優勢な世界の状況や発展を意識すること」であり，具体的には,「人口増加，移住，経済状態，資源と自然環境，政治的な発展，科学技術，法，保健，国内外の紛争等」を指し，グローバルな課題と関連する目標といえる。⑤も,「グローバルなシステムについての意識や知識が広がるにつれて，個人，国民，人類に立ちはだかる選択の問題を一定程度，意識すること」であり，同様のことがいえる。この他, Kniep (1989)[7]や Case (1993)[8]等，多くの研究者が，類似の主張を展開しており，「国際教育」におけるグローバルな課題の学習の重要性を示している。ただし，研究面でグローバルな課題の学習が必要不可欠なものとされる一方で，実践面で

は，その教授は抽象的になることも多く，教育現場からは，授業に取り入れることの困難性がたびたび指摘されてきた。

　本節では，この点を踏まえ，グローバルな課題が生徒の実感と乖離して教えられているという現状に対する改善策として，「グローカリゼーション」の視点を活用する。「グローカリゼーション」とは，Robertson(1992)によれば，「世界化するとともに地方化する」現象を指す[9]。佐藤(2001)は，「グローカリゼーション」について，単に，「グローバル文化」の「ローカル化」という意味合いだけでなく，世界的な現象が地域にまで浸透していること，ないし，地域の課題が世界共通の課題へと結びつくことだとしている[10]。田淵・片山(1986)が指摘するように，国際社会の動向は鋭く地域に現象する[11]。子どもの内面で学びの必然性を持たせるために，普遍的な課題を一般論として取り上げるのではなく，地域の固有のコミュニティの中の個性的な生活の営みからグローバルな課題に結びつくものを見つけ，それを学習につなげていくことが大切である。そのうえで，グローバルな課題の学習で得たものを通して，もう一度，地域の課題を見ていく。具体的には，「地域の特殊な課題から出発し他との共通項を見いだし，再度共通項から特殊な課題に戻るという循環のサイクルを重視する」[12](佐藤，2001)ことを，授業に組み込んでいきたい。

## 3．高千穂地域の学校における「国際教育」の課題

　高千穂地域の学校では，社会科，総合的な学習の時間，英語科等の既存の授業のみでなく，シンガポールのナンヤン女子高校[13]や台湾の花蓮市[14]との交流，ハロウィンパーティの開催等，「国際教育」として独自の取り組みを行っている。しかしながら，地域の教育資源を生かして，生徒にグローバルな課題を実感をもって考えさせる試みはいまだに十分とはいえない。表3-1-1は，質問紙・インタビュー調査で抽出した「国際教育」に活用できる高千穂地域の教育資源を示したものである[15]。生徒が日常生活を通してグローバルな課題を学べる可能性のある身近な教育資源は，表のように大きく3つに分類できる。ここでは，

**表 3-1-1　「国際教育」に活用できる生徒に身近な教育資源**

| 分類 | 具体例 |
|---|---|
| 地域の特徴的な場所や行事等で外国と関わりがあるもの | ウェストン碑<br>平和記念碑<br>日米合同慰霊祭<br>高千穂牧場<br>外国人が従業員の商店<br>槇峰鉱山<br>アジア砒素ネットワーク |
| 日常生活に関するもので外国と関わりがあるもの | 外国製の電化製品<br>外国産の食べ物・飲み物<br>外国の音楽・映画<br>外国製の遊具<br>外国製の勉強道具<br>外国製の服<br>外国製の日用品<br>外国産車<br>外国に特有の動物 |
| 外国人との直接的な交流 | ALT等の外国語の先生<br>台湾・花蓮市との人的交流<br>留学生<br>国際交流員<br>地元に住む外国出身者<br>外国からの修学旅行生<br>外国人の農村ホームステイ |

（教員・生徒へのインタビュー・質問紙調査により筆者作成）

その中でも高千穂に特有の教育資源といえる「地域の特徴的な場所や行事等で外国と関わりがあるもの」と「外国人との直接的な交流」の2つに着目し，質問紙調査の分析に基づいて高千穂地域における「国際教育」の課題を考察したい。

まず，「地域の特徴的な場所や行事等で外国と関わりがあるもの」であるが，高千穂の高校生183名への質問紙調査では，ほとんどの生徒が，外国と関わりがある高千穂の場所や行事等について回答できなかった（表3-1-2参照）。また，事前調査やインタビュー調査で集約した，海外とつながりがある代表的な地域の教育資源について質問紙で認知度を調べてみたが，高千穂牛を除いて，ほとんどの場所・行事が知られていないことがわかった（表3-1-4参照）。さらに，183人のうち，157人が知っていると回答した高千穂牛[16)]についても，輸入自由化やBSE（牛海綿状脳症）による牛肉の禁輸が高千穂牛の価格や販売量に影響を与えている等の事実は，ほとんどの生徒が十分に認識していない（表3-1-6参照）。つまり，海外と関わりがある地域の教育資源が学校で活用されておらず，高千穂牛のように生徒の認知度が高いものでも，グローバル化と絡めて学校で教えることはまれであるといえる。このことは，「国際教育」の実践で印象に残ったものを尋ねた生徒への質問項目で，

表3-1-2 生徒がイメージする外国と関わりがある高千穂地域の教育資源(N=183)

| 高千穂の場所・行事等で外国と関わりがあるものをあげてください。 | 人数 |
|---|---|
| なし | 144 |
| 無回答 | 24 |
| その他 | 9 |
| 外国人がよく訪れる観光地 | 4 |
| 外国人が従業員の商店 | 3 |
| 夜神楽 | 2 |
| 計 | 186 |

(質問紙調査により筆者作成)

表3-1-3 教員がイメージする外国と関わりがある高千穂地域の教育資源(N=19)

| 高千穂の場所・行事等で外国と関わりがあるものをあげてください。 | 人数 |
|---|---|
| なし | 12 |
| 外国人が従業員の商店 | 3 |
| ウェストン碑 | 2 |
| 平和記念碑 | 1 |
| 槇峰鉱山 | 1 |
| アジア砒素ネットワーク | 1 |
| 英国館 | 1 |
| 無回答 | 1 |
| 計 | 22 |

(質問紙調査により筆者作成)

表3-1-4 高千穂地域の教育資源の生徒の認知度(N=183)

| 次の選択肢のうち知っているものをあげてください。 | 人数 |
|---|---|
| 高千穂牛 | 157 |
| なし | 23 |
| 平和記念碑 | 16 |
| 日米合同慰霊祭 | 11 |
| 計 | 207 |

(質問紙調査により筆者作成)

表3-1-5 高千穂地域の教育資源の教員の認知度(N=19)

| 次の選択肢のうち知っているものをあげてください。 | 人数 |
|---|---|
| 高千穂牛 | 17 |
| 日米合同慰霊祭 | 4 |
| 平和記念碑 | 3 |
| なし | 1 |
| 計 | 25 |

(質問紙調査により筆者作成)

表3-1-6 高千穂牛への国際的影響の生徒の認知度(N=183)

| 高千穂牛の販売量・価格がBSEによる禁輸や輸入自由化とかかわりがあることを知っていますか。 | 人数 |
|---|---|
| 詳しく知っている。 | 4 |
| 大まかに知っている。 | 18 |
| あまり知らない。 | 67 |
| まったく知らない。 | 86 |
| 無回答 | 8 |
| 計 | 183 |

(質問紙調査により筆者作成)

表3-1-7 高千穂牛への国際的影響の教員の認知度(N=19)

| 高千穂牛の販売量・価格がBSEによる禁輸や輸入自由化とかかわりがあることを知っていますか。 | 人数 |
|---|---|
| 詳しく知っている。 | 0 |
| 大まかに知っている。 | 5 |
| あまり知らない。 | 8 |
| まったく知らない。 | 4 |
| 無回答 | 2 |
| 計 | 19 |

(質問紙調査により筆者作成)

表3-1-8　生徒の印象に残った学校の「国際教育」実践(N=183)

| 外国と関連した学習・行事等で印象に残っているものは何ですか。 | 人数 |
|---|---|
| 無記入 | 78 |
| なし | 43 |
| 英語圏出身のALTとの会話 | 22 |
| 英語圏への旅行 | 13 |
| ハロウィンやクリスマスの行事 | 10 |
| 英語圏からの修学旅行生との交流 | 10 |
| その他 | 8 |
| 英語の学習 | 6 |
| 非英語圏の文化紹介 | 6 |
| 英語圏の文化紹介 | 5 |
| 社会科での学習 | 5 |
| アジア地域の人々との交流 | 5 |
| 非英語圏への旅行 | 3 |
| 非英語圏からの修学旅行生との交流 | 3 |
| 英語を教える国際交流員との会話 | 2 |
| 国際関係のクラブ活動 | 2 |
| 計 | 221 |

(質問紙調査により筆者作成)

表3-1-9　教員が行った「国際教育」実践(N=19)

| 外国と関連した学習・行事等で行っていることを挙げてください。 | 人数 |
|---|---|
| なし | 10 |
| 外国の文化紹介 | 3 |
| 諸外国の動向・歴史を紹介 | 2 |
| 無回答 | 2 |
| 英語圏出身のALTとのチーム・ティーチング | 1 |
| 海外からの修学旅行生との交流 | 1 |
| 非英語圏の言語の紹介 | 1 |
| 計 | 20 |

(質問紙調査により筆者作成)

地域の教育資源と関わりのあるものがあまり挙げられていないことからもうかがえる(表3-1-8参照)。そして，教員19名への質問紙調査でも，同様の質問を行ったが(表3-1-3・表3-1-5・表3-1-7参照)，高千穂牛以外はあまり知られておらず，その高千穂牛についてもグローバルな視野から捉えられる教員は少なく，生徒と同傾向であった。こうした実態が，地域の特徴を生かして「国際教育」を実践するうえでのひとつの大きな障害となっているといえる。

次に，「外国人との直接的な交流」についてだが，質問紙調査から，ALT(外国語指導助手)や修学旅行生等，外国人と交流する多様な機会が提供されていることがわかった(表3-1-8参照)。しかしながら，その内容は，英語圏出身者との交流が中心であり，英語という言語や英語圏の文化の学習を重視する傾向にある。このことは，「国際教育」の重要な柱である，多様な見方の獲得を妨げ，英語圏中心の世界観を植えつけかねない危険性をはらんでおり，韓国や台湾等の非英語圏出身者との交流の機会をいかに増やし，効果的に活用していくかが，

今後の課題といえる。また，教員側では，過半数が「国際教育」関連の実践は行っていないと答えており，「国際教育」が社会科や英語科等，一部教科の教員のみに担われている様子がうかがえる（表3-1-9参照）。

## 4．高千穂と世界をつなげる社会科の授業構想

次に，これまで検討した方法論と実施上の問題点を踏まえたうえで，高千穂の特色を生かしてどのようにグローバルな課題を教えていくべきかを示す。ここでは，インタビュー・質問紙調査で挙げられた地域の教育資源の中で，特に，世界につながるテーマとして，高千穂牛を取り上げ，学習の過程で高千穂在住の外国出身者等の人的資源も活用するように単元を構成した。なお，高千穂牛については，生徒にある程度，認知されているものの，牛肉の輸入自由化等の関連情報とともに認識している生徒はほとんどいないことを前提に単元を組み立てた。さらに，本単元では，ロールプレイングの知見を活用し，「役割によって学習者がある社会関係の中に位置し，役割体験による具体的状況を通して社会事象や問題状況を理解できる」（井門，2000）[17]よう配慮した。

【単元指導計画：「経済のグローバル化は人類にとって是か非か」】

経済のグローバル化は，人類に多大な恩恵を与える一方，南北問題等の主要な原因ともなっている。本単元では，1991年に始まった牛肉の輸入自由化で，地場の高千穂牛の生産や高千穂地域がどのような影響を受けたかを学ぶことで，経済のグローバル化の本質について考えさせる。そのうえで，安価で良質な商品が大量に消費者に供給される等のメリットの反面，地球規模で深刻な貧困・失業等の問題を生む経済のグローバル化を，発展途上国の事例等も含めて，多角的に考察する。

1）**クラス人数・教科**…40名・中学校社会科／高等学校公民科対象
2）**目標**

① 経済のグローバル化の地域への影響を考察し，その本質を理解する。
② 立場によって，経済のグローバル化に対する意見も多様であることを学ぶ。
③ 自由貿易と保護貿易，関税・貿易の仕組み等，国際経済に関わる基礎知識を学ぶ。
④ 経済のグローバル化は，安価で良質な商品が大量に消費者に供給される等のメリットがある反面，地球規模で深刻な貧困・失業等を生んでいることを学ぶ。
⑤ タウンミーティングを通して，グループの主張を説得力をもって発表し，相手を尊重しながら議論する技能・態度を学ぶ。また，問題の多角的な分析方法を身につける。

3）評価規準

① タウンミーティングで与えられた役割に沿って，十分な考察を経た，詳細な立場の説明を行っているか。
② タウンミーティングで，所属する立場を守るために，他の参加者からの意見や反論に，効果的に対応できているか。また，他グループの視点を踏まえて発言しているか。
③ ワークシートに，洞察力のある分析や十分に考察した意見を書けているか。
④ タウンミーティングで，同グループの他のメンバーの議論等をサポートできているか。
⑤ 最終時の提出レポートは，多角的な視点を踏まえた説得力のあるものになっているか。

4）指導上の留意点

① グループでの作業やタウンミーティングでの発言等に関しては，すべての生徒が役割を与えられ，参加できるように配慮する。
② 事実に基づき相手を批判する等，生徒が感情的にならないように配慮する。
③ タウンミーティングで，グループが出す情報が現実と比べて偏ったり，間違ったりしないように配慮する。

## 5）具体的な授業展開

| 時 | 主題 | 主な学習活動 |
|---|---|---|
| 第1時 | 背景と単元の説明 | 1．単元テーマについての背景を学ぶ。<br>・経済のグローバル化の進展の歴史的背景を概観したうえで，外国産牛肉の輸入自由化に関する新聞記事等を読む。<br>・外国産牛肉の輸入自由化についての論点を整理する。<br>2．今後の単元の進め方を説明する。<br>・「外国産牛肉の輸入を自由化すべきか」をタウンミーティングで話し合い，その結果を踏まえて，経済のグローバル化の是非を考える，という単元の構成を説明する。<br>・準備や振り返りも含めたタウンミーティングの一連の学習活動を説明する。 |
| 第2時 | グループ作りと役割学習 | 1．外国産牛肉の輸入の自由化に関係のある下記の8つの立場に対応させて，5人単位でタウンミーティング参加グループを作る[18]。<br>①高千穂牛畜産農家，②高千穂地域の自動車部品工場社員[19]，③高千穂町役場職員，④アメリカ人[20]，⑤アジア地域出身者[21]，⑥高千穂地域の消費者，⑦高千穂地域のスーパー店長[22]，⑧高千穂地区農業協同組合の職員<br>2．グループによる役割学習<br>・生徒の発達段階に応じて，各役割に関する最低限の背景資料や主な主張を記した役割情報シートを教員が用意する。グループに属する生徒は，それを読んだうえで，自らが属する役割の主張を補強する材料を話し合う。<br>・インターネットや図書室の書籍を活用することで，同グループに属する生徒は，協力して，所属する役割の主張を補強する情報を集め，疑問点をリストアップし，インタビュー調査の準備を行う。 |
| 第3時 | インタビュー | 1．各グループに対応する地域の人々へのインタビュー調査[23]<br>・日本が外国産牛肉の輸入を自由化したことへの意見を聞く等，グループの主張をより説得力のあるものとする。 |
| 第4時 | 補足調査と準備 | 1．補足調査<br>・各グループは，調査の結果を踏まえて，補足として追加資料の収集を行う。<br>2．タウンミーティング参加にあたってのグループの話し合い<br>・調査等を踏まえて，タウンミーティングでどのようにグループの立場を説明するかを話し合う。<br>・タウンミーティングの冒頭にある1分間のグループの主張をどのように行うかを話し合う。 |
| 第5時 | タウンミーティング | 1．タウンミーティング前<br>・タウンミーティングの目的は，さまざまな関係者が主題について話し合い，多様な論点をあぶり出したうえで，最終的には投票によって結論を得ることであることを説明する。また，その際，あくまで，自分の与えられた役割に所属するものとして投票することを確認する。<br>2．タウンミーティング[24]<br>・1分間の各グループの主張<br>・自由に意見を表明し，質問を行う時間<br>3．タウンミーティングでの情報を踏まえたうえでの投票と結果の提示 |

| | | |
|---|---|---|
| 第6時 | ふりかえりと発展的学習 | 1．ふりかえり<br>・クラス全体で前時のタウンミーティングでの話し合いを振り返る。(その際，生徒は所属するグループの立場から離れて個人として発言する)。特に，タウンミーティングの意義やどの部分の情報が次回，同じタウンミーティングを行うとしたら必要かについて意見を出し合う。<br>2．発展的学習<br>・経済のグローバル化の本質を前時での話し合いも踏まえて議論する。その上で，良質の商品を大量に安価に消費者に供給する等のメリットがある反面，競争に勝てる産業がほとんどない発展途上国での地場産業の衰退による南北問題の深刻化や先進国での労働者の失業問題等の課題をどう解決すべきかが問われていることを学ぶ。さらに，経済のグローバル化は立場により見方が変わり，それゆえ，問題は複雑であり，相互依存の世界では，自分に関わることとして解決に取り組む姿勢が大切であることに気づかせる。 |
| 第7時 | まとめ | 1．まとめ<br>・経済のグローバル化とその課題についての理解度を確認するために，生徒は，当該テーマについての意見を書く。その際，学習した事実に基づいて立論するよう注意を促す。(※時間があれば，意見を全体で共有する)<br>・タウンミーティング中や全体での議論の中で説得力があった意見や印象に残った質問をワークシートに記入する。 |

## 5．おわりに

　本節では，経済のグローバル化の進展の下で世界が直面する問題の学習をより効果的に行うために，「グローカリゼーション」の視点を実践に取り入れ，高千穂の地域資源を活用して課題に迫る授業構想の提示を試みた。今後は，こうした学習の有効性を検証するとともに，より多様なテーマでの授業化を行っていきたい。

(内山　知一)

注

1）類似のものとして，日本においては，現在，国際理解教育，グローバル教育，ワールド・スタディーズ等，多くの用語がさまざまな文脈で用いられている。本節では，日本の教育現場で多様な実践が行われているという現状と本節が実地調査に基づいていることを踏まえ，より中立的で広義に使用される傾向のある(Parker & Camicia, 2009) International Education の直訳語である「国際教育」をグローバル教育や国際理解教育等の要素も含む語として，括弧をつけて使用した。詳しくは，下記参照。

Parker, W. C., and Camicia, S. P., Cognitive Praxis in Today's "International Education" Movement: A Case Study of Intents and Affinities, *Theory and Research in Social Education,* 37(1), 2009, pp. 42-74.
2）佐藤郡衛『国際理解教育―多文化共生社会の学校づくり―』明石書店，2001年，45-69頁。
3）「教育資源」とは，当該の学校にとって教育的に価値のある「ヒト・モノ・コト」のことであり，「学習の素材となり得る自然環境や文化的環境，施設，社会制度，社会サービス（講座やセミナーなど），民俗，個々の地域住民や団体グループなどで構成され」る。詳しくは，下記参照。
福井延幸「教育資源としての遺跡を核とした『身近な地域の歴史』の学習」『目白大学短期大学部研究紀要』46，2010年，71-87頁。
4）佐藤郡衛，前掲2），20-42頁。
5）Hanvey, R. G., *An Attainable Global Perspective.* New York: The American Forum for Global Education, 1976.
6）Ibid.
7）Kniep, W. M., Social Studies within a Global Education. *Social Education,* 53(6), 1989, pp. 385, 399-403.
8）Case, R., Key Elements of a Global Perspective. *Social Education,* 57(6), 1993, pp. 318-325.
9）ローランド・ロバートソン『グローバリゼーション―地球文化の社会理論―』東京大学出版会，1992年（阿部美哉訳：1997年），16頁。
10）佐藤郡衛，前掲2），52頁。
11）田淵五十生・片山美代子「Global Issues（地球的諸課題）に迫る地域学習―『現代社会』における平和教育―」『社会科教育研究』55，1986年，14-27頁。
12）佐藤郡衛，前掲2），52頁。
13）ナンヤン女子高校との交流については，下記参照。
「剣道や書道，日本文化楽しむ　シンガポールの女子高生」宮崎日日新聞社，2009年。
http://www.the-miyanichi.co.jp/contents/index.php?itemid=21866（2010.9.1確認）。
14）『高千穂日華親善協会十五年史』高千穂日華親善協会，2005年。
15）2009年12月に実施した高千穂地域の高校生183名と高校教員19名に対する質問紙調査，高校教員3名に対するインタビュー調査による。
16）高千穂町のホームページでは，主要農産物の中で肉用牛は生産高第1位（平成12年度）であり，高千穂牛も代表的な農産品として紹介されている。詳しくは下記参照。
「産業構造と主要農産物」高千穂町，2000年。
http://www.town-takachiho.jp/administration/history/products.html（2010.11.1

確認)。
17) 井門正美「ロールプレイング」『社会科教育事典』ぎょうせい，2000年，242-243頁。
18) タウンミーティングの役割の設定では，できるだけ多くの立場を取り込み，多角的に議論することが効果的である。ただし，現実には，学習活動にインタビュー調査等も含むため，地域のその時々の状況に応じて，役割数等を柔軟に変えることも可能である。
19) 自動車部品工場社員については，牛肉の輸入自由化が，経済のグローバル化という背景を持ち，工業製品の他国への輸出の際の関税の撤廃等と関連していることを踏まえて，インタビューを行ったり，主張を作成することが重要である。
20) アメリカ人については，アメリカが日本への主要な牛肉輸出国であることを踏まえてインタビューを行ったり，主張を作成することが重要である。
21) この場合のアジア地域出身者は，高千穂で定期的な交流等がある台湾や韓国の人々を主に想定している。また，韓国・台湾は，日本と同様に，外国から大量に牛肉を輸入しており，その点を勘案してインタビューを行ったり，主張を作成することが重要である。
22) 筆者の2009年の現地調査では，輸入自由化等による牛肉の価格や販売量への影響は，販売店が売る和牛・外国産牛の比率や消費者の層の違いによってさまざまであり，授業ではそうした店舗による違いも踏まえた多角的な視点の提供が必要である。
23) 例えば，アメリカ人についてはALTが，アジア地域の出身者については，近隣の大学の留学生や高千穂在住の方が，日本の消費者については，保護者等が挙げられる。
24) タウンミーティング中は，生徒の状況に応じて，教員が全体をコントロールする司会役を担当する等，指導上の留意点が守られるように適切に配慮を行う必要がある。

# 2　高千穂鉄道の教材化の取り組み

## 1．はじめに

　宮崎県の延岡市と西臼杵郡高千穂町とを結んでいた高千穂鉄道は，2005年，台風14号による被害で運行休止となった。復旧・存続を望む声もあったが，

2008年に全線が廃止された。以降も，残存する鉄道施設を活用した観光事業が模索されている。2006年，沿線の高千穂町立岩戸中学校において，この高千穂鉄道の存続問題が教材化され，その取り組みは九州中学校社会科教育研究大会大分大会での研究発表「基礎・基本の定着を踏まえた発展学習のあり方～社会に主体的に関わる生徒の育成を目指した『鉄道と西臼杵の人々の暮らし』の授業実践を通して～」にまとめられた[1]。

このように身近な地域の資源を教材化することは，社会科ではさまざまに行われ，またその重要性が言及されてきた。だが，そこで注目されるのは，教材化がなされた結果，即ち授業実践のみとなりがちである。加えて，その取り組みの背景は，その資源の存在そのものからのみ語られる場合が多い。従って，その教材化が企てられた明確な背景や，教材化のプロセスについては十分に検討されてこなかった，といってよい。

これについて，藤岡(1979)は，柴田(1967)の「教育内容」を科学的概念，「教材」を個々の科学的概念を習得させるうえで必要とされる材料，とする区分[2]をもとに「上からの道」，「下からの道」という授業づくりのストラテジーを提起した。「上からの道」は，個々の科学的概念や法則，知識を分析して，そこに立ちあらわれるさまざまな事実，現象の中から子どもたちの興味や関心をひきつけるような素材を選び出し，構成するという「教育内容」から「教材」へというストラテジーである。一方，「下からの道」は，日常，さまざまな情報に接する中で，子どもの興味や関心をひきそうな事実にゆきあたった時，まず素材のおもしろさが発見され，しかるのち事後的にその事実を分析し，おもしろさの意味を反省して，その素材がどんな「教育内容」と対応しうるかという価値が見出されるという「教材」から「教育内容」へというストラテジーである[3]。

そこで本節では，藤岡(1979)が指摘する「教材」から「教育内容」へというストラテジーに着目して，この実践を分析することで，身近な地域の社会問題がいかに教材化されるか，その過程を明らかにする。

## 2．高千穂鉄道存続問題の動向

　高千穂鉄道の設立以降の十年間の動向は，高千穂鉄道の社史である『高千穂鉄道10年のあゆみ』[4]などにまとめられている。しかし，以降の動向についての記録は少ない。そこで，まず本実践の題材となった，高千穂鉄道の動向を整理し，教材化の視点を捉える。

　1922年，高森—高千穂—延岡間の鉄道の敷設が決定し，熊本側のうち，熊本—立野—高森間は，現在の九州旅客鉄道（以下，JR九州）豊肥本線や南阿蘇鉄道高森線の母体となった宮地線として，1928年までに敷設された。延岡側は1932年より着工され，1972年までに延岡—高千穂間が日本国有鉄道（以下，国鉄）高千穂線として開通を果たした。1973年に残る高千穂—高森間も着工されたが，トンネルの掘削中の異常出水事故や，国鉄の著しい経営悪化をうけ工事予算は凍結された。また既存の高千穂線も利用者の少なさから存続が危ぶまれるようになった。沿線自治体では廃止反対運動が展開されたものの，高千穂線は1984年に廃止が承認された。これに対応すべく，行政機関や地方公共団体は協議を重ね，1988年，第三セクターとして高千穂線を存続させることが決定，高千穂鉄道が設立された。この間，1987年には高千穂線は国鉄の分割民営化によりJR九州に継承されており，高千穂鉄道は1989年にJR九州から高千穂線を引き継ぎ，営業運転を開始した。

　高千穂鉄道の開業にあたり，新型ディーゼルカーの投入や，駅舎のリフォームなど，合理化・利便性向上・増収のためのさまざまな施策がとられたが，乗車人員は減少の一途を辿った。また，台風の襲来を数回受けており，そのたびに短期間の運休や，復旧のための出費を余儀なくされた[5]。

　2003年，国際コンベンションリゾートみやざき等の支援を受け，側面をオープンデッキとしたトロッコ列車「トロッコ神楽号」を2両投入，新たにこれを使用した「トロッコ神楽号」を運行開始した。この「トロッコ神楽号」は利用客の確保にある程度成功したが，全体的な乗車人員の増加，収益の増加には至らず，経営を安定化させるには至らなかった。開業時に約9億円でスタートした経営

安定基金も3億6千万円程度にまで減少，開業時に投入した車両も耐用年数を超過するなど，次第に経営環境は悪化していき，2005年7月には沿線自治体による存続問題の検討委員会が設置された[6]。

　2005年9月6日，沿線に台風14号が襲来すると，高千穂鉄道は土砂崩れや橋梁流失などで甚大な被害を受け，全線運休となった。全線復旧には国・県・沿線自治体の補助金および保険金を受けても，なお高千穂鉄道は約9億1800万円の負担を強いられると試算された[7]。存続が困難となった高千穂鉄道は，2005年12月20日，取締役会で会社清算の方針を確定，2005年12月27日，臨時株主総会で清算が可決した。

　一方で，車窓の美しさから観光資源としての価値ももつ，高千穂鉄道の全面運休は観光にとっては痛手であった。特に「トロッコ神楽号」の乗車を行程に組み込んだバスツアーの全面中止の影響は大きく，観光の関係者からは早期の運行再開を望む声も多く挙げられた[8]。加えて，運休により，高千穂鉄道に並行する宮崎交通の路線バスを利用せざるを得ない沿線住民も，運賃や運行本数の面で不便を被った[9]。

　そこで，観光列車としての位置づけで鉄道を再開させるべく，高千穂鉄道に替わる高千穂線の受け皿会社を，高千穂町観光協会を中心に設立する方針が打ち出され，2006年3月17日，神話高千穂トロッコ鉄道が設立された。神話高千穂トロッコ鉄道では，道路も線路も走行可能なデュアル・モード・ビークル(DMV)の導入の検討[10]，資材の費用を支援者に負担してもらうオーナー制度による運行必要経費の公募[11]といった新たな姿勢を打ち出した。2007年の宮崎県知事選に当選した東国原英夫も，マニフェストの中に「重要な観光資源である高千穂地域の交通基盤整備の支援」を掲げ，その中ではDMVの導入も検討していた[12]。また，神話高千穂トロッコ鉄道には資金公募開始以前の段階で，400件超の支援の申し出が寄せられた[13]。

　この間，2006年9月5日に高千穂鉄道は，休止の期間は一年以内とする鉄道事業法に基づき，特に台風の被害が甚大で復旧が困難となった延岡―槇峰間の廃止届を提出，残る槇峰―高千穂間の休止届を再提出した[14]。

神話高千穂トロッコ鉄道は列車運行を目指し，高千穂鉄道からの線路や付帯施設の無償貸与および営業権の無償譲渡の合意[15]，延岡市観光協会の協力の獲得[16]などを実現した。しかし，運行資金の確保が大きな障壁となり，鉄道事業法に基づく認可取得の調整に多大な時間を要したうえ，支援金の公募は伸び悩んだ[17]。加えて，神話高千穂トロッコ鉄道の最大の出資者である高千穂町観光協会が資本撤退を表明，それに伴い2007年12月11日に開かれた臨時株主総会で，鉄道事業法に基づく認可取得の断念，施設・経営権の委譲要請の撤回，および，役員刷新を表明した[18]。これを受けて，高千穂鉄道は槙峰—高千穂間の休止届の期限を迎えた2007年12月27日，槙峰—高千穂間の廃止届を提出した[19]。

　神話高千穂トロッコ鉄道は2008年1月19日に開かれた臨時株主総会で，地元企業主導の経営体制から個人株主中心の新経営体制への移行，支援金の株式への振替が打ち出され，2008年4月1日，高千穂あまてらす鉄道へと改称した。高千穂あまてらす鉄道は高千穂—日之影温泉間の鉄道記念公園指定，高千穂—天岩戸間の遊具としての形での列車運行を当面の目標とした。高千穂あまてらす鉄道は，2009年4月28日から高千穂駅跡を高千穂鉄道みに公園として，有料で公開するようにし，線路点検用として製作されている，エンジン付きの小型トロッコ，スーパーカートを高千穂駅構内で運行するなどした。2010年5月にはスーパーカートの運行区間が高千穂—天岩戸駅に拡大，また2011年3月から，高千穂駅構内に保存しているディーゼルカーの運転体験会も行われるようになった。

　以上のように神話高千穂トロッコ鉄道が目指した列車運行は果たされなかった。その背景として，沿線住民による運動が広く展開された高千穂鉄道設立時に比べ[20]，存続が必ずしも沿線住民の総意ではなかったこと[21]や，突然の被災という悪条件の中で列車運行を模索したことによる存続運動の長期化，高千穂鉄道の休止届再提出を沿線住民が廃止決定と誤解したこと[22]などによる，沿線住民の意識の分散化が挙げられる。また，存続の支援の姿勢をとる高千穂町に対し，コミュニティバスの拡充による代替措置やデマンド交通システムの

構築を構想する日之影町・延岡市[23]や，産業再生機構の支援下での経営再建の途上にある宮崎交通にもすでに財政負担をしていた宮崎県[24]は，存続に消極的であるなど，行政の足並みの不揃いも，また挙げられる。

この背景には，高千穂鉄道設立時に第三セクター化による存続を選択したことがあると考えられる。すでに第三セクターに関しては，井熊(2002)[25]，赤井(2003)[26]，深澤(2005)[27]，末原(2006)[28]，などでその問題点が指摘されているが，この問題を検討するにあっては，神話高千穂トロッコ鉄道の経営を批判する報道[29]のような表象的な視点ではなく，果たして高千穂線の存続が高千穂鉄道という第三セクターによってなされてきたことが適当であったかという潜在的問題を，公共政策の在り方から問う必要があるだろう。

## 3.「西臼杵の人々のくらしと鉄道」実践と授業づくり

本授業は2006年の九州中学校社会科教育研究大会大分大会での研究発表に向けて，西臼杵郡中学校教育研究会社会科部会のバックアップのもと行われた実践である。同授業は，高千穂鉄道の存続問題が議論される中，マスコミの取材を受けるなど，注目を浴びた。授業の概要を表３２１に示す。

授業は，九州中学校社会科教育研究大会大分大会の研究主題「基礎・基本の定着を踏まえた発展学習のあり方　～指導構成図を基にして～」を受けて，「身近な地域の社会問題を教材化し学習過程と学習活動を工夫することによって，基礎・基本を身に付け適切に価値判断を行いながら，社会に主体的に関わる生徒の育成をめざした社会科学習のあり方について考える」ために構想された。そして，「公民的分野の学習において，地域の社会問題を教材化し，学習過程や学習活動を工夫すれば，社会に主体的に関わる学生を育成できるであろう」という研究仮説に対し[30]，それに沿う身近な地域における社会問題として，高千穂鉄道の存続問題が取り上げられた。この問題は，「生徒にとって身近で切実感のある問題」であり，かつ，「私たちの生活に大きな影響をあたえる公的機関の経営に市場原理を導入することや公的資金を投入することの是非，さらには

国や地方公共団体の財政支出の優先順位や住民の福祉の内容をどうするか」などといった「現代社会が直面している今日的課題」もまた内包されている[31]。

　実際の授業は，表3-2-1のように合計11時間に渡って実践された。なお，九州中学校社会科教育研究大会大分大会での研究発表では，上記の研究仮説について，抽出生徒数名の記入した感想の時間毎の変化から，①身近な地域における社会問題の教材化，②「知識・技能」，「価値判断」，「社会参加」の3つの要素の有機的な統合を図る学習過程の工夫，③「知識・技能」，「価値判断」，「社会参加」の3つの要素の力を身に付けるための学習活動の工夫，の三点がいずれも有効であることが示された[32]。以下，授業者並びに西臼杵郡中学校教育研究会社会科部会のメンバーへの聞き取り調査によって明らかにされた，授業づくりの経緯をまとめる。

　まず，授業づくりの中心となった西臼杵郡中学校教育研究会社会科部会は西臼杵郡の中学校社会科教師がメンバーとなっているが，元々多くのメンバーが宮崎県中学校教育研究会に属していたとのことである。構成員は5人程度で，通常は年に10回程度の会合をもつ。当時は構成員の年齢が35歳から45歳程度と近く，意見を交換しやすい環境だったようである。

　2004年12月に，大会での発表が決定したが，中途半端な内容では発表はできないと，発表に対するプレッシャーは高く，翌2005年1月には研究発表に向けて，切実感と葛藤を授業に持ち込むべく，地域の問題，身近な地域の教材を使用し，かつ，討論を取り入れた授業を行うことを決定した。ここで，高千穂鉄道の存続問題が俎上に上がることとなったのだが，授業の対象となる中学生は鉄道を利用する機会が多くはなく，また当時はまだ台風が襲来する以前の高千穂鉄道が通常運行を行っていた時期だったために，この問題は生徒にとって身近であるとは言い難く，かつ過疎化の厳しさに対してすら意識がない生徒にとってこの問題に切実感がどれほどあるかは疑問だったため，他に高千穂町のコミュニティバス「ふれあいバス」の存続問題，町立病院の存続問題なども教材として検討されたという。とはいえ，トロッコ神楽号に象徴されるように，観光と鉄道の関わりは深く，また「無いよりはあった方がいい」という感情論で

### 表3-2-1 「鉄道と西臼杵の人々の暮らし」実践の展開

| | | |
|---|---|---|
| 問題把握 | 第1時 | 【発問】 戦後のくらしを振り返ろう<br>戦争放棄(平和主義)→東海道新幹線開通(高度経済成長)→台湾への新幹線車両輸出(国際協力)→高千穂鉄道トロッコ神楽号→地方鉄道の廃止)<br><br>【発問】 鉄道先進国の日本で，なぜ高千穂鉄道は廃止になったのだろう？<br>台風で橋梁流出，利用者及び輸送貨物の減少→赤字(＝採算がとれない)，行政改革(民間でできることは民間に)<br><br>【学習問題】 鉄道の利用者が減少した原因の背景を探ろう |
| 問題追究Ⅰ | 第2～8時 | 【発問】 文献資料や聞き取りなどで調査し，新聞の形でまとめよう(ジグソー学習)<br><br>【発問】 発表会をしよう(ポスターセッション)<br>鉄道の利用者が減少した背景には，高度経済成長以降，日本経済と国民生活が大きく変化し，それに伴って沿線地域や人々の生活の様子，鉄道の運行形態が次のように変化してきたことがある。<br>A 林業の衰退や鉱山の廃止，高度経済成長に伴う産業の高次化と都市化によって，山間部の人口が激減し，過疎化が急速に進行した。<br>B 産業の衰退により労働人口が流出したので，少子高齢化が徐々に進み，通学利用者が減少した。<br>C 高度経済成長とともに国民の生活様式が変化し，自家用車が普及した。<br>D 道路事情が改善され自動車で所要時間が短縮されたので，公共の交通機関をあまり利用しなくなった。<br>E CDの理由により，観光客が交通手段として鉄道をあまり利用しなくなった。<br>F 五ヶ瀬川に沿って渓谷を走る高千穂線は土砂災害を受けやすく，しばしば長期の運休を強いられるとともに，復旧のために多額の費用を費やしてきた。<br>G 国鉄の分割民営化，赤字ローカル線の廃止・第三セクター化など，国家・地方財源の悪化による事業再編が進む中で経営改善の努力がなされてきた。 |
| 問題追究Ⅱ | 第9時 | 【学習問題】 [論題]採算が取れない鉄道は廃止すべきである<br>【発問】 立場を決めて，討論しよう(討論)<br>否定(存続)側—<br>・通学で利用する高校生や病院に通う高齢者のために，国や地方公共団体が赤字を補填してでも存続すべき。<br>・鉄道を廃止すると観光客が減少し，関連産業まで衰退してしまう。<br>・バスや病院など公的な不採算事業も廃止していいのか。<br>・廃止は地方切捨ではないか。<br><br>肯定(肯定)側—<br>・赤字が累積すれば，誰が負担するのか？<br>・宮崎県，沿線市町ともに財政難で赤字を補填する余裕はない。<br>・利用者がさほど多くないのだから，廃止になっても特に困らない。<br>・鉄道の赤字補填に財政支出するよりは，福祉などのためにお金を使った方がよい。<br><br>【発問】 双方の主張の相違点について考えよう<br>※双方の主張はともに正しいので合意形成を図るのは困難である。ただ，高千穂鉄道は社会全体の利益に乏しいとして廃止になったと考えられる。 |

| 問題追究Ⅲ | 第10〜11時 | 【発問】 鉄道が社会全体の利益となるためにはどうしたらいいか→利用者増加<br>【学習問題】 利用者増加のための妙案を考えよう　〜神話高千穂トロッコ鉄道を日本一にしよう〜<br>※鉄道の再開及び利用者増加，黒字化は容易なことではない。しかし，私たちが真にそれを望むのであれば，ひとりひとりが自ら積極的に社会(政治・経済)に関わることが何よりも大切なことである。これは鉄道の存続問題に限ったことではない。<br>【発問】 利用者増加のためのシンポジウムを開こう「神話高千穂トロッコ鉄道を日本一にするための中学生会議」 |
|---|---|---|

(飯干誠也(2006)「平成18年度　第58回　九州中学校社会科教育研究大会「大分大会」」研究発表資料(公民的分野)　基礎・基本の定着を踏まえた発展学習のあり方　〜社会に主体的に関わる生徒の育成を目指した「鉄道と西臼杵の人々のくらし」の授業実践を通して〜」4-5頁をもとに筆者作成)

はなく，限られた財をどう配分するかというようなより高次な議論のために，データに基づいて討論できるテーマとしてこの問題が教材として選定された。

　また，この実践は中学校社会科公民的分野の単元「現代社会と私たち」の中で行われたが，高千穂鉄道の存続問題をこの単元に位置付けた背景には，この単元が公民的分野の導入として設定された意図は解るものの，そこで獲得されるべき知識がないため，生徒に「つまらない」と感じさせてしまうことも多く，この取り扱いに苦労していたためだという。この問題意識は西臼杵郡中学校教育研究会社会科部会のメンバーの中で共有されていたものであり，公民的分野の導入として，生徒を喰いつかせる授業をつくりたいという思いがあった。そこで，この単元を生徒にとって興味深いものにし，かつ既習の地理的分野と歴史的分野のまとめとして位置づけようとした。

　続いて，実践に向けての資料集めがはじめられ，また理論的な組み立てが進められた。しかし，授業の内容が固まらない中で，どういった資料を集めたらいいのかがわからず思うように進行しなかったという。ただ，もともと教材用に新聞のスクラップを集めており，加えて宮崎日日新聞等の新聞や町の広報誌でこの問題が報道される機会が増えていたことで，これらメディア関連の資料の収集は順調に行われた。また作業の増加で，会合の頻度が隔週あるいは毎週に倍増した。

　2005年9月に台風が襲来して，高千穂鉄道が損害を受けると，存続問題の

議論は活発化を見せ，この問題は中学生にとっても切実感のあるテーマとなり，高千穂鉄道の存続問題を教材化することが決定的になった。2005年12月からは，指導案づくりが開始された。指導案はもっぱら，たたき台となるものを持ち寄って，それに手を加えていく形で進められた。この頃に，授業者も決定した。また，町役場や第三セクターの関係者の元に出向いて資料を収集した。以降，資料集めや資料集作りの作業は授業直前まで続いた。また，この段階で高千穂鉄道関係者を授業に招き，生徒から出た妙案を提案する活動を取り入れることとなった。結果的に授業者の古くからの知人である興梠亘氏が，神話高千穂トロッコ鉄道代表取締役に就任したことから，興梠亘氏を招くこととなった。加えて，資料集めのために度々訪れていた町役場を経由して，マスメディアに情報が流れ授業時に取材を受けることとなった。2006年6月に実践が行われ，2006年11月には九州中学校社会科教育研究大会大分大会での発表が実施された。

## 4.「西臼杵の人々のくらしと鉄道」実践にみる授業づくりのストラテジー

「西臼杵の人々のくらしと鉄道」実践を柴田(1967)の「教材」と「教育内容」という区別にあてはめた場合，「教材」は高千穂鉄道の存続問題，「教育内容」は，プレゼンテーションやポスターセッションなどの技能，および，公共サービスの在り方とすることができる。確かに，この実践においては高千穂鉄道の存続問題という「教材」がもつ価値は，そこから組みたてられた授業実践からも判るように非常に大きい。聞き取り調査の中，この問題に対して，「教材のもつ力が大きいのは間違いない」「教材として正面から向き合いたい問題だった」，「タイムリーな教材であり，教師人生の中で一世一代の実践だったかもしれない」との回答を授業者らから得られたことからも，それは明らかである。しかし，聞き取り調査によれば，中学校社会科公民的分野の単元「現代社会と私たち」に対する問題意識が西臼杵郡中学校教育研究会社会科部会のメンバーの中で共有されていたこと，「ふれあいバス」の存続問題，町立病院の存続問題などが高千穂鉄道の存続問題と同列で検討されていたことから，この実践が当初から「高千穂鉄

道の存続問題」という「教材」から出発し,「教育内容」が「西臼杵の人々のくらしと鉄道」実践として組みたてられていった,という藤岡(1979)の「教材」から「教育内容」へというストラテジーよりもむしろ,「教育内容」から「教材」へというストラテジーを経たものと考えるのが妥当である。

　注目すべきは,授業者らがこれまでの実践に対して,問題意識を抱えていたことである。それが高千穂鉄道の存続問題の教材としての価値の発見へと至る契機となったとすれば,それを「教材」と「教育内容」という区別にあてはめれば,自らの実践での「教育内容」を吟味・検討する中で,こうした「教材」にたどり着いた,ということになる。したがって,本実践は勿論「教材」のもつ可能性も大きかったものの,授業者らの「教育内容」の模索こそが,授業づくりに大きな役割を果たしたと考えられるだろう。加えて,西臼杵郡中学校教育研究会社会科部会という組織が果たした役割はこの授業実践において大きいが,それを「教材」と「教育内容」という視点から見れば,この組織は「教育内容」の吟味・検討を行う,振り返りの場として機能してきたといえる。

　一方で,授業者らの中には,本実践を踏まえて,高千穂鉄道の存続問題を中学校社会科地理的分野の「身近な地域の学習」として授業化しているという回答も得られた。この場合は,「西臼杵の人々のくらしと鉄道」実践とは逆に,「教材」から「教育内容」へというストラテジーだといえる。したがって,社会科の授業づくりとは「教育内容」から「教材」へというストラテジー,「教材」から「教育内容」へというストラテジー,その両方が想定されうるし,そのどちらにおいても児童・生徒にとって身近な地域の社会問題,あるいは,切実性のある問題を授業で取り扱うことができるといえる。

　現在進行する教育改革の中では,教育の営み全体の中で社会科教育の役割が問われる場面も当然ながら出てくると想定される。その際に,このように授業づくりのストラテジーを焦点化することで,身近な地域の社会問題を取り扱うことができる科目として社会科教育を教育の営み全体の中で位置付けることができるのではないだろうか。

（大髙　皇）

## 注

1）飯干誠也『平成18年度　第58回　九州中学校社会科教育研究大会「大分大会」研究発表資料（公民的分野）　基礎・基本の定着を踏まえた発展学習のあり方～社会に主体的に関わる生徒の育成を目指した「鉄道と西臼杵の人々のくらし」の授業実践を通して～』2006年。
2）柴田義松『現代の教授学』明治図書，1967年。
3）藤岡信勝「教材構成の理論と方法」今野喜清・柴田義松（編）『教育学講座7　教育課程の理論と方法』学習研究社，1979年，268-291頁。
4）高千穂鉄道『高千穂鉄道10年のあゆみ』高千穂鉄道，1999年。
5）前掲4），20-38頁。
6）2005年6月30日付『宮崎日日新聞』。
7）2005年11月12日付『宮崎日日新聞』。
8）2005年11月3日付『宮崎日日新聞』。
9）2007年1月10日付『宮崎日日新聞』。
10）2006年4月6日付『宮崎日日新聞』。
11）2007年5月21日付『宮崎日日新聞』。
12）東国原英夫後援会　マニフェスト。
　　http://cast.tcgclog.jp/index.php?itemid=1335&catid=550（2010.10.30確認）
13）2007年5月21日付『宮崎日日新聞』。
14）2007年7月22日付『宮崎日日新聞』。
15）2007年2月8日付『宮崎日日新聞』。
16）2007年7月4日付『宮崎日日新聞』。
17）2007年6月25日付『宮崎日日新聞』。
18）2007年12月11日付『宮崎日日新聞』。
19）2007年12月27日付『宮崎日日新聞』。
20）前掲4），22頁。
21）2005年11月12日付『宮崎日日新聞』。
22）2007年1月13日付『宮崎日日新聞』。
23）2007年1月31日付『宮崎日日新聞』。
24）2007年2月3日付『宮崎日日新聞』。
25）井熊均編著『第三セクターをリストラせよ』日刊工業新聞社，2002年。
26）赤井伸郎『第三セクターの経営悪化の要因分析』内閣府経済社会総合研究所，2003年。
27）深澤映司「第三セクターの経営悪化要因と地域経済」『レファレンス』654号，2005年，62-78頁。
28）末原純「第三セクター鉄道の現況と将来の方向性に関する検討」『運輸政策研究』

第9巻第1号，2006年，35-44頁。
29) 2007年12月11日付『宮崎日日新聞』。
30) 前掲1)，2-3頁。
31) 前掲1)， 3頁。
32) 前掲1)，23-27頁。

# 3 過疎地域における地域づくりと学校の担う役割
―広島県立加計高校芸北分校における地域に開かれた教育実践を通して―

## 1．はじめに

　生徒や地域の実態に即した教育や特色あるカリキュラムづくりは，学校教育において重要な課題である。特に，カリキュラム開発は，学校構成員だけではなく外部の地域住民や保護者，専門家などの協力が必要となってきている。外部の人間と協力し，よりよい学校づくりのためにマネジメントをしていくことが，学校経営の課題解決の糸口となる[1]という指摘があるが，実際は様々な原因から，外部との連携は進みにくい現状がある。
　広島県立加計高校芸北分校(以下芸北分校と記す)は，広島県西部，島根県との県境に位置し，ブナの原生林など自然に囲まれた西中国山地に位置する。芸北町は少子・高齢化が進み，過疎化が深刻な問題となっている。生徒数減少と向都離村の動き，平成の町村大合併によって，特色ある教育で生徒数を確保することができないと廃校が見込まれる。
　このような背景から，芸北町では地域に根ざしたカリキュラム開発，中高一貫教育を進め，特色ある教育活動を活発に行っている。学校構成員だけでなく，外部と協力してカリキュラム開発を進める学校は非常に珍しく，学ぶべきところが多い。
　本節では，芸北分校が，どのように地域と連携したカリキュラム開発を行っ

たのか，その教育効果はどのようなものかについて報告する。調査期間は2004年12月1日～4日の4日間である。調査方法は，芸北分校1～3年生の生徒40名への質問紙調査，農業類型，福祉類型，芸能部（神楽）など3人の外部講師経験者への聞き取り調査，地域総合研究の授業見学，外部行政機関への聞き取り調査，カリキュラム開発に関する資料分析を行った。

## 2．芸北地域の過疎化・市町村合併に伴う諸問題

第二次世界大戦後，中国山地ではいちはやく過疎化が進行し，島根県との県境に位置する山間部の芸北町はその影響を大きく受けた。1920年から1960年頃までは，人口6,500人から7,500人程度の間を推移していたが，1955年の7,602名をピークに毎年減少しつづけ，2000年には2,958名にまで減少した。図3-3-1の年齢別人口構成をみると，典型的な過疎の傾向を示すひょうたん

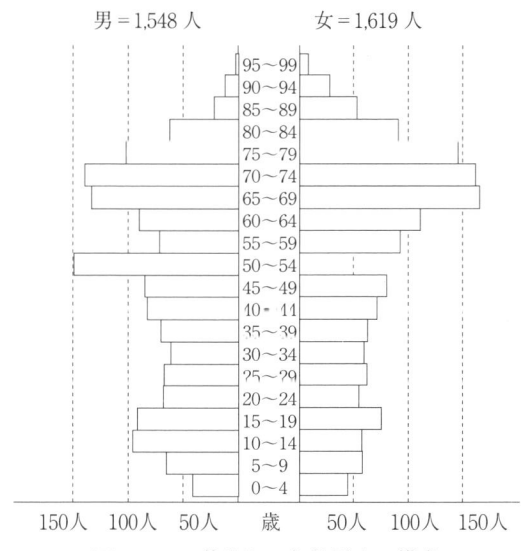

図3-3-1　芸北町の年齢別人口構成

平成13年12月末住民基本台帳
（芸北町町役場資料を転載）

型となっている。就学・就職で人口が都市部に流出し，高齢者と年少者の比率が高くなっている。また，5歳未満の子どもの数は100人を切り，少子化の影響も表れている。このように，過疎化に伴い少子高齢化が進み，農業の後継者が不足し，高齢者の介護・福祉需要の増大などの問題が生じた。学校にとっても，同様に，子どもの数の減少は危機的経営状況を招く大きな問題である。特に，学校選択が広がる高等学校においては，生徒数の減少と向都離村の動きは，学校存続をも決定する重要な問題であった。

また，平成の大合併に伴い，芸北町は，大朝，豊平，千代田と市町村合併し，2005年2月1日「北広島町」となった。市町村の合併によって，学校の統廃合が危惧されていた。加計地区の事例をみると，1961年，殿賀中学校，杉ノ泊分校が加計中学校に統合された。小学校は川南(1959年)，川登(1966年)，坪野(1970年)の各小学校が加計小学校に統合された。「学校の統廃合は明らかに「加計地区」の中心性を高め，他方小学校が廃校となった集落の中心性を低めたように思われる」[2]と報告があるように，学校の統廃合は，その地域の活性化や地域づくりに大きな影響を与えることがわかる。

行政の対応をみると，2004年10月の臨時町議会で芸北分校への補助金を2千万円支援することが議決されている。学校の存在が芸北町にとっていかに重要なものと町の人々が認識しているか理解できよう。

## 3．芸北分校のカリキュラム開発

芸北分校の存在は，過疎地域の芸北町の活性化に非常に重要と認識されている。それゆえ，芸北町では外部機関の協力や支援体制が強力なものとなり，特色あるカリキュラム開発が行われている。本項では，カリキュラム開発の経緯とその内容について述べていく。

(1) 地域に開かれた教育「オープンスクールデー」の始まり

聞き取り調査によれば，芸北分校は1989年から5年間，生活指導上の問題

が頻発する極度の混乱があったようである。そして，この混乱を立て直すために，1994年度の学習指導要領の改訂に基づき新しいカリキュラム編成，「オープンスクールデー」の科目設置を行った。これは，新しい学力観が提唱されたことを受けて，体験的・創造的学習を重視した地域学習，すなわち，地域の魅力を探求する科目である。本来ならば「授業」ではなく，「特別活動」や「学校行事」として展開すべきであるという意見もあったようだが，地域理解を進めるための時間をあえて授業として確保していた[3]。

地域理解を深め，地域への自信と誇りをもたせることを目的とし，1年次は全般的な学習，2年次からはグループごとの体験的課題解決学習を実施している。このように，「総合的な学習の時間」が導入される以前から，地域の特色と教育力を生かしたカリキュラム開発を行い，実践を重ねている。カリキュラムの編成過程においては，分校生徒・保護者・地元中学校生徒への質問紙調査が行われ，その意見も参考として取り入れられた[4]。オープンスクールデーの学習内容は，2000年以降，「総合的な学習の時間」に継続されている。

## (2) 現行カリキュラムの概要

2001年度から，地域理解教育の蓄積をより定着させるため，伝統的な農業類型・福祉類型，1996年度に加わった文理類型，新しく設置された体育類型の4つのコースから，カリキュラムの編成が行われている(表3-3-1)。

文理類型は高学歴志向に対応し，大学進学などを目指したコースである。このコースを設置することで，芸北中学校の生徒が町外に進学することに歯止め

表3-3-1 芸北分校における教育課程とその特色

| 番号 | 教育課程 | 特色 | 総合的な学習の時間 |
|---|---|---|---|
| 1 | 文理類型 | 高学歴志向に対応 | 進路研究 |
| 2 | 農業類型 | 農業後継者の育成など | 自然研究 |
| 3 | 福祉類型 | ホームヘルパー2級の取得 | 福祉研究 |
| 4 | 体育類型 | スキー選手の育成 | 野外活動 |

(平成12年度「新教育課程モデル校支援事業」実践研究報告書より作成)

をかけている。

　農業類型は農業従事者の多い芸北地域の後継者育成を特色とし，地域の農産物として重要な位置をしめる果樹・野菜を中心に学校農園を用いて実際的な学習を行う。そして，農業の可能性を地域とともに生徒に伝えることを重視し，農業が地域の産業や環境保全に及ぼしている役割やその意義を中心に授業を行っている。福祉類型は，「福祉事業の充実」という芸北町の行政課題に対応し，地域の教育を生かした教育内容の創造という観点からホームヘルパー2級の資格取得ができるカリキュラムとなっている。町内関係諸機関の協力で，福祉施設での実習やボランティアなども充実しており，高齢化の進む芸北町の現状とリンクさせながら学習を行っている。体育類型は，芸北町の「スキーの町」としての特色を生かしスキーの選手育成を目指す。小学校時代にはほとんどの子どもがスポーツ少年団などの活動としてスキー競技に親しんでいるように，町内8ヶ所のスキー場では，自由に練習可能となっている。

　以上のように，地域色の強い類型別のカリキュラムが開発されている[5]。また，「総合的な学習の時間」におけるカリキュラム内容は，地域理解を深めるため，表3-3-2のような学習内容が設定されている。

表3-3-2　グループ学習の類型と学習内容

| | |
|---|---|
| 自然研究グループ | 芸北町の希少植物(サギソウ・トキソウ・カキラン・シュンラン・サクラソウ等)の無菌播種による繁殖及び植生調査学習。 |
| 郷土研究グループ | 芸北町の歴史・産業などの学習。たたら製鉄所・聖湖周辺臨地研修。三段峡の自然と地形，小猿の滝探訪など。 |
| 福祉研究グループ | 福祉施設での体験学習とその企画立案・諸準備及びまとめなど。デイサービス実習，高齢者世帯・保育園への訪問・交流など。 |
| 野外活動グループ | オリエンテーリングを中心に，山菜・茸・水生動物，植物の植生調査，やし生物の生態などの幅広い分野にわたる学習。 |
| 進路研究グループ | インターネットなどを利用して進路情報を収集し，進路希望実現に向けての学習方法の研究など。 |

(平成12年度「総合的な学習の時間」実践研究報告書より作成)

## (3) 外部機関との連携

芸北町では，学校教育にかかわる行政機関として3つの機関が存在する。1964年に「芸北分校振興協会」が設立し，主に，教育条件整備資金の投入や，文理類型の学習ソフト・情報器材等購入資金の援助など，資金援助の面で支援を行っている。その後，1995年には「芸北教育開発プロジェクト」が，2001年には，「芸北町中高一貫教育推進協議会」が設立された。

芸北教育開発プロジェクトは，芸北分校のカリキュラム開発に携わる機関である。教育委員会，行政機関から選出された13名の委員と，教育・行政機関相互から選考された10名のワーキングスタッフをもって組織される（表3-3-3）。学校の教員と行政職員が一体となった機関であり，芸北分校独自の地域学習を可能とするカリキュラム開発が行われた。

この教育プロジェクトには，農業小委員会・福祉小委員会・スキー小委員会という3つの小委員会が設置され，芸北分校の農業類型・福祉類型・体育類型に指導者の派遣や施設の利用などにおいて支援を行っている。部活動においては，農業部（生物工学班），手話サークル，スキー部（クロスカントリー・アルペン）などを，総合的な学習の時間（オープンスクールデー）においては，自然研究グループ，福祉研究グループの指導を行っている。

また，芸北分校では地域の人材を活用した外部講師の導入がみられる。地域の住民がボランティアで授業や課外活動の支援をしているのである。農業類型

表3-3-3 芸北開発プロジェクトのメンバー

| 会長 | 芸北町助役 | |
|---|---|---|
| 副会長 | 芸北町教育委員会教育長・芸北分校長 | |
| 委員 | 芸北町行政 | 総務課長・建設整備課長・産業振興課長・住民福祉課長 |
| | 芸北町教育委員会 | 教育委員長 |
| | 町内教育関係機関 | 芸北町小学校長会長・芸北中学校長 |
| | PTA関係 | 芸北町PTA連合会長・芸北分校PTA会長 |
| 事務局 | 芸北町役場「21プロジェクト推進室」 | |

（H12年度「新教育課程モデル校支援事業」実践研究報告書より作成）

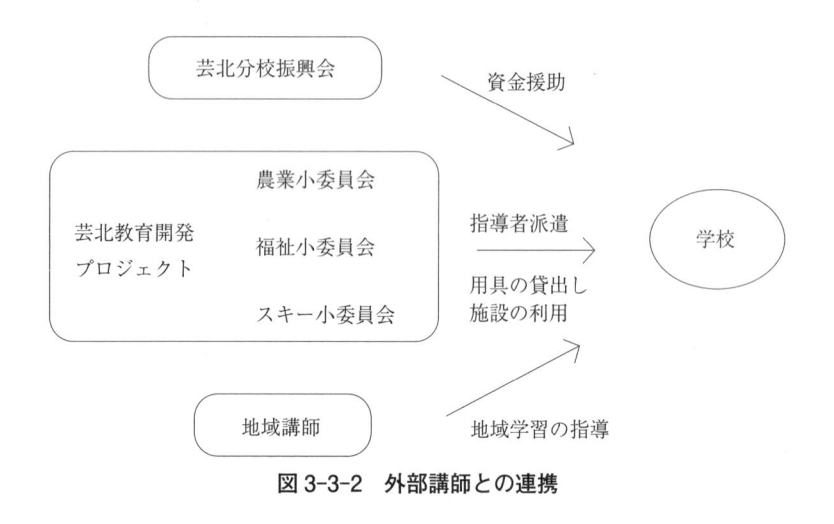

```
┌──────────────────┐
│   芸北分校振興会   │ ──資金援助──┐
└──────────────────┘              ↓
┌─────────────────────────────┐   ┌────┐
│          農業小委員会         │   │    │
│ 芸北教育開発                  │   │ 学校 │
│ プロジェクト  福祉小委員会     │──指導者派遣→│    │
│              スキー小委員会    │  用具の貸出し  └────┘
└─────────────────────────────┘  施設の利用
┌──────────┐                      ↑
│  地域講師  │──地域学習の指導─────┘
└──────────┘
```

**図 3-3-2　外部講師との連携**

においては，りんごの栽培・養蜂についての指導，福祉類型においてはホームヘルパー・福祉施設の仕事についての指導や職業体験の実施，芸北の高齢化問題についての指導，課外活動においては，神楽部の指導などが行われている。その他，施設の利用や用具の貸出しなどで協力がみられる[6]。

このように，芸北分校では学校と外部機関との連携によって地域学習が行われ，「町全体で教育する」という姿勢をみせている（図3-3-2）。現在，カリキュラム開発全般における問題点としては，①教育課程に学校を取り巻く外部環境との関係においてダイナミックに捉える視点の乏しさ，②子どもたちが実際学んでいる内容に対して，教員が無感覚になること，③教員たちの間で教育課程編成への無関心や無力感が広がること[7]，の３点が挙げられているが，芸北分校のカリキュラム開発は外部機関との連携を密にし，地域の長所・問題点を十二分に生かしたものとなっており，上記の問題点を克服した取り組みを行っていることに特に注目したい。

## 4. 質問紙調査による芸北分校生徒の芸北町への意識

「地域に開かれた教育」「地域資源を生かした教育」の効果を探るため、芸北分校の生徒、1年生14名、2年生10名、3年生16名、計40名に質問紙調査を行った。調査は2004年12月初旬に行い、選択式と自由記述を含めた5つの質問を用意した。本項では、2つの質問の結果を示すとともに、地域資源の活用によって生徒たちにどのような効果があったのか考察を試みた。

調査実績は以下の通りである。
調査対象者総数：69名　　回収総数：40　　有効票：40　　有効回収率：56.5％

(1) 将来の地域貢献に対する生徒の考え

> 将来、地域のために自分が貢献できると思うことを教えてください。
> （自由回答）

地域のアイデンティティを調査するため、生徒の地域貢献に対する考えを質問した。将来、地域のために何ができるかについて、「外部で勉強し、芸北に戻ってその知識を生かす」という回答が8名と一番多い回答であった。学年別にみると1年生0名、2年生2名、3年生6名の回答があり、学年が上がるにつれ、芸北へ戻って地域に貢献しようという意志が強くなる傾向があった。回答をみると、「ボランティアに参加する、神楽など伝統芸能を受け継ぐ、医療の現場について仕事をする」など、夢物語に終わるような非現実的な回答はなかった。これは、学校教育の中で地域との交流が増えたことや地域の問題・課題を学んだことが、生徒自身に「自分は地域にとって何ができるか」を考えさせた結果といえる。実現可能な内容をそれぞれ答えており、芸北教育の効果が回答に大きく反映されていた。

(2) 芸北町へのUターン意識

> 高校卒業後など，将来，芸北町で暮らしたいと思いますか？（選択式回答）

　芸北町への帰属意識を調べるため，卒業後のUターン意識を調査した。結果をみると，ほぼ全員が高校卒業後に「一度は芸北町から外部地域にでて生活するだろう」と考えていることが明らかになった。1年生はIターン志向の傾向が，3年生はUターン志向が強い。1年生から3年生にかけて，類型別の地域に開かれた学習を受け，将来は芸北に帰ってきたいという気持ちが高まったという傾向を読み取れる。

　質問紙調査の結果から，生徒の芸北町に対する総合的な知識が高いことが明らかになった。また，実現可能な地域貢献の考えをそれぞれがもっており，地域を思う心や地域の将来を考える機会が学校を通して多く与えられていることがわかった。芸北町で将来生活をする可能性については，学年が上がるにつれて一度地域を離れても戻ってくる意思を示した生徒が増えていた。ここから，3年間の芸北教育で地域の人々との交流がふえ，地域貢献や地域に対する愛着の心が高まっている教育効果が考察できた。

　芸北分校の生徒は，素直な生徒が多いと聞き取り調査で何度も耳にした。生徒への質問紙調査で，「悪いことは出来ない」「犯罪が少ない」「地域住民の人間性がよく仲がいい」という点を芸北町の長所として挙げている生徒が多かった。学校が開かれたことで地域との交流が進み，生徒の生活態度や心の成長に良い

表3-3-4　芸北町へのUターン意識

| 番号 | 芸北で将来暮らしたいか？ | 1年 | 2年 | 3年 | 合計 |
|---|---|---|---|---|---|
| 1 | 芸北で生活したい | 0 | 0 | 0 | 0 |
| 2 | 一度外で生活してから芸北へ戻ってきたい | 4 | 4 | 10 | 18 |
| 3 | 芸北町以外の地域で生活したい | 1 | 0 | 2 | 3 |
| 4 | 芸北町は好きだが将来は都市で生活したい | 6 | 3 | 3 | 12 |
| 5 | 芸北町では生活したくない | 2 | 2 | 1 | 5 |
| 6 | その他 | 1 | 1 | 0 | 2 |

（質問紙調査結果による）

影響を与えているといえる。しかし，このように地域に守られて生活してきた生徒たちが，高校を卒業し都市部へ進学すると一部の生徒は「爆発してしまう」「はめをはずしてしまう」ことがあるようだ。

## 5．地域に開かれた教育と学校の担う役割

　芸北分校の特徴は，①芸北開発プロジェクトなど，学校関係者・行政機関・保護者などで組織される外部の目がカリキュラム開発に影響するようになったこと，②地域の切実な問題・課題に全面的に取り組んだこと，③学校間の連携（中高一貫など），である。地域の構成要素は，教育に十分に生かされていない場合が多い。それは，学校が閉鎖的であることや，外部の目が入らないことが大きな要因であろう。芸北分校の教育は外部の意見を積極的にとりいれ教育改革を行っており，地域の活用が進んでいる。例えば，地域の自然環境，伝統・文化，歴史，産業，地域の切実な問題・課題など地域の構成要素を，主に教材

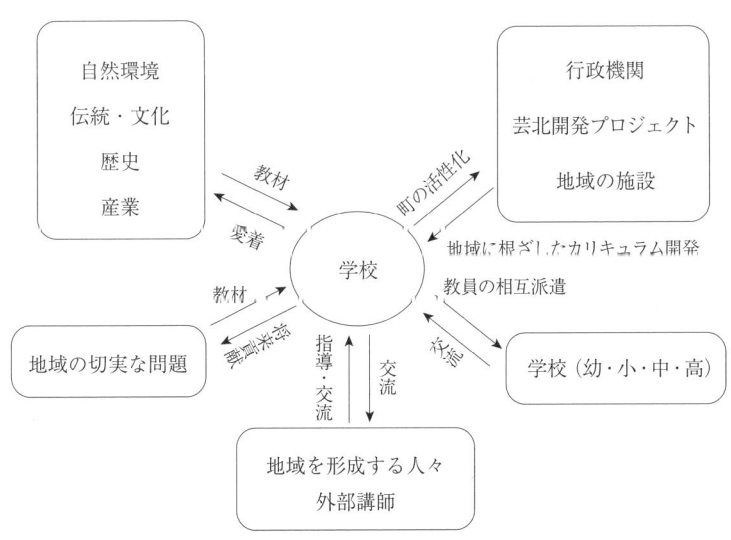

**図3-3-3　芸北町の地域づくりと学校教育の関係**

利用している。そして，地域の行政機関，地域住民，各学校(幼・小・中・高)の諸機関と連携したことで教育効果を挙げている(図3-3-3)[8]。

　学校と外部機関・地域との連携がこれほどうまくいったのは，外部機関のひとつである「芸北開発プロジェクト」が大きな役割を果たしているからであろう。学校・行政・保護者などが一体となった機関という強味は，特色あるカリキュラム編成，指導者の派遣や施設・用具の貸し出しなどの連携などに生かされている。学校をとりまく外部環境とのよい関係性を築いたことで，地域の要請に応じた学習内容，地域の力や構成要素をより有効に利用すること，が可能となった。

　他地域でも取り入れたい取り組みとしては，地域講師の導入がある。地域講師は，ボランティアで地域住民が指導にあたっている。講師を請け負っている感想としては，「生徒から元気をもらえる」「芸北分校の卒業生なので学校の役に立てて光栄である」「後継者育成の一環と考えている」など，プラスの意見が多く聞き取り調査から把握できた。生徒にとっては，専門家からの指導を受けられる，地域住民と交流できるという利点がある。

　地域講師は芸北町でその分野に長年携わっている専門家であり，地域の学習では教員がカバーしきれない知識や技術，経験をもちえている。そのため，地域の課題や各分野の現状などを地域講師が体験や実習を通して伝えることで，質の高い教育が可能になっている。また，教員は授業内容に地域の内

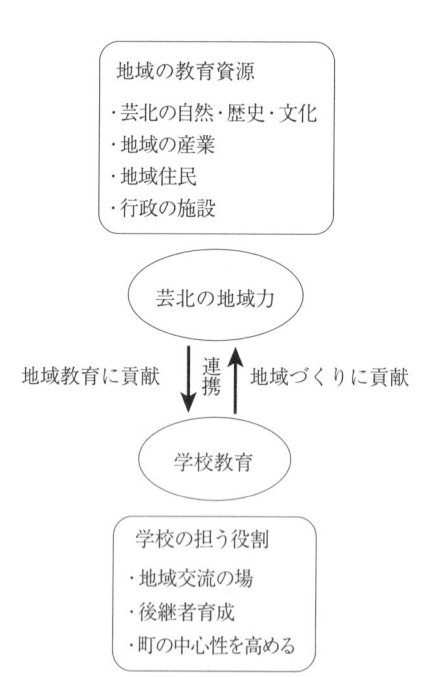

**図3-3-4　学校と地域連携の相乗効果**

容を多く盛り込み,例えば,芸北の自然を地形図模型で表現するなど,工夫をこらした授業内容がみられた。その成果は研究紀要として刊行され,教材研究への意欲的な取り組みが学校全体でみられた[9]。

　以上をまとめると,芸北町は「過疎化」という町の大きな問題の解決を課題に地域づくりを行っている。そのため,芸北開発プロジェクトをはじめとする外部機関と学校が連携し,地域に根ざしたカリキュラム開発が進んだ。学校を主軸とした地域づくりが推進されているのである。

　芸北分校は,地域の施設や機関との連携によって学校だけでは限界がある専門的・体験的な学習が展開されるようになった。地域の構成要素を積極的に活用したことで,開かれた学校となり,地域コミュニティとの交流が盛んになった。その結果,生徒の地域に対する知識と愛着がより高まる傾向がみられ教育効果をあげている。芸北分校は,過疎地域における地域交流の場の提供,後継者育成など大きく貢献している。学校は,交流の場,人が集まる場として機能し,町の中心性を高める役割を担っていた(図3-3-4)。

## 6. おわりに

　アメリカでは1980年代末から,予算,人事,およびカリキュラムに関する権限と責任を教育委員会から各学校に大幅に委ねている。また,その決定過程に保護者,地域住民,そして中高生等までが関与する改革を試みている[10]。学校経営のこうしたあり方を総称して「学校に基礎を置くマネジメント(School-Based Management：SBM)」という新しい戦略を打ち立てているが,日本では上記のようなカリキュラムマネジメントは進んでいないのが現状であろう。

　芸北分校においては,「過疎化や高齢化の問題を抱える芸北町をどう存続させていくか」といった切実な問題が,地域を一体にまとめ,教育に地域の力を注いでいる。その決定過程には,教育委員会とともに,学校関係者や保護者の代表などが集まり,討論を交わしカリキュラム作成に携わる。また,芸北中・高の校長は強いリーダーシップを発揮し,学校経営を進めている。その成果は,

就職率,進学率の向上,広島県の基礎基本定着状況調査(小中)3年間県トップレベルを維持,という結果に表れている。

　少子高齢化が進む現在の日本では,各市町村で地域の活性化は大きな課題であろう。芸北町の取り組みは他地域にも大変参考になるものであった。また,学校と地域が連携することで教育効果が高まることに改めて気づかされた。

　芸北分校が地域との連携に成功した理由は,「教育が町の将来を担う」ということから,芸北町が学校を軸に地域づくりに取り組んでいる点である。外部機関と学校との連携がスムーズに行われ,相互効果を生み出しているモデルケースになると感じている。

(伊東　敦子)

注
1)田中統治(2001)「特色ある教育課程とカリキュラムマネジメントの展開」『柔軟なカリキュラムの経営—学校の創意工夫—』ぎょうせい,2001年,36-59頁。
2)岡橋秀典「西中国山地・広島県加計町における過疎化と集落システムの変動」『地理学評論』68A-10,1995年,657-679頁。
3)芸北町(2002):芸北町統計資料.
4)広島県加計高等学校芸北分校『平成12年度「総合的な学習の時間」実践研究報告書』2000年,1-2頁。
5)広島県加計高等学校芸北分校『平成12年度「新教育課程モデル校　支援事業」実践研究報告書』2000年。
6)前掲5),6-7頁。
7)前掲1),37-38頁。
8)芸北分校は平成13年度から連携型中・高一貫教育校に指定されている。
9)広島県加計高等学校芸北分校では毎年研究紀要を刊行しており,平成15年で第11号となっている。
10)前掲1),43-44頁。

# 第4章　沖縄の地域と教育

## 1　「地域づくり」に子どもはどのように関われるのか
――座間味における観光産業を軸とした地域づくりを事例として――

### 1．はじめに

　近年の都市化の進行は，人と地域を結びつける接点を急速に失わせつつある。多くの都市化のプロセスは行政主導のものであり，このことは環境の均一化の原因であるとともに，地域の成員の地域への関心や地域の活力を低下させる要因ともなっている。

　このような状況に対して地域と人々を結びつける接点を担保する教育として，地域づくりを題材とした地域学習の取り組みが注目されている[1]。これらの取り組みは，環境教育としてイギリスではじめられた動向であり，日本においてはまちづくり・町おこし運動という形で取り組まれている[2]。この取り組みでは2つの重視する視点があり，ひとつは地域の特性の理解であり，もうひとつは地域づくりに参画していこうとする意識の形成である。前者は自然環境から伝統・文化にわたる「地域の特性の理解」を意図するものであり，後者は市民参加型の社会やシステムの地域への定着を意図するものである。これらの視点は，地域づくりを支える地域の一員としてもつべき意識を育むものであり，その取り組みへの関心・意欲，そしてその取り組み自体の持続性を維持するうえでも重要な視点といえる。いわば「地域づくり意識」といえる価値観の形成，および価値観の共有は近年課題とされている衰退した地域コミュニティの再生を図る取り組みの中でも重要になってくる。阪神淡路大震災，および東日本大震災に

おいては復興に向けて地域コミュニティの果たすべき役割の大きさを再確認することとなった。地域の「すがた」「かたち」をどのように捉え，そして住民は地域とどのように関わっていくべきなのか，改めて考えるときがきた。

　本節では沖縄県座間味村において取り組まれている観光事業を軸とした地域づくりを事例として取り上げ，地域づくりにおける行政の取り組みおよび学校教育の取り組みに着目しそれぞれの特徴を明らかにしたい。また，座間味というコミュニティにむける地域の子どもたちの視点を見ることで，地域住民の地域コミュニティへの参画について考察したい。

## ２．座間味における観光事業を軸とした地域づくり

### (1) 座間味における観光事業の沿革

#### ① 座間味における観光事業史

　座間味における観光「事業」は1906（明治39）年，県立中学校（首里高等学校の前身）の鹿狩り旅行に始まる[3]。特に県立中学校の場合は，座間味において最初に受け入れられた体験型の修学旅行であり，座間味の生活文化・自然環境を学ぶことにも目的があった。

　座間味において観光「事業」が「主要産業」として捉えられるようになるのは，

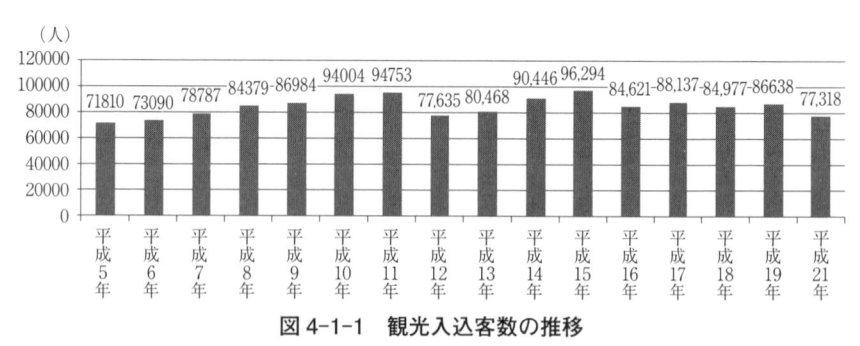

図4-1-1　観光入込客数の推移

（座間味村勢要覧(1999年)，座間味村の概要(2001年)，座間味村(旧)村おこし課，座間味村産業振興課資料より作成）

戦後のことであった。その後，那覇から座間味の航路の整備，那覇市泊の座間味観光案内所設置をへて，海上遊覧を中心とする観光形態を形作っていった。1978(昭和53)年には，慶良間海域が沖縄国定公園に指定され，座間味を観光地として整備する動向が加速した。そして，1982(昭和57)年には，外地島にケラマ飛行場が開設(現慶良間空港)1991(平成3)年には，那覇―座間味間の高速船が就航した。これらを契機とし，日帰りの観光形態が定着し，観光入込客数の増加がみられた。

② 座間味における観光の形態

1978(昭和53)年の，国定公園化以前から座間味における観光は，慶良間海峡の景観を生かした海上遊覧観光という形で展開されていた。これは当初，沖縄本島と座間味とを結ぶ航路が，ライフラインとして公共性の高いものでありながら，貨物・旅客の少なさに加え，安全面での費用が高コストという不採算航路であり，その経営面の見直しを迫られていたという事情があった。このため，泊―座間味間の航路上に位置する慶良間の島々を観光資源とした遊覧観光が企画されることとなった。

また，欧米型の海洋レジャーを主とした「遊ぶ観光」，すなわち，座間味に来島し，島内において海水浴，ダイビングといった目的の観光が増加していった。それまでの「見る観光」に加え，新たな座間味滞在時の観光形態が登場し，この結果，島内においては海洋レジャーを目的とした宿泊施設を中心とする観光施

表4-4-1 産業別就業人口の動向
(％)

| 年 | 第1次産業 | 第2次産業 | 第3次産業 |
| --- | --- | --- | --- |
| 昭和40(1965)年 | 82.0 | 1.9 | 16.1 |
| 昭和50(1975)年 | 24.8 | 18.5 | 56.1 |
| 昭和60(1985)年 | 16.6 | 11.5 | 72.0 |
| 平成2(1990)年 | 9.3 | 10.3 | 79.8 |
| 平成7(1995)年 | 6.6 | 7.2 | 86.2 |
| 平成17(2005)年 | 3.3 | 4.3 | 92.4 |

(座間味村勢要覧および沖縄県企画部統計課編『100の指標からみた沖縄県のすがた』より作成)

設が整備されるようになった。

　座間味における観光事業の形態は，当初「見る観光」であった回遊型から「遊ぶ観光」に代表される体験型へと質的変化を遂げた。その結果，座間味において観光事業は主要産業として重要性が高まり，村内の基幹産業として確立することとなった。

③　座間味における観光事業の位置づけ

　座間味における観光事業は，現在，座間味の主要産業としての位置を担っており，産業別就業人口に基づく産業形態のバランスを見ても観光産業が主流とされる第3次産業就業者割合は約9割に達している[4]。

　座間味における産業バランスは表4-4-1のデータから観光産業が主流とされる第3次産業への傾斜が見られる[5]。

(2)　観光事業を軸とした地域づくりの展開
　　　―「体験滞在交流促進事業」の事例を手がかりに―

　「体験滞在交流促進事業」とは，平成13(2001)年当時は座間味村により事業計画化され，平成17年から平成19年にかけて総事業費約4000万円を投じた「座間味村美ら島づくり事業」へと継承されていくプロジェクトである。目的および構想を概略的に整理すると次のようになる[6]。

　この事業は目的を，「本村の持つ自然環境や文化等を活用したエコツーリズムを始めとする体験・滞在・交流型観光のためのプログラムの作成や人材育成，及び受け入れ交流のための施設の整備を推進する事により，新たな体験・交流型観光メニューの発掘と生活文化や食文化の掘り起こしや継承を図るとともに，若者の定住促進と高齢者の生きがいづくり，並びに観光客との交流促進を図る」ものとしている。

　構想としては従来の観光形態であるダイビング，ホエールウォッチング，日帰りツアーについて，「体験・交流型観光の推進」という観点から「共生」「保全」「学習」「体験」「参加」の各テーマに基づく観光プログラム設定し，その内容の多様化をはかる。そして，それに伴う人材の育成を同時に進めるというもので

ある。

　上記目的設定の背景には，①体験・滞在・交流型観光の開発の必要性，②若者の定住促進と高齢者の生きがいづくり，③観光客との交流という３つの背景から言及される。

　①は座間味における観光事業についての問題である。ダイビング，ホエールウォッチングなどに代表される観光資源をもつ座間味村においては，訪れる観光客の傾向として，近年宿泊を伴わない日帰り観光という形態が増加している。しかし，このような観光形態は，観光客が座間味のもつ自然・文化に接する機会を十分に確保するものではない。座間味の観光資源として，海洋環境が第一にあるが，琉球の民俗，座間味島の民俗，島の生活体験といった文化面での観光資源の活用が十分になされてはいない。また，このような滞在型の観光形態の開発を通して，年間を通じて観光資源をもつことは，主要産業としての観光事業の経済的基盤を安定させることができる。このことから，座間味における地域づくりは，その方向性として観光事業・形態の多様化が志向されるといえよう。

　②は①に示された観光形態の形成により，若者の就業の場を創出し，その定住を促進することを意図するものである。産業別就業人口割合が示すように座間味においては，近年の観光事業を中心とする第３次産業への就業者数の傾斜が著しい。これは水産・農業・観光という複合的に捉えられてきた座間味の産業形態が観光に特化している現状を表すものである。このため観光事業に従事する者とそうでない者との分化が進み，観光事業に従事しない若者は就業機会を島外に求める傾向にあった。その結果若者層の減少，高齢者層の増加となり高齢化が進行している。また，観光事業への特化と産業のモノカルチヤー化が進行することによって島の固有の生活形態・文化の衰退が懸念される。先に引用した目的にも言及されるように，座間味の地域づくりの方向性として「文化の継承」という側面も重視されている。例えば事業においては，若者層の就業機会確保と高齢者の生き甲斐づくりの両立を図る方法として，高齢者が担ってきた伝統文化，高齢化が進む漁業，農業をそれぞれ，生活文化体験，体験漁業，

体験農業プログラムとして観光資源化し，高齢者層の観光事業への参画を進めるプランが提示されている。また，そのようなプログラムの指導にあたる者の人材育成などによって，若者層の就業を非海洋観光事業へシフトすることが併せて意図されており，②の課題も「文化の伝承」という観点から地域づくりの指針として取り上げられている。

③は上記２点の課題指摘から，必然的に座間味島民と観光客との交流の機会を日常生活の中で増やしていくことを求めるものとなっている。観光事業者のみならず，これまで非観光事業者であった村民にも観光を軸とした地域づくりを積極的に担うことを期待するものである。

このように座間味における地域づくりは，観光事業への重点化と地域住民の参画を積極的に進める傾向にある。地域住民の参画の機会を創出するような形で観光プログラム設定に取り組んでいるのである。

## ３．座間味における地域づくりの教育

本項では座間味村の学校教育で展開されている教育を通して進められる地域学習に焦点を当てて考察する。

### (1) 学校教育における地域教材の取り扱い

本項では，特に地域づくりの視点を中心に座間味における地域学習を考察していく。社会科以外の各教科における地域素材の採用状況についてここでは，座間味村立慶留間小・中学校における取り組みを事例としてみていきたい。

慶留間小・中学校においては，各教科において「地域文化の重視」という視点を設け，カリキュラム上に位置づけている。慶留間小・中学校においては，自然環境，言葉・音楽などの文化，島の歴史といった視点が重視されている。また，地域行事への参加といった地域住民との関わり，体験についても配慮がなされている。

次に，座間味の社会科地域学習の内容構成についてみていきたい。

座間味においては小学校3,4年次の社会科において『わたしたちの座間味村』という副読本を編集し授業で取り扱っている。教材構成としては，3年次に座間味の地域の様子と産業について，4年次は座間味村における公共生活の様子，地域発展に尽くした先人について取り上げるものとなっている。

　次に，座間味の「観光事業」に着目し，その社会科地域学習における取り扱いについてみてみたい。座間味村の地域副読本『わたしたちの座間味村』において，観光事業は「3．村の人たちの仕事とくらし」として取り上げられている。構成は表4-1-2のようである。

　観光事業については，単元「村の人たちのしごととくらし」の「導入」において村全体の仕事調べの結果，就業者が多かった業種として取り上げられる。『わたしたちの座間味村』においては，「家の人の仕事しらべ」として他の産業分野の就業者数と対比させている。そして観光客の増加にともない必要になってくる仕事はどのようなものか，という問をたて，座間味村における産業の学習に進むものとしている。そして「1．観光の仕事」の学習として，観光事業が座間味に

**表4-1-2　『わたしたちの座間味村』3,4年「3．村の人たちの仕事とくらし」の構成**

| 大項目 | 小項目 | 内容 |
|---|---|---|
| 導入 | | ・村全体の人の仕事調べ |
| | | ・観光客数の推移 |
| 1．観光の仕事 | 観光の仕事にはどんなものがある？ | ・座間味村にある観光業の紹介 |
| | ダイビングの仕事 | ・ダイビング・民宿等の仕事の内容・ダイビングショップ・民宿等の数 |
| | 民宿やりょ館の仕事 | |
| 2．魚をとる仕事 | 魚をとる仕事にはどんなのがある？ | ・漁業ごよみ，漁法の紹介 |
| | 漁協の仕事 | ・漁協の仕事の紹介，組合員数 |
| 3．やさい作りの仕事 | どんなやさいを作っているのかな？ | ・畑の種類，農法の紹介 |
| | | ・生産作物の品目，生産量 |
| 4．工場の仕事 | 工場の仕事にはどんなのがある？ | ・座間味村にある工場の紹介 |
| | コンクリート工場 | ・工場における仕事内容，コンクリート　とうふの製造過程・工場の所在地 |
| | とうふ工場 | |

（座間味村教育委員会編(1996)『わたしたちの座間味村』より作成）

おいて主たる産業であることを捉えさせている。

　座間味における観光事業についての授業の視点は，座間味の経済を支える産業としての理解，座間味の良さの再認識という側面が強調されるものと考えられる。このような実践は，地域づくりに主体性をもって参画する意識を醸成する機会となるだろう。

(2)　**特別教育活動における地域教材の取り扱い**

　座間味の中学校で実施されている交流学習とは，座間味村と姉妹提携を結んでいる群馬県吾妻郡嬬恋村に座間味の各中学校の生徒が訪問し，風土・歴史・文化・産業など異なる地域の視察・体験を行うものである。ここでは双方の郷土の文化について実演または体験することで進められることになる。例えば交流会において，座間味の子どもたちは嬬恋の子どもたちにエイサーや棒術などの伝統芸能の実演，自作ビデオによる座間味の紹介を行い，嬬恋の子どもたちは郷土料理の調理や浅間山周辺の風土の紹介をしている。また，双方の地域について意見交換の機会も設定される。このため，交流学習の事前に，座間味の子どもたちは郷土紹介のためのホームページの作成や，郷土の文化・伝統芸能を体験し，座間味以外の人々に向けた自らの地域の紹介に取り組むこととなる[7]。

　交流学習において座間味を外部へ紹介する機会は，座間味の子どもたちにとって，座間味という地域を見つめ直す契機となっている。嬬恋の伝統文化や自然の体験は，文化比較により座間味との地域特性の差異を認識し，郷土理解を深める結果となっている。また，自らも座間味という地域の良さを紹介することから，子どもが座間味について誇りや，地域に対する愛着をもつ契機としてみることができる。

　座間味における交流学習は，座間味の子どもの地域に対する愛着を深める機会として学校教育活動の中で位置づいているのである。

(3) 座間味の学校教育からみた「地域づくり」へのアプローチ

　座間味の学校教育においては前項で述べたように，社会科にとどまらず各教科，交流学習というさまざまな機会を設け地域の事象を取り上げた学習に取り組んでいる。そして，座間味村各学校においては，それぞれの地域素材について体験的な要素をもたせた教材開発を試みている。学校教育に見る地域づくりへのアプローチは，地域に対する愛着を涵養する，島の生来の素材，例えば，交流学習における伝統芸能の実演，座間味・阿嘉におけるマリンスポーツ・海神祭，慶留間における平和学習，といったものを通して取り組まれている。このような活動を通して子どもたちは地域づくりに参加していくことになる。

　行政による地域づくりは，経済基盤としての産業の維持，若者層の島外転出に伴う島の高齢化問題，自然環境の保全・保育といった複合的な問題状況への対応に重点が置かれているといえよう。先に言及した「体験滞在交流促進事業」は，これらの問題状況への解決策として提案されるものである。例えばその中で提案されている農業体験という観光品目の設定に関して，パパイヤやじゃがいもといった座間味生来の資源ではないものを導入するなど，学校教育において育まれる地域作りの意識とは一線を画した，新たな資源の創出という視点も含まれていた。

　しかしながら，これらの施策の成否も地域住民の地域づくりへの参加の程度によるところが多く，地域づくり意識の高まりが必要とされる。このことから，学校教育における取り組みは，地域づくりを支える要素として重要な段階と捉えることができる。


## 4．座間味における子どもの観光事業観

　ところで，座間味の子どもたちは観光事業についてどのような意識をもっているのだろうか。本項ではこのような学習を体験してきている子どもを対象として，観光事業に対する意識について確かめることとした。地域に生きる子どもの視点から見て，観光資源に対するイメージは何であるか，また，子どもと

観光事業との親和性の程度についてそれぞれ調査項目を設定し，質問紙調査を通して考察することとした。

アンケート調査は，2001年12月，座間味村立中学校の生徒を対象に質問紙を配布し，それぞれ座間味中学校16人(17人中)，阿嘉中学校11人(12人中)，慶留間中学校8人(8人中)から回答を得た。調査は，「座間味の子どもの観光事業に対する認知」と「座間味の子どもと観光事業との親和度」という2点に関するものである。

以下，調査項目とその回答をもとに考察する。

(1) 座間味の子どもの観光事業に対する認知

ここでは，「座間味の主要な観光資源」「子どもと観光施設との関わり」について問を設定した。子どもは座間味の主要な観光資源として，「1.ホエールウォッチングなど座間味の自然環境を味わうこと。」「4.ダイビングなどマリンスポーツを楽しむこと。」をあげていた。このことから子どもは，座間味の主要な観光資源は海に囲まれた自然環境である，と捉えていることがわかる。

また，子どもと観光施設との関わりについては，問う際，「日常観光客と空間を共有する場所」として，また「観光客とも進んで共有することができる場所」として子どもたちが提案する施設・場所を問うている。その結果としては，3校全体の半数の子どもが日常利用する観光施設の名称をあげている。その中では，ビーチ，展望台をあげた子どもが大半であった。また観光施設の名称をあげなかった子どもの理由としては，「特に利用しない」「関心がない」というものであった。

(2) 座間味の子どもと観光事業との親和度

ここでは，「座間味の子どもと観光客との交流の機会」の有無，その状況を問う小問を設定した。観光客との交流の機会は，第2章で言及した行政による地域づくりの中で取り上げられているように，今後の座間味における地域づくりでは，その機会の拡大が求められている。本設問では日常において観光客との

交流に機会があるのか,そして交流があるとするならばどのような形態であるのかについて問うこととした。また,ここでは観光客のほかに修学旅行生という項目を設けている。これは学校行事の一環として行われる交流会を想定し,交流対象を特定するために設けたものである。

　回答としては,座間味16名中8名,阿嘉11名中4名,慶留間8名中3名が観光客もしくは修学旅行生との交流をもったという結果であった。学齢生徒人口の分布を考慮する必要があるが,座間味村への外部からの玄関となる座間味島の子どもたちには交流をもつ。機会が相対的に多くなっていると思われる。また,交流経験があるとの回答をした子どもの中で修学旅行生と学校行事との関連で交流機会を得た以外にも一般の観光客と交流する機会があると答えた割合は阿嘉,慶留間に比べ高かった。

　一方,交流の形態として回答されたものとしては,前項の問で回答した場所で,道案内,スポーツをともに楽しむといった形で交流をもつ機会があったとするほかに,民宿経営をしている家庭の子どものように家の仕事の事情から観光客と交流をもつ機会があることが挙げられた。同世代の修学旅行生などと一緒に水泳等ある期間仲間意識をもって遊ぶ機会も,全島を通じて多く回答された。

## (3) 座間味における子どもの観光事業観についての考察

　上記回答から座間味の子どもの観光事業観について以下のような動向が明らかになった。

　観光事業に対する認知については,小問「座間味の主要な観光資源」における子どもの回答から,座間味の観光事業については,海洋資源を利用した観光事業が,座間味の観光事業の特質であるとの認識を形成していると捉えることができる。また,1名だけではあるが島の暮らしや戦争体験についての歴史をあげていたが,問「子どもと観光施設との関わり」において座間味村内の歴史資料館である慶良間海洋文化館を紹介する回答も多く見られ,座間味の子どもたちは歴史文化についても観光資源として認知していることが明らかになった。

観光事業との親和度については，全体として50％弱の子どもが日常の中で観光客との交流をもっていることから，観光事業を非日常ではなく生活の一部として捉えていると解することができる。また小問の回答から観光客との交流について心理的に障壁があるとする見解がない。このことからも総体として座間味の子どもと観光事業との親和度は高いことが明らかになった。

## 5．おわりに

　座間味には，地域づくりの意識を涵養する土壌が学校教育の中に存在しているといえよう。学習から地域の特性としての観光事業の展開を認知させるなど，地域づくり意識を醸成する要素を多く含んでいる。また，座間味の紹介のために，地域の特性を伝える活動を通して，地域環境，伝統・文化の特質について認識を自らも深めることとなる交流学習の機会も見逃せない要素である。座間味村立の各小中学校では学校教育の場面において多く地域素材との接触の機会を設定していることから，地域づくり意識の涵養に大きな役割を果たしているといえよう。また，質問紙調査結果から，日常生活場面においても地域づくりの軸である観光事業とのかかわりをもつことが多く，観光事業に対する親和度も高いことが明らかになった。子どものこのような意識は，座間味における地域づくりへの参画まで想定したとき，活動に携わる持続性を支える要素となると思われる。

　日本におけるこれまでの地域づくりの取り組みは，学校教育と地域との連携，中でも計画的な地域づくりへの参加プログラム策定といった事例はまだ数少ない。まちおこし，コミュニティ再生，災害復興など地域の「すがた」「かたち」をどのように構想していくのかについては幅広い世代の参画によってさまざま視点を見直し，重大な関心をもって議論すべきテーマである。本節でみてきた座間味の地域づくりの取り組みも，学校教育と地域との連携はまだ計画的な取り組みではない。しかし，地域づくりの中で大人のみならず子どもがかかわっていくことは，主体的に参画し，責任ある市民性の育成の見地からも支持され

るものである。地域づくりの取り組みの中で学校教育と行政といったレベルでの連携がより進展することが求められよう。

(小野　智一)

注

1) アイリーン・アダムス，まちワーク研究会『まちワーク』2000年．など。また，本節では先行研究で用いられる「まちづくり」「地域社会づくり」という概念について，本節で考慮する「コミュニティの活性化を求めた社会環境改善の取り組み」という視点を両概念が共有するものと捉えている。本節では，両概念の共有する視点から考察をすることからこの視点を「地域づくり」とした。
2) Eileen Adams，まちワーク研究会『地域と進める「校庭＆まちづくり」総合学習』，風土社，2000年。Roger A. Hart『子どもの参画—コミュニティづくりと身近な環境ケアへの参画のための理論と実際—』木下勇ほか監訳，萌文社，2000年。
3) 座間味村『座間味村史』1985年，上巻，691頁。
4) 座間味村の他の産業については『座間味村史』(1985)によれば，水産業，農業・畜産，林業，鉱業，養蚕業という分類をしている。沖縄県企画部統計課編『100の指標からみた沖縄県のすがた』沖縄県統計協会，2011年，100-102頁。
5) この傾向は沖縄離島部共通の傾向としても捉えることができる。前村昌健「離島経済と自治体財政の概況」『沖縄における地域内格差と均衡的発展に関する研究』沖縄国際大学産業総合研究所，2007年，23-42頁。
6) 座間味村村おこし課「沖縄県体験滞在交流促進事業計画書」。なお村おこし課は現在の産業振興課にあたる組織である。
7) 座間味村教育委員会『交流学習の報告書』1999年，20頁。

## 2　離島観光地座間味島におけるゴミ問題学習の実践

### 1．はじめに

本節では沖縄県座間味島(座間味村)で2001年実施した調査に基づき，同村にとって切実な問題であったゴミ問題の学習をとおして，地域学習のあり方を考える。まず，座間味島におけるゴミ問題について，『離島関係資料』などの諸

資料や現地での聞き取り調査の結果をもとに論じる。次いで,座間味小・中学校におけるゴミ問題学習の実践について,特に児童の感想文を中心に分析する。小学校の実践の分析の後,座間味小・中学校PTA作成の資料などを用いて,PTAによるゴミ問題学習への取り組みについて分析する。

筆者の勤務する鹿児島県にも,世界自然遺産である屋久島をはじめ,観光産業による地域活性化と(観光客によるものを含めた)ゴミ問題との狭間で揺れ動いている離島が存在する。本節で扱う実践は10年以上前のものであるが,保護者・地域住民の願いを反映した地域学習・環境学習のあり方は,大きな示唆を与えてくれるものである。

## 2. 座間味島におけるゴミ問題

### (1) 座間味島におけるゴミ処理の歴史

『座間味村史』によると,かつて座間味村における塵芥処理は各集落単位に投棄場所を定めて捨てており,堆積すると新しい投棄場所に変更したという。しだいにゴミの投棄量が増加して大きな課題となったが,人口比例などの理由でなかなか助成を得ることができなかったという。しかし,村からの具申が繰り返された結果,座間味をはじめ各島では1983～84年に焼却施設が操業を開始した。座間味島の場合,字座間味牧治に約500万円の工事費をかけて,公称能力2.18トンの焼却施設が建設された[1]。

『離島関係資料』の「一般廃棄物処理施設状況」(以下「処理状況」(『離島資料』)と略す)によると,焼却炉施設が操業する以前の1982年度では座間味島の収集ごみは年間768トンで,そのすべてが埋め立てによって処理されていた。座間味島では焼却炉施設が操業を開始した後の数年間も,埋め立てによるゴミ処理の割合のほうが高かった。1988年度までは年間の施設処理率は33%程度で,6割程度のゴミは埋め立て処理されていた。1989年度から92年度までの4年間については焼却炉施設において年間180～190トンを処理しており,80%程度の施設処理率を示している。しかし,1993年度の施設処理率は33.2%に落

ち込み,埋め立て処理率が66.8％となっている。1994年度から96年度の3年間においても,数値こそ33％前後であるが,埋め立てによる処理が行われている。97年度には施設処理率が100％となっているが,98年度には施設処理率が51.6％に落ち込んでいる[2]。焼却炉施設の操業のみでは対応しきれないという座間味島のゴミ処理状況を反映していた数値である。

　沖縄県環境整備課のデータによると,座間味島を含む座間味村全体の数値であるが,1996年度には2000トンを超えるゴミ排出量が記録されており,94年度から比較すると2年間で2.2倍の増加となっている。翌97年度も1800トンを超えており,ゴミ排出量に関してはひとつのピークが形成されている。ホームページでは1日当たりの1人および1世帯あたりのゴミ排出量も示されているが,沖縄県の平均値と比較してはるかに多い排出量となっていた。例えば96年度には座間味村の1日当たりの1人のゴミ排出量が5574グラムで,沖縄県平均の696グラムの8倍の量となっていた。しかしながら,98年度から99年度にかけて,ごみ排出量は激減している。座間味村全体のゴミ排出量は96年度と比べて3分の1程度に減少し,同様に1日当たりの排出量も,沖縄県平均と比較するとかなり高いものの,減少傾向となった。

(2) **座間味村におけるゴミ問題の特性**
① **観光地であるがゆえのゴミ問題**

　座間味村は産業構造が観光に特化されていて,観光客が持ち込むゴミの問題がある。前節で指摘したように,座間味村の1人当たりのゴミ排出量が沖縄県平均をはるかに上回っていたが,これは観光客が持ち込み,宿泊施設等から排出された割合が非常に高いと考えられる。『離島関係資料』によると,焼却炉施設が操業を開始して間もない1985～86年度には年間3万人台であった座間味島入域観光者数が,87年度には年間5万人を超えた。90年代に入ると,91年度の年間79,785人を最高に,ほぼ5万人を超える数値で推移している。座間味島における一般廃棄物収集計画人口が600人程度であったことを考えると,年間5万人以上の観光客がもたらすゴミは,焼却炉施設の処理能力に限界があ

る座間味村に大きな影響を与えた。

　また，ゴミが観光産業の根幹にかかわるという問題もある。座間味幼・小・中学校PTAを事業主体とする「美ら島ざまみプロジェクト　実施概要(案)」では，ゴミ問題を「特に恵まれた自然環境・景観の上に成り立つ観光産業を生活の糧とする以上，島の将来をも左右する問題である」との意識で捉えている。「借景産業」とも表現される座間味の観光産業において，ゴミによって自然環境，風景が汚染されることはまさに死活問題といえる。自分たちの生活に経済面から直結するという点で，座間味村におけるゴミ問題解決への動機は高いものがあった。

　さらに，焼却炉施設の立地の問題も存在する。焼却炉施設が建設された牧治は，古座間味ビーチとして重要な観光資源となっている地である。集落からの位置関係とともに，ビーチの景観や漁業権などとの関係において，複雑な問題となっていたという。ゴミ処理施設の立地が問題となるのは座間味に限ったことではないが，観光産業への特化という座間味の事情が色濃く反映していた問題である。

② 　環境問題としてのゴミ問題

　1998年3月6日に，厚生省が「一般廃棄物最終処分場における処理の適正化について」を報道発表した。この発表によると，座間味焼却炉の隣地が，全国で19施設あった「保管基準違反のおそれが強い焼却灰の保管」をしている施設のひとつであるとの指摘を受け，今後の対応として新たな最終処分場の確保と保管場所の改善が示された。

　そもそも厚生省が調査を行った背景には，ダイオキシン問題を中心とした環境汚染の問題があった。『朝日新聞』(1998年3月7日付朝刊)で，「遮水シートを敷くなどの汚染防止策をとらずに，ダイオキシンを含む可能性のある焼却灰などを埋め立てているごみの最終処分場が，全国1911施設のうち538施設にのぼっていることが6日，厚生省の調査で明らかになった。(中略)これらの施設は，汚水が地下水や周辺の水域を汚染している可能性もあるという」との記事が掲載されたように，ダイオキシン問題は全国的な関心を集めていたのであるが，「保

管基準違反」との指摘を名指しで受けた座間味村には特に大きなインパクトとなったであろう。

③ リサイクルの進展

　沖縄県の離島では，人口が少なくまとまった量の資源ゴミが集まりにくいこと，沖縄本島へ資源ゴミを運搬する経費がかかりすぎることなどからリサイクルが進まなかったが，1995年度から沖縄県として廃棄物資源化対策事業を実施し，資源ごみの搬送経費の助成を行っている。座間味村（島）においても，県の廃棄物資源化対策事業もあり，産業面および観光面からみて村（島）の重要課題であるゴミ問題を解決すべく，1999年度には約18％というリサイクル率を記録した。


## 3．座間味小学校におけるゴミ学習の実践

(1) 座間味小学校カリキュラムにおけるゴミ学習の位置

　座間味幼・小・中学校の『別冊　平成13年度　学校経営計画』（以下，『学校経営計画』と略す）では環境教育の具体目標を次のように設定している。

　『学校経営計画』では，年間計画として環境教育とかかわる各教科・領域の学習内容や学習の時期について規定している。そのうち，直接ゴミ問題とかかわるのは，第4学年の「ごみノートをつくろう」（社会科，時数4），「リサイクル運動に参加して」（道徳，時数1）などである。第5学年では，社会科における「公害を防ぐ努力」「環境を守る」「わたしたちの地域の環境」などの単元が環境教育

表4-2-1　座間味小・中学校における環境教育の具体目標

| 小学校の低学年・中学年 | 小学校の高学年・中学校 |
| --- | --- |
| 身近な自然環境や社会環境により多く触れる機会を通じて環境を大切にする心をはぐくみ，よりよくしようとする実践的な態度を育てる。 | 環境問題に関する具体的な事象を通して，環境問題に対する認識を高め，環境を大切にする心をはぐくむとともに，事象の因果関係や相互関係の把握力，問題解決能力と環境保全に対する実践的な態度を育てる。 |

（『学級経営計画』より抜粋）

関連として設定されている。ゴミ学習の中核的存在として，社会科が位置づけられている。

なお，第3・4学年対象の社会科副読本『わたしたちの座間味村』では，「むらの人たちの活動」として2ページを割いて清掃活動などを扱い，また，「ごみはどこへ」として廃棄物処理の仕組みやリサイクル運動を扱っている。第3学年対象の「むらの人たちの活動」では，婦人会による親子クリーン作戦や，座間味小学校バスケット部による空き缶拾いなどが提示されている。第4学年対象の「ごみはどこへ」では，座間味島の清掃工場（焼却炉施設）の仕組みなどについて提示されている[3]。

もうひとつ，座間味小学校においてゴミ問題学習実践の中核を担っているのが，総合的な学習の時間（「じんぶなぁぬ時間」）である。第5・6学年の総合的な学習の時間として，「伝えよう！ わったぁ美ら島 座間味島」（以下，「『美ら島』実践」と称する）という名称で実践が行われ，活動例として「観光の島 座間味島」等とともに「考えよう！座間味島のゴミ問題」が挙げられている[4]。

## (2) 5年生の学習活動と意識の変化

平成12年度座間味小学校文集『つつじ』第23号（以下『つつじ』と略す）には5年生の作文が7点掲載されており，そのうち4点が「美ら島」実践のゴミ問題学習に関するものである[5]。

児童Aの作文「ゴミ問題の調べ学習を通して」からは，Aのゴミ問題に対する問題意識と，調べ学習の方法，および感想を読み取ることができる。Aの場合，ゴミの分別からも問題意識が発生しているが，特にダイオキシンの毒性や発生のメカニズムに強く関心をもったようである。学習方法としては，前半は図書室資料やインターネットの活用をしていたのが，問題意識が絞り込まれた後半には，インタビュー調査へと変化している。この学習活動を通してAは，当初は自分の生活から見出されていたゴミ問題への意識が，「美しい島を守る」という島全体の問題としての意識へと変化していったと読み取れる。

なお，Aの作文の中の「調べられたことを座間味の人に伝えられたのでよか

表4-2-2　5年生児童Aの作文に見るゴミ学習の展開(『つつじ』掲載作文より作成)

| 問題意識 | ○「このゴミはどこに捨てるのだろうか」<br>○分別について理解できていない自分 |
|---|---|
| 新たな疑問 | 「ペットボトルのふたをはずさないとゴミを処理するおじさんが危険なのかな」「ダイオキシンとはなんだろう」 |
| 課題設定 | ダイオキシン(問題)も含めて、「ゴミはなぜ分別するのだろうか」 |
| 調べ活動① | 「焼却処理について」「ダイオキシンについて」「一人が一日に出すゴミの量」について、図書室資料、インターネット検索による調べ活動 |
| 気づき・理解① | 「ダイオキシン」の毒性の理解 |
| 学習発表会の設定 | パワーポイントを用いて、座間味の地域住民に対して発表する |
| 調べ活動② | ゴミ処理関係企業や役場民生課での聞き取りを追加 |
| 気づき・理解② | 「紙類でもプラスチック類といっしょに燃やすとダイオキシンの発生量は倍になる」 |
| 意識の変化 | ○「座間味は分別をきちんとやっていないということがわかった」<br>○「調べたことを座間味の人たちに伝えらえてよかった」<br>◎「この美しい島をもっと美しくするには、私たちの身近にあるゴミ問題を一人一人が考え直すといいとおもいました」 |

った」という記述にも注目できる。座間味小学校では学校行事の一環としての学習発表会(「じんぶなぁぬ発表会」)を、子どもとともに保護者にもゴミ問題を考えてもらう機会と捉えている。座間味島の住民に対して自分が調べたことを発表することで、ゴミ問題を住民全体で考えることに貢献できたという喜びが、Aの中に生じたと考えられる。

『つつじ』の児童Bの作文にも、問題意識、学習方法、そして感想を読み取れる記述がある。Bの最初の問題意識もゴミの分別に関するものとダイオキシンに関するものであった。Bの作文によると、ゴミの分別に関するインタビュー調査は民宿、商店、教員など座間味島の住民7名に対して行われ、インタビュー前日に行ったという分別体験と合わせて、座間味においては分別が不徹底であるとの結論を導き出している。また、民生課でのインタビューでは、那覇や阿嘉島と比較して座間味島のダイオキシン濃度がはるかに高いと聞き驚愕するとともに、ゴミの分別をきちんとやっていくという意識が創出されている。

児童CとDは、ゴミの回収および焼却を行う職員とともに行ったゴミ回収体験と焼却炉施設の見学について作文を書いている。Cはゴミステーションの

表4-2-3　5年生児童Cの作文に見るゴミ学習の展開(『つつじ』掲載作文より作成)

| 問題意識 | 「回収作業で働いている人は、どのように働いているか」 |
|---|---|
| 体験的活動 | 回収作業の職員とともにゴミステーションでの回収活動を行う |
| 気づき・理解① | ○「ゴミステーションの周りは小さいゴミがいろいろ落ちて汚かった」<br>○「雨でゴミがほとんど流れていると聞いてびっくりしました」<br>○ゴミがルールどおりに分別されていない現状を確認<br>○生ゴミの不衛生さの確認(ハエの発生、悪臭) |
| 作業員への思い | ○「この仕事をやめたくならないのかと思いました」<br>○「(職員としての分別作業が)早く終わらないかなと思っていました」<br>○「おじさんはとてもたいへんだ。人数も3人しかいないのに」 |
| 意識の変化 | ◎「ゴミが分別されていなかったり、ゴミを出す日が守られていなかったら、おじさんたちに苦労をかけることになってしまう」<br>→「ゴミ分別をちゃんとしないといけない」 |

現状に対する問題意識が強まり、Dは焼却炉施設の現状に対する問題意識が強まっていることが作文から読み取れる。Cは自らゴミステーションで清掃とゴミの回収を行うことで、ゴミの量の多さや分別の不徹底さ、ゴミに伴う悪臭などを体験している。その体験に基づき、ゴミの回収が重労働であることの実感を踏まえて、分別の必要性を確認している。Dの場合は、焼却炉施設における作業の困難さについて、最終処分場が座間味島にないという問題とリサイクルの問題から実感している。Dも、焼却炉施設での体験を通して分別の必要性を確認している。

以上、児童A・B・C・Dの作文の分析から、座間味小学校の5年生児童がゴミの分別やダイオキシン問題に対して問題意識をもち、インタビューや資料を用いた調査と実体験を通して、分別の必要性を再認識していったことが明らかになった。また、体験的な学習を取り入れたことで、嗅覚などの諸感覚をとおしての実感的な理解につながっている。さらに、役場や企業、焼却炉施設、民宿その他の座間味島住民を大きく巻き込んだ形で学習が進められたことで、抽象的な理解にとどまらず、ゴミ処理に従事する人々への想像力や、発表を通じて自分なりに地域へ貢献できたという意識の醸成にもつながったと考えられる。

(3) ゴミ問題に対する6年生の意識

　『つつじ』にはゴミ問題について6年生児童の作文が2点掲載されている。本節では2名の児童(以下，E・Fと称する)の作文の内容を分析する。EもFも，座間味のゴミ問題についての経験や考察を，地球環境の問題にまで広げていこうとしている。

　Eの作文「日本のゴミ問題」では，まず那覇市のゴミ問題を特に処理能力の問題から取り上げ，国民の問題，地球全体の問題としてゴミの減量を考えなければならないとしている。ゴミの減量の方策としては，リサイクルやフリーマーケットを挙げている。次いで，座間味におけるゴミ問題について言及している。ここでEは，座間味で観光客がゴミを川に捨てていたのを目撃した経験を述べ，マナーの徹底を提唱している。マナーの徹底により，地球環境を保護できるとの結論となっている。Eが自分の住む座間味での経験を日本全体，さらには地球全体の問題へ結び付けようとしている点には注目できる。5年生と比較すると，考察しようとするスパンが広いといえる。また，5年生の作文には見られなかった観光客によって生じるゴミ問題への関心が述べられていることにも注目できる。

　Fの作文「みんなが願う地球環境」も，地球の環境問題と関連させつつ，座間味のゴミ問題について考察している。Fが地球の環境問題について考えるようになった契機が，沖縄サミット開催であったという。社会見学で訪れた小中学生サミットや，沖縄サミットに向けての座間味におけるクリーンアップ活動によって，Fの環境問題に対する関心がさらに高くなり，深く考えるようになったという。Fの作文の場合，自分が住んでいる座間味島について，「美しい海」「豊かな自然」をもつ「いい島」であり，自分が愛着をもっていることが記されている。Fにとって座間味の自然景観がもつ意味は大きく，景観を汚すゴミに対する問題意識が強い。座間味の自然に対するFの思いが，地球の環境問題に関する考察にまで広がっているのである。

## 4. 座間味幼・小・中学校PTA活動からのアプローチ

　座間味小・中学校PTA活動の一環としての「島のゴミ問題を考える親子の会」（以下「親子の会」と略す）は，PTA役員や集落代表らを推進委員とするプロジェクトとして2000年12月に発足した。座間味島の子どもたちが何か学習発表をするときにはゴミ問題から入っているという意識が保護者達にあり，「親として何かやろう」「学習成果を生かしてやろう」との声が上がったことが発足の理由である。また，当時のPTA会長が勤務する企業がゴミ処理事業に関わっていたことも好材料となった。2000年度には「ミニツアー」と「アニメ・クイズ」を実施し，翌年度には4月から毎月事業を実施することとした。

### (1) 「ミニツアー」の内容

　2001年2月25日に第1回目の事業として，「見て・感じて・考えよう！」をねらいとして「ミニツアー」が実施され，幼児20名，小・中学生35名および大人15名が参加した。「ミニツアー」は，「番所山旧ゴミ捨て場探検」と「古座間味のゴミ処理場見学」という形で，座間味島の新旧のゴミ処理に関する場を見学するツアーで，地元企業が協力した。

　「番所山旧ゴミ捨て場探検」では，20年前に捨てられたペットボトルなどが土に還らずに残存し，生ゴミが悪臭を発している状態を目の当たりにしている。PTA資料では，「ユビナの海」の美しい風景と対照的に記述することで，旧ゴミ捨て場の現状を効果的に認識させている。またPTA資料では，20年前に島の内外の人間に分別やリサイクルという観念がなかったことが旧ゴミ捨て場の現状に結びついていると記述し，暗に分別やリサイクルの必要性を強調している。分別やリサイクルをしなければこの旧ゴミ捨て場のような状態になるのだということを，子どもたちにじかに見せているのである。

　PTA資料によると，「古座間味のゴミ処理場見学」では，「ゴミの臭さや処理場の汚さをとおして分別の必要性やゴミを出す側のちょっとした気遣いを感じてほしい」とのねらいがあったという。実際には，この処理場見学においてゴミ

問題を考える契機になったのは「臭さ」や「汚さ」ではなく，ある子どもが壊れた人形等を見て発した「かわいそう」という言葉だったという。その言葉から，「ゴミ問題の行き着くところは，ものへのいたわりであり，経済社会が生み出した大量生産大量消費の構図からの脱却なのです」という考え方が導き出されている。視覚や嗅覚等の諸感覚を通じてゴミ問題を実感として理解するとともに，生活パターンの変革まで求めている実践なのである。

　小学生のみならず，幼稚園児や中学生が参加していることも注目できる。近年，幼小連携や小中連携の重要性が強調されているが，ゴミ問題学習，ひいては環境学習について，発達段階を踏まえたあり方を考えるヒントになる。特に，保護者・地域が主催することで，学校の枠を超えた連携がより推進できた事例として捉えることも可能であろう。

(2)　「アニメ・クイズ」の内容

　2001年3月11日には，第2回目の事業として「アニメ・クイズ」が50名（うち大人10名）の参加者を集めて実施された。「アニメ・クイズ」のテーマは地球環境と，身近なゴミの分別であった。会の前半ではアニメ『地球の秘密』を放映し，後半には「ゴミ分別ウルトラクイズ」を実施した。

　坪田愛華『地球の秘密』を放映し，地球環境というテーマについて学習することについて，PTA資料では次のように記述されている。「いきなり地球環境という大きなテーマに入りました。しかし，壮大すぎると思われがちなこの問題こそ私たちの生活と決して無関係ではないこと，一人一人がちょっと気をつければ改善できることを感じてほしかったのです。」「面倒でも，家庭（ゴミの出口）でのちょっとした気配りこそ，愛華さんのうったえたかったことなのです。」すなわち，ゴミ問題について，自分たちの生活が地球環境と関連しており，一人ひとりの配慮が必要であるということを訴えている。

　後半の「ゴミ分別ウルトラクイズ」は，推進委員の子どもたちが考え，村役場の民生課の職員の協力も得て実施されたものである。弁当箱や菓子箱などの身近なゴミが，可燃・不燃およびその両方の混在のうちのどれに該当するかを判

定するゲームであった。このクイズを通して，子どもたちが「普段，家庭のゴミ箱にゴミを入れるときには考えなかったことを，ゲームを楽しみながら自然に考えている」ようになったという。

アニメとクイズ(ゲーム)という教科書とは異なった教材・教育方法を用いて，ゴミ問題について楽しく学習させようという姿勢が見られる。

## 5．座間味島におけるゴミ問題学習実践の意義

> 美しい小さな島に暮らす私たちにとってゴミ問題(環境問題)は生活に密着した重要な問題です。特に恵まれた自然環境・景観の上に成り立つ観光産業を生活の糧とする以上，島の将来をも左右する問題であることは言うまでもありません。
> 
> このプロジェクトは，『子供達の視点』，または『親子一緒で』の切り口から環境問題に取り組むもので，子供達に対する環境教育の一環としてはもちろん，私たち自身の環境問題に対する意識の高揚を図ることを目的として実施するものです。
> 
> (座間味小・中学校PTA資料"美ら島座間味プロジェクト"実施概要(案)」より引用)

この設立趣旨からは，子どもと保護者・地域住民がともに学習するという姿勢がうかがえる。そのような姿勢は，ゴミ問題が観光産業にとって大きな問題であり座間味島の将来にかかわる問題であるとの認識，いわば切実性に基づいているのである。ゴミ問題が，現実に産業や生活にとって切実であるがゆえに地域住民にとっての学習課題となると同時に，観光産業を中心としていくことになるであろう座間味島の将来という点では子どもにとって重要な学習課題となっている。そのような認識が幼児も含めた子どもと大人の「学びあい」の意識につながり，保護者・地域住民による積極的な関与にもつながっている。5年生児童Aの「調べたことを座間味の人たちに伝えらえてよかった」との言葉には，地域に自分なりに貢献できたという思いとともに，「学びあい」の実感が込めら

れているとも考えられる。また，体験的学習が学校の教育課程とPTAの活動双方に積極的に取り入れられていることで，諸感覚を生かした学習に基づく実感を伴った理解の重要性が再確認できた。

(松﨑　康弘)

注
1) 座間味村史編集委員会編『座間味村史　中巻』座間味村役場，1989年。
2) 沖縄県企画部『離島関係資料』1980～2002年。
3) 座間味村教育委員会編『わたしたちの座間味村　3年・4年』1996年。
4) 座間味村立座間味小・中学校『平成13年度沖縄県へき地教育研究大会島尻大会実践報告書』2001年。
5) 座間味村立座間味小学校『平成十二年度座間味小学校文集　つつじ』第23号，2001年。

## 3　地域に根ざした「総合的な学習の時間」の実践とその可能性
——座間味村小・中学校における実践事例を通して——

### 1．はじめに

　2001（平成13）年12月2日～5日にかけて，沖縄県座間味村を対象地域にして，地域と教育をテーマにした現地調査を行った。本節は，その調査報告の一環として，座間味村小・中学校における「総合的な学習の時間」の実践について，それが座間味村の教育課題との関連の中でどのように捉えられ，位置づけられているのかを明らかにしたものである[1]。

　対象地域として取り上げる座間味村は，沖縄本島の南西から約40kmの海上に位置する大小20余の島々からなる慶良間諸島に所在する離島村である[2]。慶良間諸島は，古くは「計羅婆島即百島」(『海東諸国記』)や「渓頼末」，「計羅摩」，「花羅摩」などと表記される一方で，中国の使者からは「馬歯山」(「冊封使録」)とも呼称されるなど，進貢貿易の中継地としても親しまれてきたとされる。この

他，座間味村の特色としては，古来より，その地理的利便性を生かして唐船貿易の中継地として非常に重要な役割を果たしてきたこと，また，1901(明治34)年に沖縄で初めて鰹漁業が創業された島であること，そして，1945(昭和20)年の沖縄戦において座間味島をはじめとする慶良間諸島が米軍の最初の上陸地となり，米軍による一方的な集中攻撃によって多くの村民が「集団自決」をはじめとした戦争の犠牲となったことでも知られる。その一方において，1978(昭和53)年に沖縄海岸国定公園に指定されて以来，夏場のシーズンをむかえるとマリンスポーツなどを目的とした観光客が殺到し，島の人口が2倍以上になるという景勝の地・観光の地でもある他，国の天然記念物に指定されたケラマジカに代表される天然記念物の宝庫でもある。

このような地理的・歴史的環境を有する座間味村における(地域としての)教育課題と，新設された「総合的な学習の時間」の実践との関連性について考察することが，本節の基本的な問題意識である。なお，座間味村内の小・中学校としては，有人島である座間味島，阿嘉島，慶留間島の各島に，それぞれ座間味小・中学校，阿嘉小・中学校，慶留間小・中学校の3校があり，2001(平成13)年4月1日現在の各小学校・中学校の児童・生徒数は，座間味小・中学校(小学校60名，中学校17名)，阿嘉小・中学校(小学校27名，中学校12名)，慶留間小・中学校(小学校12名，中学校8名)であった[3]。

## 2．座間味村における教育課題と「総合的な学習の時間」の位置

### (1) 座間味村教育委員会による重点施策の概要

ではまず，座間味村教育委員会の重点施策の概要について，座間味村教育委員会『平成13年度座間味村の教育』によって見ていくことにしたい。本書によれば，その基本方針は「『村づくりは人づくりから』という村の基本理念のもと，児童生徒に県内外との交流事業を推進し，人材育成を図ること」にあり，また，学校教育では「本村の特色を生かし，地域に根ざした教育の実践をとおして，心豊かで，たくましく生きる幼児児童生徒の育成を目指し，幼小中校種間連携

の教育活動の実践を進め」,「また,家庭・地域社会との連携をとり,開かれた学校づくりを進める」ことが目指されている[4]。

そして,その重点施策としては,「(1)学校教育の整備充実」,「(2)幼稚園教育の充実」,「(3)社会教育の充実」,「(4)社会体育の充実」,「(5)文化財保護事業の推進」,「(6)施設整備事業の推進」,「(7)人材育成事業の推進」の7つの柱が挙げられており,このうち,「(1)学校教育の整備充実」では,学校・家庭・地域・行政との「連携」を中心にして,以下のような内容が示されている[5]。

① 知・徳・体の調和のとれた児童生徒の育成に努める。
② 地域や学校の実態および児童の心身の発達段階や特性をふまえ,生きる力を育み,特色ある教育活動の展開を推進する。
③ 教育の多様化に対応した環境整備を推進する。
④ 校舎等の危険箇所の確認・解消を進め,安全教育を強化し,児童生徒の安全の確保に努める。
⑤ 知能テスト,標準学力テスト,進級テスト等の実施により基礎的・基本的な内容の確実な定着を図り,個性を生かす教育の充実に努める。
⑥ 家庭や地域社会との連携を図りながら,ボランティア活動や自然体験活動等を通して豊かな心の育成を図る。
⑦ 3校合同研修会を実施し,教育の向上を図る。
⑧ 外国人英語指導助手を配置し,児童生徒が外国語に慣れ親しみ,聞く話すの実践的コミュニケーション能力の基礎の育成を推進する。
⑨ 社会科副読本を活用し,郷土学習の推進,郷土愛の育成を図る。
⑩ 日常生活において適切な体育・健康に関する活動の実践を行い,生涯を通じて健康・安全で活力ある生活を送るための基礎を育成する。
⑪ 学校・家庭・地域・行政の連携を密にし,青少年健全育成を推進する。
⑫ 校務研の充実を図り,学校訪問を実施し,適切な指導・助言を行う。
⑬ 県教育庁や島尻教育事務所と連携をとり,事務調整を円滑に行う。

また，地域の文化財については，「(5)文化財保護事業の推進」として次のようにある[6]。

> ① 各地域の文化財を発掘，調査，指定し，その保護に積極的に努める。
> ② 高良家住宅の改修・保存を推進し，その活用を図る。
> ③ 郷土文化の調査，保存・継承に努め，発表の場を設定する。
> ④ ケラマジカ保護対策として，作物への被害を防ぐ柵を設置し，人間と鹿が共存共生できるようにする。

これを見ると，「文化財保護事業の推進」の具体的内容とは，慶留間島に所在する国指定重要文化財の高良家住宅や国指定天然記念物であるケラマジカなどをはじめとした座間味村における文化財の積極的な保護と新たな文化財の発掘・調査・指定などであるが，ここではそれらを学校・社会教育の場において積極的に活用することが目指されている。

以上のように，座間味村教育委員会による重点施策を地域との関連において見てみると，先に述べた座間味村のおかれた離島へき地という環境は，学校と家庭・地域との深いつながり・連携を生む条件となっており，さらにそれを実際の教育実践のうえでも地域素材の教材化や地域の人材の積極的な活用などといったかたちで実現していくことが目指されていることを確認することができるのである。

## (2) 座間味村における教育課題と「総合的な学習の時間」の実践

次に，座間味村における教育課題がどのように捉えられ，その中で「総合的な学習の時間」がどのように位置づいているのかについて，同じく『座間味村の教育』のなかの「Ⅳ 村学力向上対策推進要項」（以下，「要項」とする）によって見ていくことにする。

この「要項」は，先述した重点施策などをふまえたうえで，座間味村の教育課題の把握と課題解決のために学校と地域・家庭，行政とが一体となって推進す

る活動の全体計画を示したものである。その内容は,「1．推進テーマ」,「2．推進の基本方針」,「3．推進の視点」,「4．取組の重点」,「5．学力向上対策の推進の基本構想」,「6．学力向上推進期間の年次計画」,「7．平成13年度年間活動計画」,「8．校種間交流・連携」,「9．学校の実践(平成12年度)」からなっており,「1．推進テーマ」として,「知・徳・体の調和のとれた人間の育成を目指し幼児児童生徒ひとりひとりの学力を伸ばす―地域に根ざし,地域の特性を生かした教育実践をとおして―」を掲げられている。そして,そのうえで「2．推進の基本方針」として,次のような認識が示されているのである[7]。

> 村内各学校においてはへき地であるがゆえの課題を把握し,その解決に取り組むとともに,島の歴史・文化・自然などの特性を生かした教育活動の実践を推進する。家庭・地域においては,「子どもは地域で育てる」という本村のよき伝統を生かす。また,子ども会活動の充実を図るとともに,地域行事への積極的参加を奨励し,地域の一員としての自覚を深め,地域の教育力の向上を図る。学校・家庭・地域が相互に連携した取組をとおして,幼児児童生徒の健全育成を進め,一人一人に確かな基礎基本を身につけさせ知・徳・体の調和をとれた人間の育成を目指す。

ここでは,その前段として,離島へき地・小規模併置校という学校がおかれた環境による独自の教育課題の把握とその解決のための方向性が示されているが,注目すべきなのは,むしろそれを地域の特性として生かし教育実践に反映させていくという文脈で捉えられている点である。さらに,こうした教育実践は学校内においてのみ行われるわけではなく「『子どもは地域で育てる』という本村のよき伝統を生か」すことで,家庭や地域との密接な連携のもとで行うことが目指されている点などは特筆すべきである。

では,こうした座間味村における教育課題の把握によって,「総合的な学習の時間」はどのように位置づけられているのであろうか。「総合的な学習の時間」の実施については,新教育課程移行期における小学校・中学校の実践として,「要

項」の「9．学校の実践(平成12年度)」の中において，次のような内容が示されている[8]。

> ⑤ 総合的な学習の時間の実践について
>   地域素材を教材として
> ・島を調べる中で，自然や文化に積極的に関わり大切にしようとする態度を育てる。
> ・調べたり，まとめたりすることを通して自分の地域をよく理解する。
> ・地域人材活用による体験学習の実施(親子工作教室，とうふづくり等)
> ・郷土学習(島の地層・サンゴの学習，マリンスポーツ，島の歴史)
> ・体育の科目としてシーカヤックを実施

　ここで確認できるのは，座間味村小・中学校における「総合的な学習の時間」は，小・中学校で一貫して「地域素材を教材として」実践するという明確な方向性が示されていることである。そして，この明確な方向性は，以上で見てきた座間味村の(地域としての)教育課題の解決のためのひとつの方策として「総合的な学習の時間」が捉えられ，位置づけていることに基づいていると考えられる。
　このように見てくると，離島へき地・小規模併置校という座間味村の小・中学校がおかれた環境が「総合的な学習の時間」の実践展開において，むしろ積極的に働きプラスに転化していると思われる。すなわち，離島へき地であるがゆえに地域・家庭と密接に関わり連携しながら学習を展開できるという点，また，小規模併置校という学校環境によって児童・生徒の個に応じた指導・支援や異年齢集団による学習が可能となることはもちろん，地域の人材・素材と密接に関わりながら学習を展開していくことが可能となっていると考えられるのである。

## 3. 座間味村小・中学校における「総合的な学習の時間」の実際

### (1) 座間味村立慶留間小・中学校における「総合的な学習の時間」の実践

　では，座間味村小・中学校における教育課程において，実際に「総合的な学習の時間」はどのように位置づけられているであろうか。ここでは，座間味村立慶留間小・中学校における実践事例について見ていくことにする。座間味村立慶留間幼・小・中学校は，座間味島の南方7kmの海上に浮かぶ慶留間島に所在する児童・生徒数十余名の極小規模の併置校である。本校の平成13（2001）年度の「学校教育計画」の中においては，「3　学校経営の方針」のひとつとして，「総合的な学習の時間」に関して次のような言及がある[9]。

○　移行期間中の教育課程の充実
(1)　学校完全週5日制を展望した学校経営をすすめる。
　　地域の素材や人材の掘りおこしと活性を図り，特色ある教育課程を編成する。
(2)　「総合的な学習の時間」を設定し，積極的にすすめる。
　　離島へき地の豊かな自然環境，高齢者が多いということや人材不足を克服し，小中一貫した総合的な学習が展開できるよう職員の共通理解を図った上で積極的にすすめる。
(3)　移行期間中の教育課程の充実を図る。
　　離島へき地の小規模校という事をよさと考え，魅力ある地域に根ざした学校づくりをすすめる。移行期における教育課程の編成については次のような点に配慮して新教育課程へスムーズに移行できるようにする。
① 　複式授業の経験者が少ないことや，2,3年で職員は異動するという学校の実態をふまえる。
② 　豊かな自然や地域の人々の協力など地域のよさを生かす。
③ 　少人数，複式授業など学校課題の解決に向けた教育課程を編成する。
④ 　交流学習，集合学習等本校ならではの特色ある教育課程などを工夫し，

地域に開かれた教育が展開できる教育課程を編成する。

図 4-3-1　総合的な学習の時間全体計画
本校の総合的な学習の時間の構想図

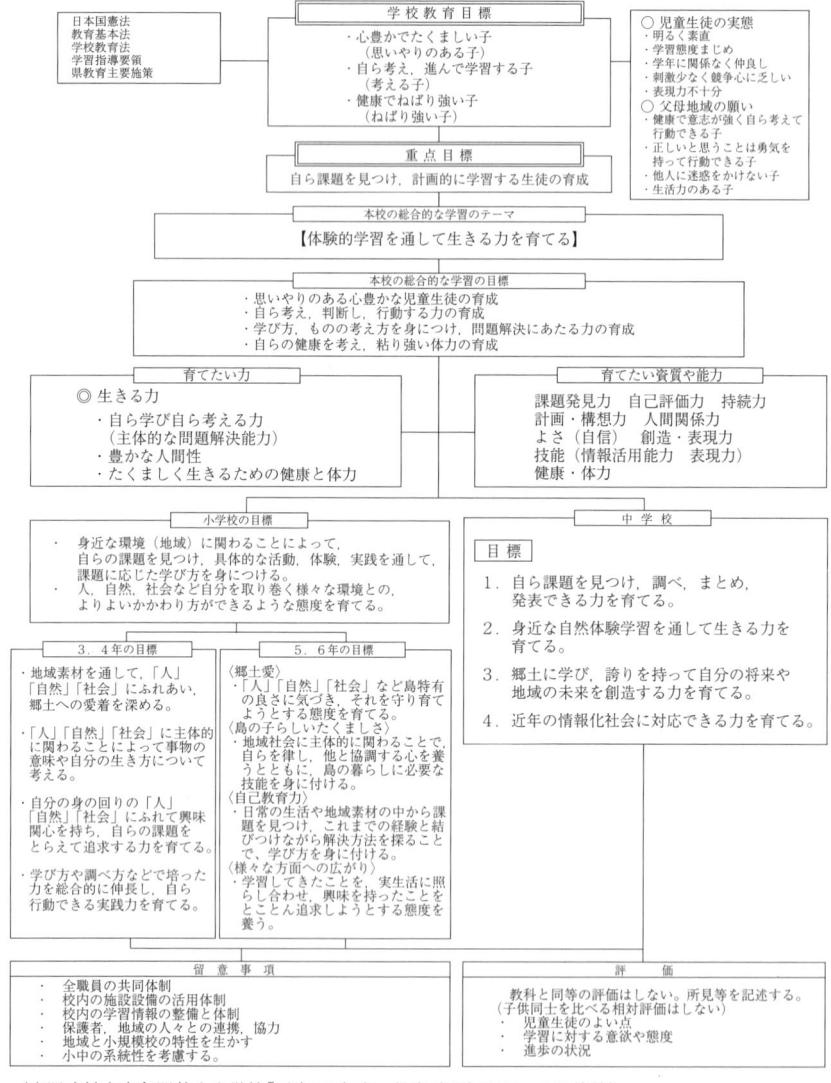

**学校教育目標**
・心豊かでたくましい子
　（思いやりのある子）
・自ら考え、進んで学習する子
　（考える子）
・健康でねばり強い子
　（ねばり強い子）

（左）
日本国憲法
教育基本法
学校教育法
学習指導要領
県教育主要施策

（右）
○児童生徒の実態
・明るく素直
・学習態度まじめ
・学年に関係なく仲良し
・刺激少なく競争心に乏しい
・表現力不十分
○父母地域の願い
・健康で意志が強く自ら考えて行動できる子
・正しいと思うことは勇気を持って行動できる子
・他人に迷惑をかけない子
・生活力のある子

**重点目標**
自ら課題を見つけ、計画的に学習する生徒の育成

**本校の総合的な学習のテーマ**
【体験的学習を通して生きる力を育てる】

**本校の総合的な学習の目標**
・思いやりのある心豊かな児童生徒の育成
・自ら考え、判断し、行動する力の育成
・学び方、ものの考え方を身につけ、問題解決にあたる力の育成
・自らの健康を考え、粘り強い体力の育成

**育てたい力**
◎生きる力
・自ら学び自ら考える力
　（主体的な問題解決能力）
・豊かな人間性
・たくましく生きるための健康と体力

**育てたい資質や能力**
課題発見力　自己評価力　持続力
計画・構想力　人間関係力
よさ（自信）　創造・表現力
技能（情報活用能力　表現力）
健康・体力

**小学校の目標**
・身近な環境（地域）に関わることによって、自らの課題を見つけ、具体的な活動、体験、実践を通して、課題に応じた学び方を身につける。
・人、自然、社会など自分を取り巻く様々な環境との、よりよいかかわり方ができるような態度を育てる。

**3、4年の目標**
・地域素材を通して、「人」「自然」「社会」にふれあい、郷土への愛着を深める。
・「人」「自然」「社会」に主体的に関わることによって事物の意味や自分の生き方について考える。
・自分の身の回りの「人」「自然」「社会」にふれて興味関心を持ち、自らの課題をとらえて追求する力を育てる。
・学び方や調べ方などで培った力を総合的に伸長し、自ら行動できる実践力を育てる。

**5、6年の目標**
〈郷土愛〉
・「人」「自然」「社会」など島特有の良さに気づき、それを守り育てようとする態度を育てる。
・地域社会に主体的に関わることで、自らを律し、他と協調する心を養うとともに、島の暮らしに必要な技能を身に付ける。
〈自己教育力〉
・日常の生活や地域素材の中から課題を見つけ、これまでの経験と結びつけながら解決方法を探ることで、学び方を身に付ける。
〈様々な方面への広がり〉
・学習してきたことを、実生活に照らし合わせ、興味を持ったことをとことん追求しようとする態度を養う。

**中学校**
目標
1．自ら課題を見つけ、調べ、まとめ、発表できる力を育てる。
2．身近な自然体験学習を通して生きる力を育てる。
3．郷土に学び、誇りを持って自分の将来や地域の未来を創造する力を育てる。
4．近年の情報化社会に対応できる力を育てる。

**留意事項**
・全職員の共同体制
・校内の施設設備の活用体制
・校内の学習情報の整備と体制
・保護者、地域の人々との連携、協力
・地域と小規模校の特性を生かす
・小中の系統性を考慮する。

**評価**
・教科と同等の評価はしない。所見等を記述する。
　（子供同士を比べる相対評価はしない）
・児童生徒のよい点
・学習に対する意欲や態度
・進歩の状況

（座間味村立慶留間幼小中学校『平成13年度　教育計画』90頁，より抜粋）

ここでは，当校の教育課程を充実させるもののひとつとして「総合的な学習の時間」が位置づけられており，その積極的な推進が目指されている。その際，特徴的なのは本校がおかれた離島へき地・小規模複式という環境の中において，それを「よさ」として捉え直し，地域に根ざした学校づくりを進める意味において「総合的な学習の時間」が評価されている点である。また，本校では，小中一貫した総合的な学習を展開することが目指されており，それが「総合的な学習の時間全体計画」として結実している。なお，本校による「総合的な学習の時間の構想図」は，図4-3-1に示した通りである。

　そして，以上に見られる地域への着目は，「総合的な学習の時間」に限らず，本校の学校教育計画における指導の重点のなかにも貫かれている。平成13(2001)年度の「学校教育計画」に掲げられた「6　指導の重点」は，以下の4点である[10]。

○　基礎学力の向上……習熟度に応じた学習指導の工夫
○　基本的な生活習慣の確立……元気なあいさつ
○　地域文化の重視……総合学習「ふるさと自慢」の継続
○　美しい学校づくり……計画的な環境美化

　ここでは，「地域文化の重視」のための取り組みのひとつとして「総合学習『ふるさと自慢』」が取り入れられている。また，「地域文化の重視」は，「地域行事への参加」，「地域行事の学校生活への取り入れ」，「地域素材の教材化」，「地域人材の活用」というかたちでも位置づけられている他，小・中学校の各教科・領域においても重点目標として具体化されている。

(2)　**新学習指導要領における「総合的な学習の時間」の位置と可能性**

　2002(平成14)年4月から新学習指導要領が完全実施されることとなったが，中でも教育課程上の大きな変化は「総合的な学習の時間」の新設であった。「総合的な学習の時間」においては，「各学校は，地域や学校，児童の実態等に応じて，横断的・総合的な学習や児童の興味・関心等に基づく学習など創意工夫を生か

した教育活動を行うものとする」とされ，そのねらいとしては，「(1) 自ら課題を見付け，自ら学び，自ら考え，主体的に判断し，よりよく問題を解決する資質や能力を育てること」，「(2) 学び方やものの考え方を身に付け，問題の解決や探究活動に主体的，創造的に取り組む態度を育て，自己の生き方を考えることができるようにすること」の2点が挙げられている[11]。そして，以上のねらいをふまえて，「例えば国際理解，情報，環境，福祉・健康などの横断的・総合的な課題，児童の興味・関心に基づく課題，地域や学校の特色に応じた課題などについて，学校の実態に応じた学習活動を行うものとする」としている[12]。

このように，「総合的な学習の時間」は，児童の興味・関心等に基づく学習課題と地域や学校の特色に応じた学習課題との接点において生まれる教育実践の可能性を示すものであり，またこのことは児童・生徒が自らの課題を発見し，その課題を解決する場としての地域の意義を再評価するものとしても捉えることができるのである。

さらに，新学習指導要領では，従来の学習指導要領の総則に示された「各教科」「道徳」「特別活動」のほかに，新たに「総合的な学習の時間」が総則の中に盛り込まれている。谷川彰英は，「これまで再三にわたって，この『総合的な学習の時間』の本質を，『国家的な基準からフリー』であることを指摘してきた。総合的な学習の時間についての叙述が学習指導要領の『総則』に入れられたことで，その性格を決定的なものとした。つまり，『各教科』や『道徳』『特別活動』と同一レベルとしなかったことである。ここに本質がある」[13]，また，「学習指導要領の各教科と領域においては，ここまでは全児童生徒に習得してほしいという国家的基準(national standard)を示しているのである。ところが，総合的な学習では，国家は具体的な内容は一切示していない。横断的・総合的な課題といっても，あくまでも例示でしかないのである。言葉を換えて言えば，この総合的な学習の時間とは一種の治外法権なのである。どんな内容を教えても国家はクレームをつけることはできない」[14]とその基本的性格を位置づけている。

このような意味においても，座間味村小・中学校における「総合的な学習の時間」の実践は，離島へき地・小規模併置校という条件下において地域に根ざ

した実践として，ひとつの方向性と可能性を示すものとして位置づけることができるのである[15]。

## 4．おわりに

以上，座間味村小・中学校における「総合的な学習の時間」の実践について，地域のおかれた環境と教育課題との関連の中から見てきた。その結果，離島へき地・小規模併置校という座間味村小・中学校のおかれた環境，地域の特性をふまえた教育実践が目指され，展開されていること，また，その中で「総合的な学習の時間」の実践が積極的に位置づけられていることが明らかとなった。

現時点において，改めて地域と教育という視座から「総合的な学習の時間」，そして社会科教育の在り方を問い直した場合，どのような今日的課題と可能性があるのか，具体的な教育実践を通して問い続けていくことが，今後さらに緊要の課題となるのではないだろうか。

（熊田　禎介）

注
1) なお，現地調査に訪れた期間は，新学習指導要領(1998〔平成10〕年告示)実施の移行期間に当たっていた点をあらかじめお断りしておきたい。また，本節では，調査当時の内容・データを前提とする観点から，注において補訂を行った他は，本文中においては，最小限の加筆・補正にとどめている。
2) 座間味村史編集委員会『座間味村史　上巻』(座間味村役場，1989年)，3-16頁。なお，以下の記述は同書によっている。
3) 座間味村教育委員会『平成13年度　座間味村の教育　学びと創造性を育てるむら』(2001年)，6頁。各学校のホームページによれば，2011(平成23)年4月現在の児童・生徒数は，座間味幼・小・中学校(小学部42名，中学部15名)，阿嘉幼・小・中学校(小学校12名，中学校10名)，慶留間幼・小・中学校(小学校9名，中学校7名)となっている。
4) 同上書，4頁。
5) 同上，4-5頁。
6) 同上，5頁。
7) 同上，9頁。

8)同上，13-14頁。
9)座間味村立慶留間幼小中学校『平成13年度　教育計画』，17頁。
10)同上書，19頁。
11)文部省『小学校学習指導要領解説　総則編』(東京書籍，1999年)，44-47頁。
12)同上書，47-49頁。
13)谷川彰英「社会科教育の本質と公民的資質―『社会市民的資質』の提唱―」(日本社会科教育学会『社会科教育研究2000(平成12)年度研究年報』，2001年)
14)同「近代学校教育の仕掛け」(谷川彰英・無藤隆・門脇厚司編著『21世紀の教育と子どもたち2　学校教育の再構築をめざして』東京書籍，2000年)
15)なお，小中併置校における「総合的な学習の時間」の実践事例としては，国立教育政策研究所教育課程研究センター『総合的な学習の時間　実践事例集(小学校編)』(東洋館出版社，2002年12月)において，大分県別府市立東山幼・小・中学校および沖縄県東村立東小・中学校における事例の紹介がなされている。

# 4　沖縄県座間味村の小・中学校における福祉に関する学習の展開

## 1．はじめに

　本節の目的は，コミュニティに存在する福祉に関する課題に基づき，コミュニティへ積極的に参加する子どもを育成するための方法論を明らかにすることである。その際，2001年12月に，沖縄県座間味村(以下，座間味村とする)において行った調査に基づき，座間味村の小・中学校における福祉に関する学習への取り組みを事例として検討する[1)]。

　21世紀を迎えた現代社会において，社会的基本権尊重の思想に基づく社会法と契約自由の原則に基づく市民法とのバランスを改めて見直すことが迫られている。

　このように変容しつつある法システムのもとでは，市民が，コミュニティへ主体的に参加することが必要とされる。コミュニティに存在する課題を解決するために，その課題に関心をもつことはもちろんであるが，さらに，その課題

を分析的に考察し,判断し,意思決定を行う能力を身につけることが,市民に求められている。そのため,コミュニティへ積極的に参加する市民を育成するための方法論を考究することは,重要な教育的な課題のひとつであると考えられる。

コミュニティへ積極的に参加する市民を育成するための方法論に関する研究については,これまでも一定の成果が収められてきた[2]。これらの成果に対し,本小論の特色は,主として2つ挙げることができる。

まず第1に,前述した社会的基本権尊重の思想に基づく社会法と契約自由の原則に基づく市民法のバランスを見直すことが問われている具体的な領域のひとつとして,福祉に注目したことである。

そして,第2に,具体的な地域を調査対象としながら,学校と地域との連携を視野に入れつつ,福祉に関する学習への取り組みを実証的に検討したことである。

## 2. 座間味村小・中学校の教育理念の特色

2001年9月の調査によれば,座間味村の総面積は16.87k㎡であり,座間味村の総人口は925人にのぼる。2001年12月に,座間味村において行った調査では,お年寄りとの交流の活性化への取り組みが,コミュニティの課題のひとつとして位置づけられている。ごく小さな村である座間味村では,お年寄りとの交流の活性化への取り組みを中心に,福祉コミュニティの創造へ向けて活動が展開されている[3]。

1995年1月には,「座間味村第二次総合計画基本構想(原案)」において,「近年,地域コミュニティーの希薄化,生活価値観の変化等で地域では人を育てにくくなっているが,価値観が多様化する今こそ地域で人を育てる事が重要である」ことが提案された[4]。

このことから,座間味村の教育において,次の2つが強調されると考えられる。すなわち,まず第1に,座間味村において,コミュニティとしての地域性

や共同性という性格が失われてきている現状を，教育によって改善する必要があるということである。第2に，座間味村において，地域に根ざした教育を志向する必要があるということである。

さらに，座間味村教育委員会基本方針として，特に座間味村の学校教育に対する基本姿勢は，次の通り述べられている。「本村の特色を生かし，地域に根ざした教育の実践をとおして，心豊かで，たくましく生きる幼児児童生徒の育成を目指し，幼小中校種間連携の教育活動の実践を進める。また，家庭・地域社会との連携をとり，開かれた学校づくりを進める。目的意識を持ち，自ら進路選択を考えることができる児童生徒の育成のために，進路指導の充実に努める。学校や地域の活動をとおして，自ら学ぶ意欲と自らの責任において行動する態度を育て，協調性に富む強靱な体と奉仕の精神に満ちた心身の育成を図り，21世紀を展望した人間性豊かな教育，文化村の創造を目指す。」[5]すなわち，座間味村の学校教育において，地域を視野に入れた教育が目指されていることが判断できる。

座間味村は，座間味島，阿嘉島，慶留間島，外地島，九場島，屋嘉比島，安室島，嘉比島，安慶名敷島の9つの島から成立している。これらのうち，座間味島，阿嘉島，慶留間島の3つの島において，コミュニティが形成されている。三島それぞれに，座間味幼・小・中学校，阿嘉幼・小・中学校，慶留間幼・小・中学校が設置されている。以下では，それぞれの学校の教育理念に着目し，その特色を検討する[6]。

(1) **座間味幼・小・中学校**

座間味幼・小・中学校が設置されている座間味島には，座間味村役場が設置されている。2010年9月の総人口は586人を数え，三島の中で最も人口の多い島である。

同校は，1885年9月に，公立座間味小学校として開校した。同校は，幼・小・中学校の併置校で，へき地3級地の学校である。離島へき地小規模校であることから，見聞を広め充実した学校生活を送らせるため，本島の大規模校と

の交流学習や社会見学,村立三校の合同文化祭などを実施している。

　2001年12月には,児童・生徒の在籍数は,幼稚園に28人,小学校に60人,中学校に17人であった。保護者の世帯数は,49世帯であり,公務員,ダイビング関係,会社員,民宿の世帯が中心となっている。

　同校では,教育理念として,「郷土を拓く,人間性豊かな人材の育成をめざす教育と文化の創造」を掲げている。その実現のための具体的な教育目標は,「頼もしい子　①健康で明るい子(食育・体育),②心豊かで思いやりのある子(徳育),③よく考えて,進んで学習する子(知育)」であるとされる。

　2011年4月には,幼稚園に27人,小学校に42人,中学校に15人と,児童・生徒の在籍数は減少している[7]。同校の教育理念は,「ふるさとをみつめ,豊かな心を持ち,たくましく生きる力を育む教育の創造」と変容している[8]。

(2) 阿嘉幼・小・中学校

　阿嘉幼・小・中学校が設置されている阿嘉島の2010年9月の総人口は,279人である。

　同校は,1894年に,有志により寺子屋として設営された。さらに,1901年に,座間味村尋常小学校阿嘉分教場として正式に創設された。同校は,幼・小・中の併置校で,超小規模校である。

　2001年12月には,児童・生徒の在籍数は,幼稚園に15人,小学校に27人,中学校に12人であった。阿嘉島の産業は,ダイビングやホエールウォッチングに訪れる観光客のためのホテル,民宿,その他の関連産業を中心に展開される。

　同校では,教育理念を,「21世紀の変化の激しい社会において,生き甲斐を持って充実した生活を営んでいける人間の育成を目指して次の教育目標を設定する。『自ら学ぶ意欲と豊かな心を持ち,心身ともに健康で国際性豊かな子どもを育成する』」としている。その実現のための具体的な教育目標は,「①自ら学び,自ら考え,主体的に行動する子どもの育成,②他人を思いやる心,感動する心を持つ心豊かな子どもの育成,③心身ともに健康でねばり強さを持つたくまし

い子どもの育成，④国際性豊かで，郷土の自然や文化に誇りを持つ子どもの育成」であるとされる。

2011年2月には，幼稚園に4人，小学校に12人，中学校に10人と，児童・生徒の在籍数は減少している[9]。同校の教育理念は，「自ら学ぶ意欲と豊かな心を持ち，心身ともに健康で国際性豊かな子どもを育成する」と，現在まで継承されている[10]。

### (3) 慶留間幼・小・中学校

慶留間幼・小・中学校が設置されている慶留間島の2010年9月の総人口は，60人を数える。三島の中で，最も人口の少ない島である。

同校は，1925年に，座間味尋常小学校慶留間仮教場として創設された。同校は，幼・小・中併置校で，超小規模校である。小規模であるとともに，地域と密着した学校であることから，地域住民と連携を保ちながらの指導が可能である。村内隣校との集合学習や本島の大規模校との交流学習も特色のひとつである。

2001年12月には，児童・生徒の在籍数は，小学校に12人，中学校に8人の児童・生徒が在籍している。慶留間島の総人口のうち，公務員は25人，会社員は4人，自営業は4人である。

慶留間幼・小・中学校の教育理念は，「生涯学習社会における学校の役割を踏まえ，心豊かな人間の育成，基礎基本という個性重視の教育の推進，自己教育力の育成，伝統文化の尊重と国際理解教育の推進という四つの柱のもとに，学校教育目標を達成し，創造性・国際性に富む『世界のウチナーンチュ』として誇りある児童生徒の育成を図る。」である。その実現のための具体的な教育目標は，「①心豊かでたくましい子(思いやりの子)，②自ら考え，進んで学ぶ子(考える子)，③健康でねばり強い子(ねばり強い子)」である。

2011年4月には，幼稚園に2人，小学校に9人，中学校に7人と，児童・生徒の在籍数は減少している[11]。

## 3．学校と地域との連携を視野に入れた福祉に関する学習

　座間味村の小・中学校における福祉に関する学習は，主として，3つの活動に基づき展開されている。3つの学習活動の特色は，それぞれ学校と地域との連携を視野に入れていることである。

### (1) 慶留間小学校における福祉に関する学習

　前述した通り，慶留間小学校が設置される慶留間島は，総人口60人の小さなコミュニティである。さらに，慶留間島には，たくさんのひとり暮らしをするお年寄りが暮らしている。そのため，コミュニティの課題として，お年寄りの交流の活性化に注目し，精力的な取り組みを行っている。

　同校では，2000年度の校内研修として，「主体的に学ぶ力を身につけた児童・生徒の育成―個に応じた学習内容の工夫を通して―」という研究主題のもとで，「地域素材を生かした体験学習」に取り組んでいる[12]。その中で，単元名「だいすき！おじいちゃん　おばあちゃん」として，福祉に関する学習が展開されている。本授業実践は，第3学年および第4学年を対象とし，総合的な学習の時間として設定されたものである。

　本単元を設定するにあたって，子どもとお年寄りの交流の現状が，次の3つの通り捉えられている。すなわち第1に，高齢者問題は，都市地区だけではなく離島でも問題となりつつある。第2に，子どもたちはやさしい気持ちをもってはいるが，困っているお年寄りをみたら自分から進んで手を差し伸べる積極さがあまりない。第3に，慶留間島の13名程のお年寄りと子どもたちとの交流は，単発的で交流が日常化しているとは言い難い。

　本単元の特色は，次の2つの通りである。すなわち第1に，「高齢者に対する思いやりの心」や「自分たちにできることから実践しようという気持ち」を体験や触れ合いといった学習活動によって育てることである。第2に，「社会福祉協議会と連携しデイサービス事業を利用して，地域のおじいちゃん，おばあちゃんと触れ合い，その中でお年寄りの不自由さを理解させ，自分にできることは

**表 4-4-1　単元名「だいすき！おじいちゃん　おばあちゃん」の展開と実践の記録**

| | 学習活動〈時数〉 | 教師の支援 | 子どもの感想抜粋 |
|---|---|---|---|
| ふれる | ☆教材との出会い〈1〉<br>・慶留間のお年寄りについて知っていることや思い出について発表する。<br>・老人体験を通して，お年寄りの不自由さを理解する。<br>・学習の感想を発表する。 | ・写真(デジカメ)を使って興味を高める。<br>・毎日みているお年寄りでも，あんまりよく知らないことを分からせる。<br>・不自由なからだでも，農作業をしたり学校の行事に参加したりしていることに気づかせる。<br>・安全面への配慮 | 私は，おばあちゃんとおじいちゃんたちの目や耳や手が使いにくいことがわかりました。おばあちゃんたちが困っていたら助けてあげたいです。お年よりが大変なことがわかりました。 |
| つかむ | ☆社会福祉協議会職員の話〈1〉<br>・社会福祉協議会の仕事<br>・慶留間のお年寄りについて<br>・お年寄りと接するときの注意点について<br>・疑問などを質問する。 | ・質問内容など事前に整理させておく。<br>・話を聞くマナー<br>・質問の仕方 | 今日は直生さんのおかげでおばあちゃんたちのことがよくわかりました。次からはおばあちゃんの耳の近くでしゃべりたいです。はやくおばあちゃんと仲良く遊びたいです。 |
| | ☆お年寄りと触れ合う(その1)〈1〉<br>・一緒に健康体操を行う。<br>・レクを楽しむ。 | ・会話をしながら，楽しい雰囲気の中で交流させる。<br>・言葉遣い，礼儀などについて<br>・安全面への配慮 | おばあちゃんと遊んで楽しかったです。おばあちゃんからいろんなことを習ってよかったです。 |
| | ☆お年寄りと触れ合う(その2)〈1〉<br>・作業を手伝う。 | ・話をしながら楽しい雰囲気の中で作業させる。<br>・安全面への配慮 | おばあちゃんたちは1日中働いているのですごいと思った。また一緒にやりたいです。 |
| 見通す | ☆お年寄りと仲良くなる〈1〉<br>・仲良くなるためにできることを考える。<br>「交流の計画」 | ・一緒に楽しめるレクも考えさせる。<br>・接するときのマナー | みんなで協力して交流会の計画が立てられました。準備をがんばりたいです。 |
| まとめる<br>追究する | ☆交流会の準備をする。〈4〉<br>・プログラム，司会，出し物，招待状など役割分担をして交流会の準備をする。 | | 楽しい交流会にしたいです。おばあちゃんとたくさんおしゃべりをしたいです。招待状を早く渡したいです。 |
| 発表する | ☆食事・交流会を行う〈1〉<br>・役割を分担し自主的に運営する。 | ・食事は社協で準備したもの(お年寄りと同じもの)をいただく。 | エイサーの歌，ゲームなどで喜んでもらえたのでよかった。「またやりましょうね」といってくれたのでうれしかったです。あんなにたくさんのご飯を食べるのでびっくりしました。 |
| ひろげる | ☆普段できる活動を実践していく。<br>・あいさつ<br>・ごみだし<br>・学校行事への招待など<br>☆学習発表会で学習の様子を発表する。 | ・実践が定着するように常に声かけをし，意欲づけする。 | ・いろいろな場所でお年寄りと話をする児童が見られるようになった。<br>・児童の話の中にお年寄りの話題が増えた。 |

(座間味村立慶留間幼・小・中学校『平成12年度　校内研修集録』2001年3月, p.47. より筆者作成)

何かを考え，実践させていく」ことである。

　本単元の目標は，「①地域の老人と触れ合うことによって，思いやりの心を育てる，②お年寄りの不自由さがわかる，③交流体験活動を通して，身近な社会問題に目を向け，自分たちにできることは何かを考え，できることから実行する。」である。本授業実践の具体的な展開は，表4-4-1の通りである。

### (2) デイサービスの取り組み

　座間味村では，座間味村社会福祉協議会によって，デイサービスの取り組みが行われている。デイサービスとは，65歳以上の老人を対象とし，体操やレクリエーションを通して交流を楽しむ場を提供する試みである。

　座間味村社会福祉協議会の作成した「平成13年度　年間計画予定表」によれば，2001年度には，座間味区で15回，阿佐区で14回，阿真区で16回，慶留間区で14回，阿嘉区で16回，合計で75回，デイサービスが計画，実行されている。これらの各地区によってその利用と参加の頻度に差はあるが，デイサービスは1ヶ月に2回程度行われている。

　このデイサービスは，前述した慶留間小学校における福祉に関する学習にも取り入れられている。このように，デイリービスの日には，児童・生徒は，積極的に参加することになっている。そのため，デイサービスは，お年寄りと交流することを通じて学習する機会となっていると考えられる。

### (3) ボランティアスクールの開催

　南部地区離島七村による「ボランティアスクール」は，座間味村，渡嘉敷村，北大東村，具志川村，渡名喜村，粟国村，南大東村の社会福祉協議会の共催で，夏休みを利用して開催されている。ボランティアスクールを開催する趣旨は，南部地区離島七村には，「一人暮らしや寝たきりのお年寄り，身体の不自由な方々，いろいろな問題を抱えて共に村に住んでおります。このような人々も含めてすべての人々が幸せに暮らすためには，私たち一人一人がお互いにふれあい，支え合い，助け合っていかなくてはなりません。」と述べられている。

ボランティアスクールは、「介護老人福祉施設において、身体の不自由なお年寄りや寝たきりのお年寄りと交流、体験学習などを通して、共に生きるという共感を肌で感じ、さらに、地域でいろいろな問題を抱えて暮らす人々に目を向け、ボランティア活動への理解を深めてもらうこと」を目標としている。

　2001年度には、ボランティアスクールは、1泊2日の全2日間のプログラムで実施された。ボランティアスクールにおける当日の学習活動の内容は、第1日目と第2日目は、それぞれ次の通りである。

　第1日目は、沖縄国際ユースホステルが会場となっている。まず、生徒は、約1時間程度、「ボランティアって何？」という講話を聞く。さらに、約1時間程度、自分たちにできるボランティア活動を話し合い、理念的なボランティア活動の検討を行う。第2日目は、豊見城村の介護老人保健施設「桜山荘」が会場となっている。まず、生徒は、約2時間30分程度、車いすの取り扱い、ベットメイキング、アイマスク体験といった介護講習を受ける。次に、約2時間20分程度、第1日目の学習活動をもとに、食事介助をはじめとする各種介助や、レクリエーション交流といったボランティア活動を体験的に学習する。さらに、約40分程度、ボランティア活動の振り返りを行う。

　表4-4-2は、2001年度に実施されたボランティアスクールに参加した中学生の記述の一覧である。具体的には、中学生7名が、事前にボランティアスクールに参加する目標と、事後にボランティアスクールに参加した感想を記述している。

　表4-4-2の2001年度ボランティアスクールに関する中学生の記述の分析を通じて、これらの学習活動の成果と学習活動を行う前後での態度変容を、次の3つの通り明らかにすることができる。

　すなわち、まず第1に、学習活動を行う前に立てた目標が漠然としているのに対して、学習活動を行った後では、より具体的な記述が見られることである。第2に、学習活動を行う前に立てた目標の多くが、「お年寄りとコミュニケーションをとる」であることである。第3に、学習活動を行った後で、1年生が「いい思い出になった」や「来年も来たい」というボランティアスクールでの学習活

動を評価するのに対して，学年が上がるにつれて，「ボランティアに参加したい」とボランティア自体を評価し，ボランティアに参加する意識が形成されることである。

表4-4-2　2001年度ボランティアスクールに関する中学生の記述

| | 目標（事前） | 感想（事後） |
|---|---|---|
| 慶留間中学校1年 | （前略）大里にあるしののめの丘にボランティアをしにいったことがあります。（中略）明日ボランティアに行ったら，お年よりと，たのしくコミュニケーションがとれるようにしたいです。それと，比嘉穂乃さんから，おしえてもらったことに気をつけて，明日は，がんばりたいと思います。さいごに，ボランティアスクールでたくさん友達をつくりたいです。 | 私は，初めてボランティアスクールにさんかしました。（中略）グループに分かれて，ほかの離島の中学生とも，おしゃべりをしたりできるようになりました。（中略）私たちのグループは，「海を守ろう」でした。だから，慶留間にかえっても，海をきれいにしたいです。講話でも，比嘉穂乃さんに，「ボランティア」について話してもらいました。2日目は，（中略）9時30分に，豊見城村にある「桜山荘」のろう人ホームにいっておじいちゃん，おばあちゃんとレクゲームなどもやってたのしかったです。中には，おしゃべりばっかりするたのしいおばあちゃんや，「はやくへやにつれていって」とかいう，おばあちゃんもいました。おばあちゃんたちとレクは，おどったり，水増しゲームとかもやりました。もっと，おばあちゃんちと，あそんだりしたかったです。あと，車イスとか，ベットのシーツのひきかたとかもおしえてもらいました。けっこうたのしかったので，来年もまた行きたいです。いい思いでにのこりました。 |
| 慶留間中学校3年 | （前略）お年寄りの人たちと，なるべく多く，長く話して交流したいです。（中略）慶留間のお年寄りの方々といろいろ交流できるように頑張りたいです。この活動がこれからも続いていって，多くの人がボランティアに関心をもってほしいと思います。僕のおじいちゃんおばあちゃんをどんどん助けていきたいです。 | このボランティアスクールは，僕にとって二回目なので（中略）。グループ講義で，グループ長に選ばれ，少し心配でした。でも，グループの人達も多くの意見を出してくれて，とても助かり，ほっとしました。（中略）お年寄りと話している人を見て，「頑張ろう。」とやる気を出して話をしました。介護講習では，去年もやったけれど忘れちゃったので心配でした。車イスも，おじいちゃんが使っていて，何回か介護をしていたので簡単でしたが，ベットメイキングでは，裏と表が逆だったり，順番が違っていたり，少し難しかったです。レクリエーションは，チラシを使って折り紙をしました。おばあちゃんに教えてもらいながら，話したりして楽しく過ごせました。（中略）後輩には，こんな行事にどんどん参加してもらって，すばらしい思い出を作ってもらいたいです。僕もどんどんボランティアをしていきたいと思います。 |
| 座間味中学校1年 | （前略）おじいちゃんや，おばあちゃんたちと仲よくなって，ボランティアスクールが終わってからも，おみまいにこれるくらい仲よくなりたいです。それから，私は自分のおじいちゃんに，ごはんをあげたりした事もあるので，その事も明日の老人ホームでの介助に役立てたいです。明日の目標は，おじいちゃん，おばあちゃんと仲よくなるのがまず一番で，二番目はちゃんと介助してあげることです。（後略） | 私は，今年初めてボランティアスクールに参加しました。一日目は，比嘉さんのお話を聞いてボランティアの事を少し勉強したあと，自己紹介ゲームをしました。（中略）そして，この日一番心にのこっている事は，グループにわかれてテーマをきめてそのテーマについて話し合った事です。（中略）テーマがさまるとみんな自分の意見をちゃんと言っていました。私も，緊張しながら自分の意見を言うとちゃんと話し合いに参加できた（中略）。二日目は，（中略）アイマスク体験や車イス体験など貴重な体験をたくさんしました。なかでもアイマスク体験は階段をのぼりおりなどをして，とても恐かったです。体験をしたあとは，おじいちゃん，おばあちゃんの食事の介助をしました。食事の介助は思ったよりもむつかしく，ちょっと苦戦もしましたがいい体験でした。食事のあとは，おじいちゃんやおばあちゃんたちとレクをしました。レクでは，「ルルさん」というおばあちゃんの車イスをおしたり，お話したりできてとても楽しかったです。レクが終わるとお別れで，ルルさんに「またきてね」といわれてとてもうれしくなって，来年もぜったいこようと思いました。友達もたくさんできたので，（中略）。今回はいい体験ができてよかったです。 |

| | | |
|---|---|---|
| 座間味中学校1年 | 明日のボランティアスクールでの目標は、人を思いやる気持ちを高めたいと思っています。(中略)あと一つの目標は、日ごろ、お年寄りの人達と、交流することがないので、明日は、沢山あいさつをして、沢山お話をして、沢山交流をしたいと思っています。(後略) | (前略)私達の島には、沢山のお年寄りがいるけど、いつも、あいさつをする程度で、あまり接することがないので(中略)。ボランティアスクールに参加しての感想は、車いすを操さするのは、とてもむずかしく、力がいるなと思いました。段差などがあるときは、気をつけないと、車いすにのっている人が、けがをしてしまうので、慎ちょうに操さしないといけないと思います。二つ目は、「桜山荘」は、トイレや食堂など、車いすを使用している人が、車いすにのったままでも利用できるように、スペースを広くとっていました。トイレは、お年寄りの人が使いやすいように、カーテン式になっていました。このボランティアスクールで体験したことを、島に帰って、お年寄りの人との交流に役立てたいと思います。 |
| 座間味中学校1年 | (前略)お年よりにやさしくせっしてあげたいです。それから、あいさつは大きな声でして、お年よりと話をするときは、相手の目線の高さで話をしたいです。そして、行動はきびんにしてめいわくをかけないようにしたいです。わからない事は、どんどんきいてわかるようにしたいです。今回は、とてもいいたいけんになると思うのでいっしょうけんめいがんばりたいです。そして、座間味に行ってもボランティアとしてやっていければいいと思います。 | ぼくは、今回のボランティアスクールは、はじめて(中略)。ぼくは、比嘉穂乃さんからボランティアについての話やボランティアでの注意点をきいて老人の人達とせっするときの目標をもつことができました。(中略)グループに分かれて自分たちでもできるボランティアを考えました。ぼく達のグループは海でできるボランティアということでゴミひろいをやることになりました。ぼくは、みんな離島の人だから海にかこまれています。だから、このボランティアはとてもいいと思いました。よく日、桜山荘という介護保健施設に行きました。(中略)次に、介護講習ということで、ベットメイキングのことや車いすのそうさのしかたについて体験をしながら学ぶことができました。昼食では、お年よりの人達にごはんをあげたり、話をしたりお年よりのせわをすることができました。ぼくも、おじいがいるのでならったことはできるといいです。その次に、レクリエーションをしました。レクリエーションは、お年よりの方とおどったり水増し競争であそんだりしてとても楽しくすごすことができました。今回の体験はとてもいい体験だったと思います。また、来年いきたいです。 |
| 座間味中学校2年 | (前略)お世話をするのは明日が初めての体験です。(中略)明日の目標は、「人の気持ちを考えて行動する！！」に決めました。お年寄りの世話をする時は、かいごしすぎてお年寄りがイヤな気持ちにならないように相手の気持ちを考えて行動したいです。明日は、ガンバルゾ!! | 今回、ボランティアスクールに参加してたくさんのお年寄りとふれ合うことができました。(中略)介護講習では、ベットメイキング、車イスなどの体験学習をして、ベットメイキングを教えてくれた人たちがパッパとベットメイキングをしてすごいなぁ。と思いました。食事介助では、四人のおばあちゃんとふれ合うことができました。おばあちゃんたちと目線を一緒にすることに気をつけて接しました。食事が終わったおばあちゃんを車イスをおして部屋に連れていくと、笑顔でありがとう！と言ってくれたのがとてもうれしかったです。レクリエーションでは、おばあちゃんの車をおして水増し競争をしました。ちょっとドキドキ？です。おどりもおどってもらい水増し競争しました。今回の体験を通して、ボランティアをしたいなぁと思いました。 |
| 慶留間中学校2年 | (前略)6年生のころ老人福祉センターにいったことあるけど(中略)あしたは、ちゃんと車イスとかみがいたり、おじいちゃんおばあさんに話しかけたりしたいと思います。(中略)今日のみんな(グループ)の話を聞いてボランティアはとても大切だと思いました。あしたは、がんばりたいと思います。私の親が年よりになってもめんどうみきれるように(後略)。 | 私は、このボランティアスクールは初めてだったので(中略)そのあとに、ゲームをして少しは、きんちょうがなくなりました。2時間もやった講義は、はじめはだれもしゃべらないで進まなかったけどあとからどんどん意見が出てきました。講義をして、私はみんなの意見が聞けたのでよかったと思います。桜山荘に行って、初めて車イスやアイマスク、シーツがえ、体の不自由な人をもちあげる機械などをならいました。次に、お年寄りが食事を食べている時に話をしに行きました。初めは、おばあちゃんたちとなにを話せばいいのかわからなかったけど比嘉穂乃さんがいっていたように、おばあちゃんたちの目せんで話して下さいといっていたので、その通りにしてみたら、おばあちゃんといろんな話をすることができてよかったなあと思いました。それからレクリエーションでは、みんなでおどったりゲームをしたりしてとてもたのしかったです。ゲームは、やりたくないという人もいたけど多くのお年寄りがさんかしたのでみんなでもりあがりました。このボランティアをして学んだのは、人のためにやることがとても気持ち良いことがわかりよかったなあと思いました。私の親がお年寄りになってもめんどうの見かたはボランティアをやって自信がつきました。 |

## 4. おわりに

　本節では，座間味村の小・中学校における福祉に関する学習への取り組みを事例として，コミュニティに存在する福祉に関する課題を解決するために，コミュニティへ積極的に参加する子どもを育成するための方法論を検討した。

　その結果，次の2つが明らかになった。すなわち，まず第1に，座間味村では，村落共同体の特性を生かした福祉コミュニティの創造が目指されていることである。第2に，座間味村では，学校と地域との連携を視野に入れながら，多様な福祉に関する学習活動がなされていることである。具体的には，学校の教育課程に位置づいた学習，デイサービスに代表される地域の活動に参加する学習，そして学校と地域との連携のもとでのボランティアスクールにおける学習が，相互補完的に展開されていた。

（磯山　恭子）

注
1）本節では，調査当時の内容やデータを前提とするため，最小限の加筆・補正にとどめていることをあらかじめお断りしておきたい。
2）例えば，以下の研究成果が挙げられる。
・唐木清志「アメリカ社会科における『参加』学習論の展開—F. M. ニューマンの『参加』論を中心に—」日本社会科教育学会『社会科教育研究』第71号，1994年，44-59頁。
・高山次嘉監修，早稲田大学公民教育研究会編『総合的な学習　こう展開する　共生と社会参加の教育』清水書院，2001年。
・唐木清志『子どもの社会参加と社会科教育—日本型サービス・ラーニングの構想—』東洋館出版社，2008年。
3）越智昇「新しい共同社会としての福祉コミュニティ」奥田道大『福祉コミュニティ論』学文社，1993年，215頁。福祉コミュニティ概念は，「生活地域を意識した住民諸階層が，自発的創造的な連帯活動のなかから，共通しあるいは関連した福祉的生活課題を共有分担して，長期的展望にむけた学習と実践でとりくむ生活様式をつくり出す。(中略)文化の形成とそれを基盤にした人物的ネットワークが，(中略)人間的社会環境と『安心と情熱』を発展的に保たせ，グローバルな異質性をも吸収していく。そのような新しい共同社会をさす。」と定義される。
4）座間味村教育委員会「平成13年度　座間味村の教育—学びと創造性を育てるむ

ら—」3頁。
5）同上書，4頁。
6）以下の資料を参照した。
・座間味村立座間味幼・小・中学校「平成13年度　学校経営計画」
・座間味村立阿嘉小・中学校「平成13年度　教育計画」
・座間味村立慶留間幼・小・中学校「平成13年度　教育計画」
7）座間味村立座間味幼・小・中学校「平成23年度学校要覧」(http://www3.ocn.ne.jp/~zamamit1/10_gakkousyoukai/h23_yoran.pdf.pdf)（2012.3.30.確認）
8）座間味村立座間味幼・小・中学校「学校経営方針」(http://www3.ocn.ne.jp/~zamamit1/)（2012.3.30.確認）
9）座間味村立阿嘉小・中学校「阿嘉校の教育」(http://www.oki-zamami.jp/~akawine/)（2012.3.30.確認）
10）同上資料。
11）慶留間幼・小・中学校「平成23年度幼児・児童・生徒」(http://www.oki-zamami.jp/~s_geruma/)（2012.3.30.確認）
12）慶留間幼・小・中学校『平成12年度　校内研修集録』2001年3月，30-31頁。

# 5　座間味村内各小・中学校における平和教育の取り組み
——その地理的・歴史的背景から受ける影響について——

## 1．はじめに

### (1)　問題の所在と研究の目的

　平和を志向する教育は，多くの国で地域・学校段階を選ぶことなく実施されている。それは単に制度によって規定されているという理由のみならず，人々の，平和を願う心によって支えられているからであるといえよう。平和を願う心はある程度，普遍性をもっていると考えられる。

　それでありながら，なぜ平和を希求するかということをもし問うたとしたならば，各々で異なる説明をするのではないだろうか。その理由は，それぞれの平和を願う心は，各々の体験をもとに構築されるからである。つまり，思考の

材料となるそれぞれの体験には直接的体験(喧嘩・暴力など)と間接的体験(家庭・学校・地域で聞いた話など)との2種類があるが,それらの体験は誰ひとりとして同一ではないからである。

そのようなことを考えるとき,例えば十五年戦争についての間接的体験は,地上戦が展開された沖縄県の児童・生徒とその他都道府県の児童・生徒とでどのように異なるのか,また沖縄県の中でも地域や島によって相違があるのか,という疑問が出てくる。

そこで本節では,平和教育の取り組みを考えるうえで地理的にも歴史的にも特異な特徴をもつ座間味村に焦点を当て,村内にある3つの小・中学校(座間味村立座間味小・中学校,同阿嘉小・中学校,同慶留間小・中学校)における平和教育の取り組みについて報告する。座間味村の地理的・歴史的特徴については,次項(2)に述べるとおりであるが,特に次に示す2つの点において顕著である。第1に,米軍が初めて上陸した地であり,日本各地とはもちろんのこと,沖縄本島とも異なる戦争体験をもつことである。第2に,座間味村における戦争体験は村内でも一様ではなく,各島で相違が見られることである。

(2) 座間味村の地理的・歴史的特徴

座間味村(沖縄県島尻郡)は沖縄本島の西方約40kmに位置し,慶良間諸島に含まれる。有人島は座間味島,阿嘉島,慶留間島の3つであるが,大正から終戦まで銅鉱の採掘が行われていた屋嘉比島や久場島などにもかつては人が住んでいた。各島の北側の海岸は切り立った断崖から成り,南側斜面はサンゴチュウが堆積してつくられた畳石でできているため崩れやすく,海浜は遠浅の砂浜となっている。戦時中,住民が避難したというガマが北側海岸に多い理由はそこにある。

石灰質の土壌で農業にはあまり適さない座間味村であるが,松田和三郎を中心とする座間味間切の人々によって明治中頃から鰹漁業で栄えた。その影響で沖縄県全体で鰹漁業が盛んとなり,それを加工した鰹節は,最盛期(1923年)には沖縄県にとって砂糖に次ぐ第二位の移出品であったという[1]。

ところで、座間味村における戦争体験として「集団自決」[2]事件はよく知られている。なぜそのような事件が起こってしまったのかということは、座間味村の地理的条件に大きく関連している。当時、慶良間諸島には特攻艇の基地が置かれていて、この海域では特攻のための訓練が行われていた。また特攻艇は座間味島の阿佐地区、阿嘉島の東側海岸、渡嘉敷島の西側海岸にあるガマに隠し、出陣に備えていたという[3]。米軍最初の上陸地となった要因には、そのような軍事的拠点としての役割と、沖縄本島との位置関係などが関係していたのであろうと推測される。

## 2. 戦争体験継承を考察するための視座

### (1) 平和教育論の動向と「集団自決」事件への注目

座間味村内各小・中学校での平和教育実践を考察する前に、戦争体験の継承を考察するための視座を設定したい。そのために、まず戦後日本における平和教育論の動向について概観し、その中で沖縄戦における「集団自決」事件が注目されるに至った経緯について明らかにする。

戦後の各時期における平和教育論は、村上登司文によって次のように整理されている。

① 終戦直後～1950年代：平和主義の法的基盤（日本国憲法、教育基本法など）が形成された。東西冷戦が進む中、日教組が「戦場に再び教え子を送らない」をスローガンとして掲げ、反戦・平和と民主主義の実現を志向する平和教育が模索された。

② 1960年代：戦争体験の風化が急速に進んだ。1950年代後半の「ムード的な平和教育」（槐一男）を反省し、感情的なものを契機にしながらも、戦争のメカニズムを正確に認識させなければならないと考えられるようになった。

③ 1970年代：広島・長崎での被爆体験の継承を中心とした平和教育論が展開し始めた。平和教育研究所の設置や学会・集会等における平和教育分

科会の設置など，平和教育の「制度化」が進んだ。アジアでの日本の加害問題について取り組まれてこなかったことが指摘された。
④　1980年代：教育の戦争責任が論じられるようになった。地球的知見の導入と積極的平和の志向に取り組まれた。
⑤　1990年代：ポスト冷戦時代の到来と湾岸戦争の勃発により，平和教育の焦点は戦争防止から紛争解決へと移行した。先の戦争に関しては侵略・加害体験の継承に取り組まれる一方，それを反日的自虐的な平和教育とする論調が登場した。戦争体験者の減少で直接的に戦争体験が継承されることが少なくなり，戦争体験が「博物館入り」した[4]。

戦争体験の継承という視点から見れば，その平和教育に占める役割は徐々に変化しており，さらに扱われる体験のうち間接的なものの割合がだんだん大きくなってきていることが指摘できる。これは，戦争に関する研究の進行と，戦争体験者の減少に影響されている。しかし広島・長崎の被爆体験など，見逃されてきた問題を新たに発見することで，それまでとは異なった分野に手がつけられることも数回繰り返されてきた。沖縄戦も手つかずであった分野であって，それに注目が集まりだしたのは1980年代である。その契機となったのは沖縄復帰などであろう。沖縄戦における教育の責任が問われ始め，その際に特に焦点が当てられたのが沖縄県内各地で起きた「集団自決」事件である。

近年では，修学旅行に沖縄を選ぶ高等学校が増加し，ひめゆりの塔，平和祈念資料館の見学や，地元語り部を案内役としてガマを歩くなどの活動が増えている[5]。また小・中学校では「沖縄学習」などと称し，沖縄の自然・歴史・文化・産業などを総合的に扱う学習もなされている[6]。学習対象として沖縄への関心が全国的に高まっているといえよう。

(2)　**戦争体験継承における今日的課題**

そのような傾向が見られる中，平和教育において戦争体験継承にはどのような今日的課題があるだろうか。

村井淳志は，歴史的事実を「振り返る」ことと歴史的な「体験を継承する」とい

うこととの違いに注目して,「後者を克服して前者の立場を徹底しようとすれば,現在と未来を生きる学習者にとって学ぶに値する,意味のある平和教育の内容はどのようなものかが,まず問われなければならないはずだ」と論じた[7]。

　安達喜彦は,平和意識を高める学習課題として,①いのち・人権の尊厳,②日常生活の安全と充実,③平和的生存権,④民族文化・民族主権の尊重,⑤平和のための歴史認識,⑥未来形で考える視点,⑦平和文化の創造,という7つを挙げている[8]。

　村上登司文は,平和教育へのアプローチ方法として歴史的,地理的,公民的の方法があるとして,そのうえで,これまでの平和教育論は歴史的教育方法を中心に展開されてきており,地理的教育方法や公民的教育方法の分野での平和教育論が少なかったと指摘した。また,加害者と被害者という両方の立場から考察することの必要を述べている[9]。

　これらのことと上記(1)に示した動向から,今日の平和教育では,以前のように単に戦争体験を継承するというのではなく,戦争体験を交えつつも,次世代の平和をどのように築いていくかということに重点が置かれた教育が望まれているといえよう。またその方法として,歴史的なアプローチ一辺倒からの脱却が模索されようとしている。

　そのようなことを意識しながら,次項においては,座間味村内の各小・中学校における平和教育実践についての調査結果を紹介する。

## 3．座間味村における平和教育実践

(1) 座間味小・中学校

　座間味村における行政の中心であり人口のいちばん多い座間味島には,座間味小・中学校がある。座間味小・中学校は1885年に座間味尋常小学校として創立された。2001年度現在,小学校の児童数は60名で,3・4年生は複式学級の形式をとっている。中学校の生徒数は17名である。教員は小・中学校合わせて19名であり,古くからの村民である1名を除いて1998年4月以降の着

任であり、ほとんどの教員は3～4年間のみ沖縄本島から赴任してくる。

　座間味小・中学校における平和教育の概要は、同校の平和学習旬間実施要項に窺える。2001年度は6月11日から19日を平和学習旬間に指定し、①図書館におけるパネル展、②小学5・6年生と中学生を対象とした「慰霊の日」特設授業の実施、③朝自習での平和に関する本の講読、④平和集会の開催、⑤平和の塔の清掃活動、に取り組んだ。

　①や③に関連することとして、図書館には平和教育に関連の深い図書が数多く所蔵されていた。その中でも特徴的なのは、郷土資料と戦争文学のコーナーである。郷土資料コーナーには沖縄戦に関する書籍[10]の他、座間味村の自然・歴史・産業・文化などを網羅した『座間味村史』(全3巻)や、戦争体験の聞き書きをシリーズとして出版している宮城恒彦『なぎさの小波』(寄贈本)が所蔵されていた。またそれとは別に文学コーナーの一角に戦争文学コーナーが特設されていたり、パネル展で使用した資料[11]も展示されていた。

　②について、図書館での調べ学習、住民による講話、壕の見学などの学習活動に取り組んでいた。住民による講話では、沖縄戦体験でのショックが大きく、当時の様子を語らないという方もいるという。授業で扱う内容は座間味島内の戦争体験であり、他の島についての学習はしていない。

　④と⑤について、学校裏の高月山中腹に平和之塔がある。この塔は「集団自決」者402名を含め軍民あわせて1220名を合祀した慰霊碑であり[12]、1957年3月に建立された。毎年3月26日には慰霊祭が行われている[13]。

　同校では、平和教育を進めるうえで、県の教育方針との関連に特に留意しているという。県の教育方針では、戦争の悲惨さだけを強調することや戦争をやらないということを学習させるだけでは平和教育の意味をなさないとしており、それに沿った平和教育を展開している。つまり、単に戦争体験を取り上げたり「戦争はいやだ」という感覚を植え付けるのではなく、日頃の生活での思いやりや友達と仲良く遊ぶことといった他の視点も含めて、身近な事例から平和につながる学習を構成するよう心がけている。

(2) 慶留間小・中学校

　慶留間小・中学校は1915年に座間味尋常小学校慶留間仮教場として創立して以来，約87年の歴史をもつ。1945年3月の米軍上陸では校舎が全焼し，住民とともに慶留間国民学校の学童13名が「自決」した[14]。平和を願う気持ちは鳩をモチーフとした校章や，児童会・生徒会の名称を「小鳩の会」としていることなどに表されている。

　2001年度現在，小学校の児童数は12名で，1・2年生と5・6年生は複式学級の形式をとっている（3年生は在籍者なしのため学級がない）。中学校の生徒数は8名で，1・2年生は複式学級となっている。児童・生徒の約半数は教員の子である。勤続年数が最長の教員は7年であり，ほとんどの教員は座間味小・中学校同様，3年間前後だけ沖縄本島から赴任してくる。

　2001年度の年間行事計画一覧によると，6月23日に「慰霊の日」，6月29日に「平和集会」と記されている。慶留間島には小鳩の塔という慰霊塔が建立されており，1958年12月に第一回の慰霊祭が催されて以降，毎年，島をあげての慰霊祭が行われている。平和集会では，生徒会長を中心に全校児童・生徒で群読，合唱，平和への誓いが行われる。

　2000年度の授業では，地域の老人に避難経路や「自決」の場所などを案内していただいたとのことである。中学生向けの副読本『沖縄県の歴史』は，社会科の時間で扱う時間が確保できず，夏休みに通読させてその中で関心をもった部分を挙げさせ，生徒同士で討論や意見交換をするにとどまっているという。

　平和教育の直面している課題を伺うと，島にはあと10年もすれば語り部がいなくなってしまうであろうことへの危惧があり，今の子どもたちが島の歴史を語りつげるようになってほしいという願いを話してくださった。また，教員の入れ替わりが頻繁なので，学校行事などではなるべく多くの写真を撮影し，その画像をコンピュータに保存・収集することで引き継ぎに備えているとのことである。

(3) 阿嘉小・中学校

　阿嘉小・中学校は1901年に座間味村尋常小学校阿嘉分教場として創立された。報告者が訪問した年はちょうど百周年目にあたり，記念式典が挙行され，運動場整備工事や記念誌発行などの記念事業が進められていた。2001年度現在，小学校の児童数は27名で，1年生・2年生は単式学級，3・4年生と5・6年生は複式学級の形式をとっている。中学校の生徒数は11名で，1・2年生は複式学級である。14名の教員全員が1998年以降の着任であり，他の小・中学校同様，3年間前後だけ沖縄本島から赴任してくる。

　阿嘉島における沖縄戦体験は，村内の他の有人島である座間味島，慶留間島とは異なり「自決」は起こらなかった。そのためであろうか，阿嘉島には慰霊碑が建立されていない。もちろん阿嘉島住民も沖縄戦で多大な犠牲を被ったことに違いはないのであるが，他の2つの有人島と比較して，阿嘉島の沖縄戦に対する考え方は若干異なるようである。そのことを，阿嘉中学校における新聞づくり実践を紹介しながら見てみたい。

　同校の社会科では，その授業方針は基本的に各担任に任されており，2000年度からの担当者は各学年で新聞づくりを行っている。それぞれのテーマは，1年生は阿嘉島の自然，2年生は中世における阿嘉島の歴史，3年生は観光と沖縄戦の2つである。そのうち沖縄戦に関して作成した新聞の一例を示した。新聞の内容は，沖縄戦の経過，犠牲者の数，戦争体験談などで構成されている。阿嘉島や座間味村の戦争体験ではなく沖縄戦に重点が置かれていることが村内の他の中学校と比較して特徴的である。

　同校社会科担当の教師は，「沖縄戦がどういうものだったのか，それ以降の27年にわたる米軍の統治，今でも存在し続ける米軍基地など，そのような現実問題も併せて教えないと本当の意味は伝わらないと考える」と話していた。このあたりに，阿嘉島や座間味村の戦争体験でなく，沖縄戦というより大きなテーマに重点を置いている理由が窺える。

　集会についてはどうであろうか。阿嘉小・中学校でも慰霊の日（6月23日）に向けて各学級で学習が進められているが，2000年度，2001年度に全校集会

**阿嘉中学校3年生が作成した新聞の例**

は実施していないとのことである。阿嘉島全体としての慰霊祭の有無は今回把握できなかった。

その他，2000年度には遠足で慶良間海洋文化館と高月山に行ったが，座間味島の戦跡は訪れなかったそうである。このように，「自決」者が出ず，犠牲が比較的少なかった阿嘉小・中学校では，座間味，慶留間の各小・中学校とはやや異なり，村内での戦争体験より沖縄戦に重点を置いた平和教育が実践されていた。

## 4．座間味村における平和教育の特徴と課題

### (1) 平和教育と戦争体験継承との関係

　第2章では，今日の平和教育の抱える課題が，次世代の平和構築と，歴史的なアプローチ一辺倒からの脱却にあるということを確認した。これらの課題に対して，座間味村における教育はどの程度取り組まれているだろうか。

　次世代の平和構築という点については，訪問した3つの学校いずれの平和教育実践においてそのような視点が含まれていたといえる。それは単に米軍基地問題といった現代的な問題を扱うのみならず，村全体が平和を強く希求する雰囲気に包まれていることにも求められるであろう。児童・生徒が聞き取り調査をする際，場合によっては戦争体験者がその悲惨さゆえ，体験を語ることを拒むこともあるということだが，そのことが却って教育的効果を生み出すことも

あるだろう。

　歴史的なアプローチ一辺倒からの脱却という点においては，教科教育としては小学校社会科ないし中学校社会科歴史的分野で扱われるのがほとんどであるが，阿嘉中学校3年生の新聞づくり実践では公民的分野で沖縄戦をテーマにしていたことを考えると，歴史的分野以外からのアプローチもなされていると捉えられる。しかしそれらの教科学習よりも，座間味，慶留間の小・中学校で行われていた慰霊塔の清掃活動や平和集会開催など，平和学習旬間の設置による教科外活動での平和教育が際立っていた。このような平和学習旬間の設置は沖縄県では全県的に見られるようであるが[15]，これほど精力的に取り組まれる実践を他の都道府県で探すことは難しいのではないだろうか。

(2)　教員の転任が与える2つの影響

　座間味村各小・中学校の教員は，そのほとんどが沖縄本島から赴任しており，任期は3〜4年であった。このことが平和教育実践に与えるメリットとして，座間味村や各島の歴史だけでなく，沖縄県の現状（特に基地問題を中心とした）という現代的課題を考える視点を提供できることが挙げられる。デメリットとしては，特に授業での平和教育実践はその内容と方法が教員個人に大きく依存してしまい，転任の際にこれまでの実践を引き継ぐことが容易ではないことである。

(3)　語り部減少の時代において平和教育を支える資料

　村内各小・中学校の平和教育を支える資料について，最後に2点ほど記したい。

　ひとつは座間味村の戦争体験に焦点を当てた書籍である。座間味村史編集委員会編『座間味村史』（全3巻，座間味村役場，1989年）はその中心的存在である。戦争に関しては「第四章　昭和戦前期」「第五章　戦場下の座間味村」「第六章　慶良間列島制施行」に詳述され，そこには「集団自決」事件のみならず，国民精神総動員運動，婦人会・青年団による銃後の奉仕，ノロ・御嶽に代表される民

間信仰の排斥，米軍への投降と捕虜生活，遺体と危険物の回収，土地所有権の調査といった，戦争に関連したさまざまな問題が扱われている。第7編「村民の戦争体験記」では，座間味村の一般住民による証言29編が約210ページにわたり収録されている。また，個人により執筆された書籍として，下谷修久『悲劇の座間味島　沖縄敗戦秘録』（千代田印刷センター，1968年），宮城晴美『母の遺したもの―沖縄・座間味島「集団自決」の新しい証言』（高文研，2000年），謝花直美『証言　沖縄「集団自決」―慶良間諸島で何が起きたか』（岩波新書新赤版1114，2008年）などが挙げられる。

　もうひとつは慶良間海洋文化館である。村内を散策すると，民家の軒先に魚雷がぶら下がっているといった光景に出くわすこともある。慶留間小・中学校では地域で見つけた鉄兜などを教材として図書館に保管していた。そのように，村内には各地に戦争遺品が散在している。それら戦争遺品を精力的に収集しているのが慶良間海洋文化館である。同館は座間味島座間味地区のほぼ中央に位置し，館長である宮里清五郎氏が自身の退職金をもとに自宅を一部改造して建設した私的な博物館である。展示されている戦争遺品には，砲弾，魚雷の他，㋹船（ベニヤ板で作られた特攻艇）といった他ではなかなか目にすることのできない貴重なものがある。同館の村内各小・中学校の学習に供するところは大きく，2000年度には遠足として村内各小学校児童が訪れている。

　戦争体験の語り部が減少していることは座間味村でも同様であり，平和教育実施のために，関連書籍や慶良間海洋文化館の果たす役割は今後ますますその重要さを増していくことと思われる。

## 5．おわりに

　以上，座間味村で2001年に調査した平和教育についての報告である。

　筆者が座間味村を訪問してから10年が経過し，沖縄復帰から40年の節目でもある今年は，沖縄戦，米軍統治下の生活，復帰運動，復帰後も続く米軍基地問題などの再検証が各メディアで展開されている。新たな証言の収集や未公開

資料の発掘が進む一方で，戦争体験をもつ語り部は年々減少している。資料のメディア化は，教育の平準化を加速させ，地域の特徴や経験を薄れさせてしまう危惧を孕んでいる。これからの時代における地域の平和教育を考える際，本節がその一助となれば幸いである。

(若生　剛)

注

1) 座間味村史編集委員会編『座間味村史』上巻，座間味村役場，1989年，12-13頁。
2)「『自決』とは，自分の意志で自殺することである。…(中略)…"虐殺"に等しい状況を『集団自決』と表現するには言葉として妥当ではないが，ほとんどの体験者が『集団自決』という言葉で証言しているため，あえて『』付きで使用している。」(『座間味村史』上巻，364頁)という考え方に従い，本稿でも「自決」「集団自決」という表現を使用した。
3) 2001年12月3日に宮里清五郎氏(慶良間海洋文化館長)より伺った。
4) 村上登司文「戦後平和教育論の展開―社会学的考察―」(『広島平和科学』22，2000年)を筆者が要約した。
5) 例えば，崎濱陽子「壕をさがし壕を掘り平和を語りつぐ」(『生活教育』573，1996年8月)，大城牧子「『沖縄戦を学ぶ』から『思いを伝える』へ」(『歴史地理教育』619，2001年1月)，河合美喜夫「総合学習としての沖縄修学旅行」(『歴史地理教育』607，2000年4月)など。
6) 例えば，早川寛司「『沖縄への手紙』と『沖縄たんけん』―愛知の子どもの『沖縄学習』」(『歴史地理教育』533，1995年5月)，吉松正秀「沖縄学習のなかでの子どもの意見表明―『総合学習・沖縄』より―」(『教育』606，1996年11月)，高木郁次「沖縄手紙学習」(『歴史地理教育』616，2000年11月)などの実践報告がある。
7) 村井淳志「現代を生きる学習者にとって意味のある平和教育内容は何か」『教育』585，1995年3月，31-32頁。
8) 安達喜彦「平和を育む主体形成のために―平和学習の到達点と課題―」『歴史地理教育』No.608，2000年5月。
9) 村上前掲論文。
10) 沖縄戦に関する書籍として，例えば以下のような書籍が郷土資料コーナーに配架されていた。大田昌秀監修『写真集　沖縄戦』那覇出版社，1990年。大田昌秀編著『写真記録　これが沖縄戦だ』琉球新報社，1977年。下谷修久『悲劇の座間味島　沖縄敗戦秘録』千代田印刷センター，1968年。宮城栄昌・新里益弘共著『沖縄県の歴史と政治』沖縄時事出版。神谷明仁・中曽根義人編集『沖縄戦記録写真集　日本最後の戦い』月刊沖縄社，1977年。

11) 宮城悦三郎監修『決定版！写真パネル　沖縄戦』(全25枚)，那覇出版社．
12) 座間味村役場総務課編集『平成11年度　座間味村勢要覧』1999年，10頁．
13) 『座間味村史』上巻，700頁．
14) 『座間味村史』上巻，706頁．
15) 2001年12月5日に阿嘉中学校で社会科を担当している津波古健教諭より伺った．

# 6 沖縄県小浜島における集落と学校教育の関係
——子どもの地域行事（伝統・文化）の認識に着目して——

## 1．はじめに

　新学習指導要領の社会科，地理歴史科，公民科の改善の基本方針[1]において，さまざまな伝統や文化の理解は，重要な内容のひとつとされている。そこで，本節では，沖縄県小浜島における子どもの地域行事の認識に着目して，集落と学校教育との関係を考究し，学校教育における地域の伝統・文化の扱い方について，ひとつの示唆を提示したい。

　沖縄県小浜島は，村内集落と細崎集落という大きく2つの集落が存在する島嶼である。小浜島を対象とした先行研究として，大城(1990)[2]は，小浜島の村内集落を対象に，集落立地や生活様式について明らかにしている。また，矢野他(2002)[3]は，民族学研究として，農民の副業としてきた石干見漁業を取り上げた。さらに，加賀谷(2005)[4]は，小浜島の三大年中行事(豊年祭，結願祭，旧盆)の継続要因を，祭祀集団の構造から明らかにしてきた。これらの研究では，大城(1990)の「村内集落を一島一村落と想定する」や加賀谷(2005)の年中行事の祭祀集団の分析から「小浜島の社会システムの総体的なありようを述べる」に代表されるように，小浜島の集落の特徴として，一方の集落だけの特徴が強調されている。これまでの学術研究においてひとつの集落に注目が集まる中，2つの集落を1学区とする学校では，どのように島の特性を生かした教育活動が求

められるのであろうか。

　これまで，離島およびへき地の教育研究の代表的なものとして井田(2005)[5]は，1集落1学区もしくは，1学区に見られる1つの地域の特性に着目し，離島及びへき地の教育の分析を行ってきた[6]。したがって，島内の文化の混在を対象とした離島地域の教育研究は，管見の限り行われてこなかったと考えられる。

　よって，本節は，小浜島島内の集落に関わる子どもの認識や学校の取り組みを分析することで，小浜島の地域の特色を生かした教育の重点要素を提案することを目的とする。手続きとして，まず子どもの地域行事に対する認識を質問紙調査の結果より分析する。次に学校の島内の伝統・文化に関する取り組みを明らかにする。そして，最終的に小浜島の地域の特色を生かした教育の構成要素を提案する。

## 2．小浜島の集落と子どもの地域認識

### (1) 小浜島の集落と地域伝統行事

　小浜島の集落は，村内集落と細崎集落の大きく2つの集落に分かれる。村内集落は，島の中央部に位置し，細崎集落は，島の南西部に位置する(図4-6-1)。また，対象とした竹富町立小浜小学校中学校(以下「小浜小・中学校」と略記)は，村内集落の東に位置する。

　村内集落は，近世以降に存在した島内のいくつかの集落が，明和の大津波の影響で，島の中央の高台に住むようになったことに由来する[7]。村内集落の年中行事は，戦前とほぼその数を変えることなく行われている。中でも，三大行事といわれる豊年祭，結願祭，旧盆[8]は，昔からの慣習に則って行われている。これらの行事を行う村内集落は，日本中のあらゆる地域で，年中行事の簡素化や消滅が余儀なくされている今日において，非常に特異な地域としての評価も得ている[9]。加賀谷(2005)によれば，この三大行事以外にも，およそ22の行事が存在し，村内の行事は，1年間を1シーズンの稲作儀礼として，連続性を

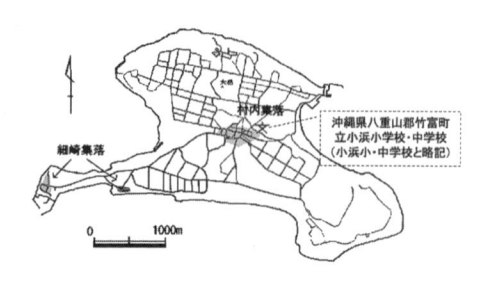

図 4-6-1　沖縄県小浜島の集落と学校
（筆者作成）

もって行われているのである。これらの行事の中には，秘祭として行われている行事もある。2003年現在の村内集落の人口は，470人（リゾート関係者含む）である。そして，村内集落は，伝統を守る傾向がある一方で，リゾート関係者も村内に移住してくる傾向が見られる[10]。2005年現在の村内集落は，沖縄の伝統的な建築様式に則った住居が多く，赤瓦を基調とした屋根が多く見られる。

　細崎集落は，西（いり）細崎と東（あがり）細崎に分かれる。2003年現在では，人口67名という小さな集落である[11]。西細崎は，明治末期から大正にかけて糸満からカツオ漁業のために移住してきた漁師の集落である。糸満からの移民は，同時期に小浜島の細崎に限らず，石垣島や黒島など，八重山地域の多くの島に移住してきている[12]。特に細崎では，カツオ工場がたくさん建設され，カツオ加工において栄えた。村内集落の女性たちは，その工場に勤め，最盛期には昼夜を問わず働いていたようである。しかし，カツオ業の衰退の兆しが見えると，短期間にカツオ加工工場がなくなり，細崎の海人たちの生活は貧しいものへと変わっていった[13]。一方，東細崎は，戦後に南方で活躍し，資金を貯めた人たちが移り住んできた集落である。彼らは，たばこや製糖などの農業に従事した[14]。なお，終戦直後の細崎からの通学については，西島本氏が「細崎から学校へは，40分かかり夏は歩くので暑く途中に，コーチキ屋の松林で一休みし，時計はないので毎日のように遅刻でした。…（中略）…昼の弁当は，タオルに芋を2～3個包み背中に担っての登校で，村（村内集落）の入り口の藪の中に縛って置いて，授業が終わると藪の中に戻り昼食して午後学校へ行った。…（中略）…貧しいながらも裸足で，当時の険しい道をよくも9年間も通ったもんだと思います」と当時の状況を100周年記念誌の座談会記録[15]に，残している。1970年代以降になると，ヨナラ水道[16]が目の前にあることから，細崎はダイ

ビングスポットとして注目を集め，また離島ブームも後押しとなり，それに魅了された人々が移住してくるようになった[17]。このような背景より，現在の細崎は，明治・大正期の糸満からの移住者の海人としての伝統も残しながら，沖縄本島や日本各地からの移住者を受け入れている集落となっている。伝統的行事は，糸満の文化の名残として，毎年旧暦の5月4日にハーリー[18]が現在行われている。

村内集落と細崎集落のそれぞれの特徴は，村内集落の周辺に水田があることから，村内集落の人々が主に農業に従事してきた一方，細崎集落は漁業に従事してきた。また，歴史的には，村内集落の集落形成が早い。両集落の交流関係については，加賀谷(2005)が，交流はPTAや保育所に関係した子どもを介した交流か，または，「海人」の妻が村内集落に魚を販売に来るといった機会に限定されていることを述べている。したがって，村内集落と細崎集落との社会的関係は弱く，日常生活での交流も少ないとされる。

## (2) 子どもの地域行事の認識

沖縄県八重山郡竹富町立小浜小学校・中学校(以下「小浜小・中学校」と略記)は，2005年4月現在40名の児童生徒を抱えている。児童生徒の大半は，学校がある村内集落に住んでおり，残りの児童生徒は，4キロ離れた細崎集落からバスで通っている(表4-6-1)。

質問紙調査では，小学5年生から中学3年生までを対象とし，自分の住んでいる地域と，地域行事を記述式で回答させた。調査は，2005年(平成17年)12月5日から8日の間に行った。質問内容は「あなたの住んでいる地域の行事を

表4-6-1 小浜小・中学校の児童・生徒数(集落別) ※単位は(人)

| 学年 | 小学校 | | | | | | 中学校 | | | 合計 |
|---|---|---|---|---|---|---|---|---|---|---|
| | 1 | 2 | 3 | 4 | 5 | 6 | 1 | 2 | 3 | |
| 村内集落 | 6 | 3 | 5 | 4 | 1 | 3 | 3 | 3 | 5 | 33 |
| 細崎集落 | 0 | 2 | 0 | 1 | 1 | 2 | 0 | 1 | 0 | 7 |

(沖縄県竹富町立小浜小学校・中学校『平成17年度年間指導計画』より筆者作成)

教えてください」である。小学校5・6年生以上を対象としたのは，小学校3・4年生の社会科地域学習が履修済みであり，小浜島全体のことについての理解があることを前提としたためである。

　結果(表4-6-2)を見ると，「地域の行事」として，子どもたちは，結願祭・豊年祭・旧盆・種取祭[19]・ハーリーを挙げていることから，全員地域伝統行事を回答していたと捉えられる。つまり，子どもたちは，「地域行事[20]」=「地域伝統行事」と認識していることがわかる。また，集落ごとの違いに着目すると，村内集落に住む子どもたちは，三大行事(豊年祭，結願祭，旧盆(盆行事))のみ

表4-6-2　質問紙調査の回答結果

| 回答した生徒〈学年〉 | 居住集落 | 行事 |
|---|---|---|
| A(小5・6) | 村内 | 結願祭 |
| B(小5・6) | 細崎 | 部落：結願祭，細崎ハーリー |
| C(小5・6) | 村内 | 結願祭，お盆，(細崎の)ハーリー |
| D(小5・6) | 村内 | 結願祭，豊年祭，お盆 |
| E(小5・6) | 細崎 | 結願祭，ハーリー(細崎) |
| F(小5・6) | 細崎 | ハーリー，(結願祭，豊年祭，部落) |
| G(中1) | 村内 | 結願祭，豊年祭，種どり祭，お盆 |
| H(中1) | 村内 | 結願祭，お盆 |
| I(中1) | 村内 | 結願祭，お盆，豊年祭 |
| J(中2) | 細崎 | ハーリー |
| K(中2) | 村内 | 豊年祭，結願祭 |
| L(中2) | 村内 | 豊年祭，旧盆，結願祭 |
| M(中2) | 村内 | 豊年祭，旧盆，結願祭 |
| N(中2) | 村内 | 結願祭，豊年祭，お盆 |
| O(中3) | 村内 | 結願祭，豊年祭，お盆 |
| P(中3) | 村内 | 結願祭，豊年祭，お盆 |
| Q(中3) | 村内 | 結願祭，種取祭，豊年祭 |
| R(中3) | 村内 | 結願祭，種取祭，豊年祭，お盆 |
| S(中3) | 村内 | 結願祭，種取祭，豊年祭，お盆 |
| T(中3) | 村内 | 豊年祭，結願祭，お盆 |

(質問紙調査結果より筆者作成)

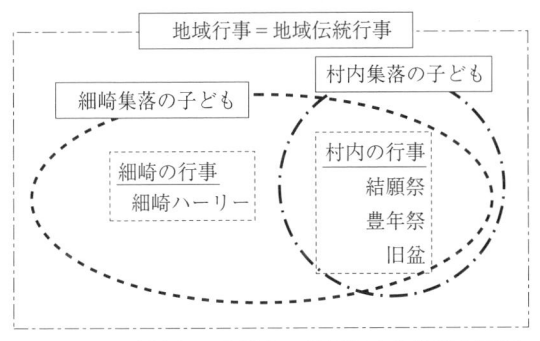

図4-6-2　小浜島の子どもの地域行事と集落の関係

（質問紙調査結果より筆者作成）

を挙げる傾向にあるが，細崎集落に住む子どもたちは，「村内は結願祭・豊年祭・旧盆，細崎はハーリー」と，分類分けして地域行事を説明する傾向にあった。この傾向は，村内集落のみを地域と捉える子ども（村内集落在住）と，小浜島島内を地域と捉える子ども（細崎集落在住）としても，分類できると考える。

　図4-6-2は，質問紙調査の結果から導いた，小浜島の子どもの地域行事と集落の関係図である。まず，小浜島の子どもたち全体は，地域行事を地域伝統行事と捉えていることである。次に，集落ごとの伝統行事について，村内集落では小浜島の三大行事である豊年祭・結願祭・旧盆を，細崎集落はハーリーを位置づけており，さらに居住する集落により，子どもの地域行事の捉え方が異なることが挙げられる。村内集落に住む子どもの場合，地域行事は村内集落の行事である。細崎集落に住む子どもの場合，多くの回答が，細崎集落と村内集落を合わせた地域行事を挙げていた。

## 3．小浜小・中学校の地域に応じた取り組み

### (1) 学校における地域行事の位置づけ

　小浜小・中学校では，学校行事の一環として，学校独自の地域行事を位置づけている。地域行事に位置づけられている行事は，3つである。ひとつは，細

崎集落で6月に行われるハーリー,残り2つは,村内集落で行われる結願祭と旧十六日祭[21]である。ハーリーは,細崎集落在住の子どもが少ないため,細崎集落と村内集落の子ども全員が参加する。一方,結願祭は,村内集落内の慣習が厳しいため,全員が同じ条件で参加することができない。細崎集落の子どもは,事実上見学状態となる。学校行事の一環とする背景として,村内集落の古くからの伝統により,行事開催が授業期間中の平日に決まることもあるため,集落の実情に合わせざるを得ない状況にあったことが挙げられる[22]。

次に,地域行事に関係する教科・領域は,各地域行事によって異なるが,小学校では体育・音楽・生活・総合的な学習の時間・学級活動・道徳の時間,中学校では体育・音楽・総合的な学習の時間・学級活動・道徳の時間である(表4-6-3)。小学校・中学校ともに,生活科を除くと,同様の教科・領域が関係してくる。

写真4-6-1～3は,地域行事に関係した児童の作品である。写真4-6-1は,細崎ハーリーを描いた児童の絵画作品である。細崎ハーリーは,児童全員が参加する行事であるので,どちらの集落の子どもが書いた作品かはわからない。また,写真4-6-2・写真4-6-3は,村内集落の行事である結願祭に関する日記を書いた児童の作品である。写真4-6-2は,日記を書いた児童本人が,衣装を身にまとっている絵を描いているので,村内集落の子どもと読み取れる。一方,

表4-6-3 地域行事の教科・領域の位置づけ

| 行事名 | 小学校 | 中学校 |
|---|---|---|
| | 教科・領域 | 教科・領域 |
| 細崎ハーリー | 体育 音楽 生活 総合 | 体育 学活 道徳 |
| 結願祭 | 生活 総合 学活 道徳 | 総合 音楽 学活 道徳 |
| 旧十六日祭 | なし | なし |

(沖縄県竹富町立小浜小学校・中学校『平成17年度年間指導計画』より筆者作成)

写真4-6-1 細崎ハーリーを描いた児童の作品
(2005年12月小浜小・中学校にて筆者撮影)

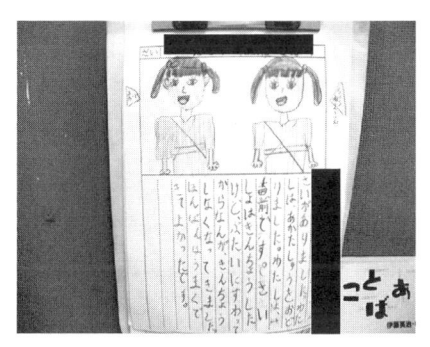

写真 4-6-2　結願祭の日記を書いた児童の作品①　　写真 4-6-3　結願祭の日記を書いた児童の作品②

（2005年12月小浜小・中学校にて筆者撮影）　　（2005年12月小浜小・中学校にて筆者撮影）

写真 4-6-3 の日記からは、どちらの集落の子どもであるか読み取れなかった。しかし、写真 4-6-1～3 において、共通することは、これらの行事が、小浜小・中学校にとって、重要な位置を占めている、ということである。このことから、小浜島の小・中学校が、地域行事に応じて、年間指導計画等を作成していることがわかる。ただし、地域の状況への応じ方は、先述の通り、集落の規模や状況によって異なっている。

(2)　PTA によるスマムニ（小浜方言）大会

　小浜小・中学校 PTA では、1987 年（昭和 62 年）より、「スマムニ大会」と称した、島方言の大会を行っている。スマムニ大会は、竹富島のテドゥムニ（竹富方言）大会[23]の影響を受け、島の方言の継承を目指し、はじめられたものである。第一回が行われた 1987 年の八重山毎日新聞の掲載記事によると、「大会は、島の日常会話から方言が薄れている現状にあることから、今一度島言葉を復活、継承させ方言文化を守り育てていくのが目的」とされ、「糸満から移住してきた細崎集落の児童生徒たちは糸満方言で、また石垣島出身の教職員の子供たちは宮良や登野城、石垣方言で発表」と、村内集落の方言を「島の方言」とし、村内集落出身者以外の者への配慮を含んだ記述が見られた。しかし、2004 年に行

われたスマムニ大会では,「小浜方言と沖縄方言を通した島全体の親睦を図る」ことが目的とされ，第1回からの趣旨が変わってきたことが伺える。2004年の大会は1週間行われ，期間中は小・中学生によるスマムニの島内放送やポスターが貼られ，家庭でも方言に触れるように心がける。そして，最終日は，スマムニ祭が行われ，スマムニを使った出し物が行われる。ただし，スマムニ祭の個人発表のときは，スマムニか，本島の方言かを選べるようになっている[24]。筆者の行った質問紙調査では,「島に住む大人にどんなことを教えてもらいたいですか」という質問に対して,「島の方言」という回答が最も多かった。つまり，このスマムニ大会によって,「島の方言」に対する子どもたちの興味関心を引き出せたものと捉えられる。

　しかし，スマムニ大会は，経年的に行われておらず，2005年度には行われていない。背景には，大会の目的の変化や方言指導の協力体制などが影響していると考えられる。

## 4．地域の特色を生かした教育の提案

### (1) 学校の取り組みの課題

　学校は，地域の状況に応じた教育を行う必要がある。前章に見られるように，小浜小・中学校では，学校行事の中に地域行事を位置づけたり，島内の親睦を図るために，スマムニ大会を開催したりと，双方の集落の状況に応じた教育活動を行ってきた。しかし，子どもの地域認識との関連をみると，集落毎に認識の差があることがわかる。これには，次のような要因がある。まず，小浜小・中学校が村内集落内に存在し，細崎集落から学校までおよそ4キロあること，それから村内集落の歴史が長いこと，村内集落の人口がはるかに多いということ集落間の距離・歴史・人口差が影響している。学校教育の立場からすると，このような認識の差は，細崎集落の子どものみが小浜島を「村内集落と細崎集落の島」と捉え，村内集落の子どもは「村内集落の島」という一島一集落の考えに陥りやすいのではないかと考える。実際，細崎集落は，集落形成後おおよそ

100年近く経過している。そのような中で，両集落の理解と尊重はより重要なものとなってくると考える。そこで次に，両集落の理解と尊重を目指した地域の特色を生かした教育の提案をしたい。

(2) 地域の特色を生かした教育への提案

小浜小・中学校では，前述のとおり，学校行事としての地域行事の位置づけやPTA行事のスマムニ大会の実施など，島内の親睦にむけての動きを少し見せている。そこで，今後はこれらの動きを継続させつつ，地域学習の充実が課題となると考えられる。本節では地域学習を，特に社会科や総合的な学習の時間に行われる島内についての学習と位置づけている。そして，この地域学習を小・中学校を通して行うことで，より島内の親睦や理解が育まれるものと考える。

よって，特に以下の3点に重点を置く地域学習を提案する。

① 島の歴史学習

集落形成の歴史を扱い，小・中学校で一貫して行う。学習指導要領によると，地域学習は，小学校3・4年生の社会科で扱われている。竹富町では，小学校3・4年生向けの副読本を作成しており，竹富町をひとつの地域とした内容を扱っている。しかし，子どもたちへの地域の認識の調査結果からも明らかなように，小浜島の歴史学習は不十分な状況にある。そこで，島の歴史学習を小・中学校を通して，諸学習に取り入れることを提案する。諸学習に取り入れるとは，例えば社会科において，授業の導入の際に，地域の歴史から始めることなどを指す。また，国語においても，読み物として，地域の歴史に関する読み物を取り入れることも挙げられる。

② 地域行事・方言の学習

地域行事を行う意味や地域行事そのものの意味を学習させる。また方言も，方言はなぜあるのかという学習を行う。地域行事や方言をより身近に感じ，伝統・文化を守ることやその存在の価値について理解させることを指す。小浜島の村内集落の行事は，伝統行事として，民俗学研究などの見地から評価を得て

いる。そこで，行事に携わり，また伝統行事の島に住む人々が，その行事の価値について，理解することは，伝統行事の存続には，重要なことといえる。

また，方言に関しては，すでにPTAにおいて方言学習の行事が行われている。これをより発展させ，方言から地域の特性や文化の学びを充実させることにつながる。沖縄の方言は，島ごとに異なる。したがって，小浜島の方言や沖縄本島の方言などを学習することは，小浜島の特徴，または沖縄県の中での小浜島の位置づけを理解することにつながる。特に，小浜島の方言は，集落形成の経緯から，村内集落の方言と細崎集落の方言の大きく2つに分けられる。さらに，リゾート施設ができた1980年代以降は，沖縄県外からの流入者も増え，沖縄の方言以外を話す子どももいる。そこで，PTAによる島内の親睦を目的とした方言大会を継続して行っていくことは非常に重要なことと考える。

③ フィールドワーク

島内を廻り，民家の立地や形態について学習する。学習の場を学校内だけではなく島内に広げる。島内における民家は，集落によってその形態が異なる。また，村内集落と細崎集落は，立地環境も異なる。さらには，「はいむるぶし」などのリゾート施設という，新たな人間環境の建設も為された。したがって，実際に島内を回り，島の景観から得られる特徴を子どもたちが見出していくことは，子どもたちに島の現実や，島内の地域社会の構造を理解することにつながる。さらに，フィールドワークは，聞き取り調査を通して，島の住民との対話の機会を持たせ，ひとつの集落に限らず，あらゆる場所において，子どもと島の住民とのコミュニケーションを生みだす。このことは，子どものみならず，島内の人々の親睦を高めることにもつながると考える。

## 5．おわりに

沖縄県小浜島には，2つの集落の位置や形成過程の違いが，子どもの地域に対する認識と学校教育に大きく影響を与えていることが明らかとなった。ひとつの学区の中に，性質の異なる集落が存在する場合，学校教育では，集落の状

況に応じた学校教育が実施されるべきであり，学校に関係する地域社会や教員等の協力は不可欠となる。先に挙げた要素は，小浜小・中学校にとって，今後必要な地域の状況に応じた教育の条件ともいえる。このような条件が，離島のひとつとされる小浜島の地域社会を活性化し，島の伝統・文化をより一層守りつづけることが可能となると考える。また，将来の小浜島を作る子どもたちの育成にとっても，小浜島に愛着をもち，小浜島の地域社会をより発展させることにもつながる。

今後の課題としては，ここで析出した重点要素をもとに，具体的なカリキュラムおよび授業プランを開発し，実践していくことと考える。また，小浜小・中学校では，2005年現在，社会科を専門分野とする教員が勤務していない。したがって，離島の学校であっても，各専門分野の教員の配置は，急務なことと考える。

（宮﨑　沙織）

注
1）中央教育審議会『幼稚園，小学校，中学校，高等学校及び特別支援学校の学習指導要領等の改善について』（答申），2008年。
2）大城直樹「亜熱帯島嶼の集落立地と生活様式—八重山群島・小浜島—」『人文地理』第42巻第3号，1990年，220-237頁。
3）矢野敬生・中村敬・山崎正矩「沖縄八重山群島・小浜島の石干見」『早稲田大学人間科学研究』第15巻第1号，2002年，47-83頁。
4）加賀谷真梨「沖縄県・小浜島における生涯教育システムとしての年中行事」『日本民族学研究』242，2005年，35-63頁。
5）井田仁康『社会科教育と地域 -基礎・基本の理論と実践-』NSK出版，2005年。
6）前掲書5）井出（2005）は，これまで東京都青ケ島，御蔵島，沖縄県座間味島，広島県芸北地区などを研究の対象としてきた。
7）1629年に石垣間切から宮良間切に変わった当時は，9集落あったが，明和の大津波で4集落が被害を受け，それ以来中央の高台に集まって住むようになったといわれている（武者英二・永瀬克己「八重山地方の建築的遺構と民家・集落」法政大学沖縄文化研究所沖縄八重山調査委員会編『沖縄八重山の研究』相模書房，2002年）。
8）小浜島の三大行事は，「ポーラ（豊年祭）」「シツ（結願祭）」「ソーラ（旧盆）」とも呼ばれる。小浜島の年中行事は，この三大行事と御嶽祭祀に大別され，それらは

稲作儀礼としてひとつのシリーズで行われている(前掲書(3)より)。
9)前掲書3)。
10)小浜小・中学校教員への聞き取り調査による。
11)前掲書3)。
12)加藤久子「八重山における糸満漁民の出漁と移住　石垣島の漁民集落形成と漁業活動を中心として」法政大学沖縄文化研究所沖縄八重山調査委員会編『沖縄八重山の研究』相模書房，2002年。
13)前掲書2)，3)，12)を参照。
14)小浜島住民への聞き取り調査による。
15)記念誌委員会『竹富町立小浜小学校　創立百周年記念誌　うふだき』小浜小学校創立百周年記念事業期成会，1997年。
16)ヨナラ水道は，マンタの通り道として有名だが，最近ではマンタの通り道が変わり，あまり見られなくなった。
17)小浜島住民への聞き取り調査による。
18)沖縄各地で行われる船競漕の行事。那覇・糸満のものが有名で，神事として行われる(『広辞苑　第五版』岩波書店より)。
19)種取祭は，昭和34年まで，小浜島の代表的な祭りとして位置づけられていた。しかし，昭和30年代当時の経済的な理由から簡素化され，代表的な行事から外された(前掲書3)より)。
20)一般的に，地域行事は，伝統行事以外にも，公民館行事なども含む。
21)旧十六日祭は，親族のみで行われる村内集落の行事である。
22)小浜小・中学校教員への聞き取り調査による。
23)テドゥムニ大会は，小浜島のスマムニ大会以前から行われており，竹富島では公の場で正式の挨拶言葉として用いられているほど，定着化している。(國學院大學日本文化研究所編『國學院大學日本文化プロジェクト成果報告　黒潮文化圏の言語研究　琉球竹富島の方言』1990年。)
24)沖縄以外の出身者がいる場合は，出身地の方言を使うことも許されている。

# 第5章　韓国・ミクロネシア連邦の地域と教育

## 1　韓国・公州市における国際結婚家庭の支援と学校教育の課題
——地方行政，外国人妻，小学校教員それぞれの視点から——

### 1．はじめに

　本節の目的は，近年の大韓民国(以下韓国)の国際結婚の急激な増加を受けて，地方行政や外国人妻，さらには国際結婚により生まれた子どもを受けもつ小学校教員，それぞれの視点から，韓国・公州市における支援のあり方と学校教育をめぐる現状と課題を明らかにすることである。

　近年韓国では国際結婚の増加が顕著であり，それに伴ってさまざまな社会変化が起こるとともに深刻な問題も浮上しつつある[1]。特に，2003年以降の急増には目を見張るものがある[2]。韓国に限ったことではないが，言葉の壁や文化の違いによる苦悩や困難は深刻な問題である。また，一般的に子どもの韓国語の上達が早く，母と子とのコミュニケーションの欠如など，日本をはじめ，その他多くの先進国でも問題となってきたことが，韓国でも社会問題化し始めている。しかし，韓国において顕著な問題としてより深刻なのは，外国人妻に対する家庭内暴力や人権問題などである。特に農林漁村に嫁いでくる外国人妻は，韓国よりも生活水準の低い東南アジアの出身者が多く，容易に里帰りする感覚で母国へ帰省するということが難しい場合が多い。したがって，精神的に大変な苦悩をひとりで抱えざるを得ないことも少なくないであろう。

　韓国移住女性人権センターは，国際結婚をした女性たちが幸せな結婚生活を

送れるようにするため，外国人女性の韓国人の夫を人権センターに招き，「幸せな家庭作り」という家族プログラムを開始したと2005年11月24日に発表した[3]。また，韓国政府は2006年度，初めて「女性結婚移民（国際結婚）家族社会統合支援政策」を作成し，政府をあげての対策に乗り出した[4]。これらの動きに先駆けて，2005年に韓国内で初めて外国人妻の支援対策を始め，韓国政府へその必要性を打診したのが公州市である。公州市の取り組みは今や全国的な広がりを見せ，支援の内容も多種多様になりつつある。

韓国では，こうした現状に鑑み，学校教育における多文化教育の導入や，多民族および多文化的政策の充実を唱える教育社会学的研究(Oh, Sung-Bae 2006)[5]，あるいは韓国の歴史的背景および現状に即した多文化状況の理解とその対策に関する，根本的な検討が必要であるといった社会学的研究(韓敬九　2007)[6]が徐々に盛んになりつつある。こうした研究は急速に展開しつつある韓国の多文化状況を俯瞰した視点から，その特徴や輪郭を明示することに貢献しているといえる。したがって，これらの先行研究からは，多文化共生への取り組みについては後進国といえる韓国の問題点，世界の潮流に照らした際の課題などについて明確に知ることができる。また，2008年以降，韓国の国際結婚の増加に伴う多文化化や多文化教育に関する論文が年々増加している。例えば，ハン・ゴンス(2008)は，これまでの単一民族によって構成される社会から多民族・多文化社会への移行を意識させることになり，「韓民族といった概念や定義を改めなおす必要性」とともに，「文化の多様性を尊重することによって，より豊かな共通の文化的価値を創り上げなければならない」[7]と変革の必要性を唱えている。李月順(2010)は韓国の外国人教育政策と「多文化家庭」の子どもの教育の現状，韓国よりも早く取り組まれてきた日本の外国人教育と比較することによって，韓国の「多文化家庭」の子どもの教育の課題を明らかにしている。韓国同様「単一民族神話」がいまだ根強い日本と比べて，社会政策の理念に多文化主義を掲げたことは，未だ，単一民族論の呪縛から抜け出せていない日本に比べて，大胆な方向転換をしたといえるが，韓国の社会政策の理念である多文化主義が単に，「同化的社会統合政策」の言い換えとして使われないためには，「多文化家庭」

の子どもが教育への権利の主体であることが前提になければならない、として いまだ韓国の教育における多文化共生への改革は端緒についたばかりであることを指摘している[8]。馬兪貞(2011)は、韓国の都市と農村における国際結婚の比較を通して、その傾向の違いと地域的に異なる課題を明らかにしている[9]。その他、朴賢淑・坪田光平(2011)は、国際結婚家庭における家族支援の意義と課題について、最新の動向を明らかにしている[10]。これらは先行研究のほんの一部であるが、その研究動向に鑑みても、その萌芽ともいえる2006年当時の公州市における実態と課題を追究した本節は、先駆的研究として2012年現在においてもなお、大きな意義があると考える。加えて、本節は韓国における国際結婚の現状ならびに国際結婚家庭に対する行政の支援、学校教育をめぐる課題について、地方行政における支援の実態、外国人妻や小学校の教師という「当事者」からのミクロな視点で、その在り方や課題を追究した点で、高いオリジナリティを有していると考える。

## 2. 公州市における行政の支援政策の現状と外国人妻の声

韓国中部・忠清南道公州市の2006年9月15日現在の国際結婚件数は、総数215件で女性の国籍別件数は表5-1-1に示す通りである。韓国全体の傾向と違わず、公州市でも2005年の9月の時点では144件であった国際結婚が、2006年には215件へと急増している。

公州市福祉事業課女性政策担当では、過去5年間における国際結婚の急増によって台頭してきた文化的差異、言語疎通の困難、情報不足などによる家族葛藤や家族解体といった社会問題に鑑み、「多様な施策によって国際結婚家庭の困難の解消および『私

表5-1-1　国際結婚家庭の外国人妻の国籍

| 国籍 | 数 | 国籍 | 数 |
|---|---|---|---|
| ベトナム | 82 | ウズベキスタン | 2 |
| 中国 | 74 | カンボジア | 1 |
| フィリピン | 38 | ロシア | 1 |
| 日本 | 7 | メキシコ | 1 |
| ネパール | 3 | タイ | 1 |
| モンゴル | 3 | | |
| タイ | 2 | 総計 | 215 |

(公州市福祉事業課資料(2006)より筆者作成)

表 5-1-2　希望プログラム　現況

| 計 | ハングル教室 | 文化体験 | 伝統礼節教育 | その他(韓国料理) |
|---|---|---|---|---|
| 215 | 90 | 50 | 15 | 60 |

(公州市福祉事業課資料(2006)2頁より引用)

たち』意識再興のための地域社会の堂々とした構成員としての参加誘導」[11]を目的として，国際結婚家庭支援計画を進めている。現状行われている支援プログラムは，表5-1-2に示す通りである。

　担当女性によれば，発足した当初の支援策は，表5-1-2を見てもわかるように，同化を支援するためのものに限られていたが，昨今ではより夫婦あるいは家族ぐるみで参加し相互理解を支援するものへと方向転換を始めているとのことである。その新たな方向性を含む2007年度の計画方針としては，次の5点が上げられている。
・国際結婚家庭構成員が相手側の文化を理解して健やかな家庭を育成する
・管内に居住する国際結婚家庭を対象に支援
・家族が一緒に参与することができるプログラム開発としての家族和合企画
・子女学習支援として家庭教育不在による弊害状況の予防
・外国人主婦に合わせた社会統合プログラムの開発・運営
こうした方針のもと，大きく分けて6点の事業計画がある(表5-1-3)。

　行政の支援対策への取り組み以前および始まった当初より，韓国社会における外国人妻に対する視線は確実に変化してきたと，公州市の福祉事業課女性政策担当の女性は述べる。かつては，外国人女性に対して無関心であったり白い目を向けたりする風潮が確かにあったという。しかしながら，韓国社会，少なくとも公州市についていえば，過疎化，嫁不足，少子高齢化にあえぐ地方にとって，そうした問題を一気に解消してくれる外国人妻たちの存在は，今やなくてはならないものとなっている。また，その急激な増加により社会変化や国際結婚によるさまざまな問題は無視できない現状となってきてもいる。離婚件数も急激に増加しており，その中には家庭内暴力によるもの，人権を無視した理

**表 5-1-3　支援対策事業計画**

| 推進事業 | 細部推進計画 |
|---|---|
| 1．幸せな家庭づくり事業 | ・国際結婚家庭の家族構成員が相手の文化をともに学び，理解する教育プログラムの提供<br>・家庭の大切さと家族に対する自尊心の向上<br>⇨家族間の理解不足からくる葛藤の解消および親密感の形成<br>①夫婦教室運営<br>②外国人妊婦および乳幼児健康管理<br>③外国人との同棲夫婦協同結婚式 |
| 2．韓国文化理解および体験事業 | ・国際結婚家庭の文化的差異からくる社会統合の葛藤解消のための韓国文化教育および体験機会提供<br>⇨教育プログラムを通じた達成感，韓国社会に対する肯定的価値観形成<br>①韓国文化教室運営<br>②外国人主婦とともにつくる各節食事つくり行事<br>③伝統食事文化体験（大根・キュウリのしょうゆ漬け，キムチ，テジャン，コチュジャンをつくる）<br>④国際結婚家庭とともに行うクリスマス行事 |
| 3．子女学習支援 | ・母の韓国語行使力不足による幼時期家庭教育の不在からくる弊害を事前に予防するための子女学習支援<br>⇨児童の社会性発達および学習不振要素の解消として自信涵養<br>①未就学および初等学生学習支援 |
| 4．韓国の実家の母結縁事業 | ・国際結婚により精神的困難を経験し生きる移住外国人女性に韓国の実家の母結縁として心理的安定を図る。<br>⇨国際結婚に対する結婚生活の安定的定着の為の精神支援<br>①韓国の実家の母結縁行事 |
| 5．外国人主婦実家帰宅事業 | ・経済的事情により実家訪問の困難な外国人妻に実家訪問の機会提供<br>⇨外国人主婦に実家訪問する機会を与えホームシックを解消<br>①外国人主婦の里帰り |
| 6．苦労相談および家庭暴力被害者救助 | ・生活の苦労相談および各種の家庭暴力被害者に対する保護支援<br>⇨国際結婚家庭の生活定着および被害女性の心理的安定を支援<br>①生活苦労の相談強化 |

（公州市福祉事業課資料(2006) 2-6頁より筆者作成）

由によるものなども多く見られるが，そうしたことも一因である．外国人妻の韓国社会あるいは農漁村社会への不適応によるものも多い．こうした現状を直視することで，昨今では「助けてあげよう」「大切にしなくては」といった考え方に変化しているとのことである．また，農林漁村部などの田舎の方では特に，古風な考え方が残っており，「ハングルがわかりすぎると出て行くのでは？」といった不安から教育を拒むケースもまだあるという．したがって，帰国援助や

あるいは韓国の母をもつための結縁行事など，外国人妻の寂しさや不安を解消するための支援策や，家族・夫婦・地域が支えるという意識を涵養する，あるいは意識改革をするための家族・夫婦・地域ぐるみの教育などが重視され始めている。

　また，公州市では農村経済の難しさも考慮し，夫婦がともに働いて経済的に余裕をもてるように，また外国人妻が韓国社会における生活を楽しめるように，ハングルがある程度定着した外国人妻たちを対象に，技能を生かした職業教育にも力を入れている。例えばフィリピン女性の場合には英語が堪能である場合が多いため，英語教師として働くための教育や機会を提供するなどである。近年では多くの地域でこうした職業教育や支援が展開されている。例えば忠清北道清州市でも「ネイティブ講師派遣」事業として5人のフィリピン女性たちを英語教師として小学校へ就職させたり，小学校や幼稚園で出身国を紹介したりする「多文化授業」も2007年から始められている[12]。

　今回の調査では，行政が運営する「キムチづくり」事業を参観させていただいた。この事業は表5-1-3の「2．韓国文化理解および体験事業」の「③伝統食事文化体験」にあたるものである。市では，定期的に農村部の妻たちを集め，交流の場を作ったりハングルを教えたりするなどの機会を積極的に提供しようとしている。こうしたキムチづくりなどもその一環である。多くのボランティア・スタッフが参加し，外国人妻たちが韓国語の講習を受けている間に下準備を行い，講習後外国人妻たちが作業に参加する。ほぼ一日がかりの行事である。そこに参加するボランティアの韓国人女性は，「ソウル出身で外国人との接触は日常であるため，外国人に対して特別意識することはない」と語った。行事に参加する人々の様子からは，和気あいあいとした楽しげな交流である雰囲気が伝わってきたというのが筆者の印象であった。

　この行事に参加していた，フィリピン出身の女性に話を聞くことができた。彼女は結婚7年目の女性で夫の両親とは別居しており子どもがいない。結婚する前は東南アジアのさまざまな国へ家政婦として出稼ぎに行っていたため，文化への適応に対してはあまり抵抗がなく，儒教など文化的差異に対してさほど

大きな障害はなかったケースであった。また，多くの貧しい生活を見たり経験したりしてきたことで，生活レベルの高い韓国での生活は快適で満足しているという回答であった。その他，彼女の仲間のフィリピン女性も生活レベルが格段に上がるため，韓国での生活に満足しているということだった。

　「日本やアメリカなどは格上の意識があるようで，『なぜ日本からわざわざ韓国に嫁いできたのか』と怪訝に思われることが多い」と日本人女性Ａさんは言う。近年の韓流ブーム以前に韓国に嫁いでいる日本人女性は，統一教会の信者であることが多いという。事実，福祉事業課の担当女性によれば，公州市に在住の日本人妻は基本的にそのようであるとのことだった。彼女もそのひとりであり，結婚10年目の3児の母である。彼女らによれば，彼女ら独自の外国人妻コミュニティなどは特になく，基本的にそれぞれの宗教の仲間に教会などで毎週会うくらいとのことであった。こうした行政の行う集会で初めて他の宗教の人々や他の国の人々に会うことができるため，「宗教のない人には（韓国での生活は）厳しい状況かもしれない」と語った。それは前出のフィリピン女性たちも同じで，彼女らも基本的にはキリスト教信者が多いため，集会は主に教会である。また，地方の場合は特に，集落が点々として離れていることが多い。したがって，さまざまな国の外国人妻をはじめ，地域の人々をひとつの場所に集め，交流する機会と場を与えているという意味で，有意義な支援策となっているようである。

　慣れない土地で不安や寂しさを抱える外国人妻は少なくない。家庭内暴力や孤独で精神的に病んでしまう女性も少なくない。このような中，パソコンにカメラを設置し，インターネットで母国の実家との通信を行うことで，精神的に安定した女性のケースなど，IT先進国のひとつである韓国ならではといった事例もある。しかし，外国人妻たちを精神的に支える，身近な地域との関わりやつながりをつくる，キムチ作りなどのこうした取り組みは，彼女らの，地域の一員として受容される感覚や，自覚を促すという意味でも有意義であり，より一層の充実が求められるだろう。

　また，日本人女性Ａさんの場合は韓国に来てから初めてハングルを覚えたとのことであった。約10年暮らしていることもあり，流暢に話されていたが，

子どもの言葉をめぐってはさまざま苦悩があったようである。やはり子どもは柔軟に適応し，すぐにハングルを覚えてくるが，日本語を話す母とのコミュニケーションがとれなくなったことが大きな問題であったのである。資源として「日本語を忘れてしまってはもったいないということもあり，日本語を教えているが，ハングルまでおかしくなる」，また「しばらく日本に滞在すると，簡単にハングルも忘れてしまう」など，母親としては葛藤が多いようである。そんな中，子どもの担任となったよい先生に巡り会い，その先生がこっそり子どものために勉強用のノートをつくってくれたりしたことで，とても助かったということを話してくれた。教員の対応が学力という面だけでなく精神的にも大きな影響を及ぼすことが示唆される。

## 3．学校教育への影響

今回の調査では，以上のような韓国における国際結婚急増に伴う，学校教育への影響と想定される課題を検討するために，某小学校の女性教員に話を伺った。彼女は農村部で勤務したことはあるが，国際結婚家庭の子女を受けもったのは今回が初めてということだった。公州市における国際結婚家庭の子女で就学中の数は，現状ではまだそれほど多くない（表5-1-4）。しかし，就学前の子女の数は徐々に増えており，過去5年間の国際結婚の急増により，子どもの数もほぼ比例して急増することは想像に難くない。それは，韓国全体についても

表5-1-4　国際結婚家庭の子女の現況
(2006. 9. 15 現在)

| 子女数別家族数 | | | | | |
|---|---|---|---|---|---|
| 計 | 0人 | 1人 | 2人 | 3人 | 4人 |
| 215 | 103 | 78 | 23 | 9 | 2 |
| 学年別現況 | | | | | |
| 計 | 就学前 | 小1-3 | 小4-6 | 中 | 高 | 大以上 |
| 159 | 118 | 18 | 12 | 5 | 3 | 3 |

（公州市福祉事業課資料(2006)1頁より引用）

おそらく同じことがいえるだろう。したがって，事前の対策を講じる必要性があることはいうまでもないが，現状では国際結婚家庭の子女の学力向上に対する支援がなされているのみである。実態として学校にそうした児童がほとんどおらず，切実な問題も浮上していない現状であり，切実性に欠ける様子であった。

　教員の話によると，現在受けもっているフィリピンのダブル（混血）の児童を事例にすれば，基本的に児童自身は適応することに大きな問題はないが，家庭内での問題の方がより深刻であるとのことであった。特に当該児童の両親は離婚してしまっているため，両親が言い争ったり，不和な状態であったりすること，片親であること，外国人の子息であることに伴う問題の方がより深刻ということである。学級内で差別などは特になく，学力も韓国語が上達してからは問題ないため，特別扱いをしないという配慮，韓国の子どもと同じように扱う配慮を心がけているとのことだった。こうした教員側の，あえて「特別扱いをしない」という配慮は，大多数の韓国人児童の反感を買うリスクを避けるためという点，あるいは子どもたちの特別視を促進すべきでないという点で，重要な配慮ではある。しかしながら，当該児童の場合は，児童の母親の学歴が高く，英語ならびに韓国語も堪能で，塾講師という職業ももち，収入もあるため，児童の学業環境は比較的恵まれている。したがって，児童間のコミュニケーションに問題が少なく，まだ幼少期であることから，問題が浮上していないだけかもしれない。特別扱いをしなくても，コミュニケーションがうまくとれないだけで，子どもたちはいじめの対象となりうる。また，成長するにしたがって，差異がより意識され始める中で，異質なものに対する排他的な意識やその軋轢が生じた際に，特別扱いしないという消極的な対処だけでは解消できない。前述したように，福祉事業課の担当女性によれば，親世代の単一民族意識はいまだ根強く残っているとのことで，両親の影響による韓国人児童の認識が懸念される。行政では国際結婚家庭の児童の学力向上のための支援を積極的に行っているが，混血児童いわゆるダブルの児童たちのアイデンティティやその葛藤，セルフ・エスティームなどに対する対策は，行政レベルでも，学校レベルでも

まだほとんど視野に入ってきていないようである。また，一般公立学校における多文化授業の展開についても，異文化を知る，それらに触れる，といった文化を切り取った形での理解だけでは，自身と異なるアイデンティティやルーツや風貌をもつマイノリティの他者に対する寛容さや仲間意識は涵養されるとは限らない。親世代の偏見や固定観念，単一民族に対する誇り等が過剰な場合には特に困難が予想される。ダブルの児童たちに対する上記の対策とともに，韓国人児童側の多文化教育の充実に向けて早急な対策が求められる。

## 4．公州市における多文化共生への取り組みの現状と課題

　以上，公州市における行政の支援および外国人妻の実態，学校教育における現状に関する調査を通して明らかになったのは，主に次の2点である。ひとつは，公州市の行う支援策の方向性が，同化のための支援から相互理解のための支援へと転換し始めているということである。外国人妻に一方的に韓国の文化に馴染ませるのではなく，彼女たちを理解し，受け入れるための教育を夫婦，家族，地域ぐるみで行うことも視野に入れて支援策を講じ始めているということは，重要な変化である。ただし，数々の支援事業が計画されてはいるが，計画内容を見る限りでは，未だ同化へ向けた支援事業が大半を占めており，相互理解へ向けた支援策とまでは至らない現状があるように見受けられる点は，取り組まれるべき課題であるといえよう。

　2つ目は，学校教育における韓国人児童側の異文化の受容や，ダブルであることに対するセルフ・エスティームに向けた支援への対策の必要性がまだ十分意識されていないということである。行政による国際結婚家庭の子女支援についても，子どもの学力向上に向けた取り組みが始まったところだということであるが，学習問題集の配布やハングル教室を開くなど，学力向上に特化した策が講じられるのみである。しかし，本支援計画資料の冒頭において，国際結婚家庭急増に伴うさまざまな社会問題の他に，その「子女の家庭教育の不在とともに同年輩の認識不足により「混血児」というイジメにあう現状の発生」[13]をも

解決課題の対象としている。行政の担当者曰く，やはり単一民族意識は根強く残っている。そうした中で，東アジア系は外見的にほとんどわからないため，問題はないだろうという認識は誤りである。また,「ハングルが上達したことで学力的に問題がなく，学級内で差別は特にない」からという理由で,「特別扱いをしない」といった，いわば消極的な配慮は，アイデンティティに関する重要な問題から目を逸らしているのではないか。外見の異なる東南アジア系の子女についても，外見の違いなどでイジメが起こってしまうことについて，教育が果たす役割は重要であり，速やかな対応が必要である。また，韓国では特に子どもの教育は母親が行うという慣習があるため，外国人の母親をもつ子どもたちはハングルがあまり上達しないことで，子ども間のコミュニケーションも不足してしまう。そのことがまた悪循環を招くこともある。そのため公州市では，積極的に父親が家庭での教育に介入するよう指導を行ったり，ダブルの子どもたちを受容する教育を学校に促したりするなどの策を講じている。さらに，韓国人児童の家庭と国際結婚家庭の児童の互いの家庭を訪問させたりして，兄弟のような感覚を育てるという取り組みも試みられているとのことであった。しかしながら，こうした取り組みは比較的少なく，大半は公州市の伝統文化を教えるといった取り組みであり，ダブルの子どもたちを受容する教育の普及については十分取り組まれていないのが現状のようである。学力向上のための支援が重要であることに異論はないが，他方，そうした差別やイジメ発生の根本的な原因を無くすための支援策が性急に求められるだろう。

　ただ，一方で，今回の調査で見学したキムチ作りでは，外国人妻へのインタビューを通して，こうした支援策の，伝統や文化を教えること以上に重要な意義を見出せた。それは，各戸が点在しがちであったり，若年層の少なくなりがちな山村や農村地域において，同年代の外国人妻たちと知り合ったり，地域の共同体に参加したりする機会を提供するという点である。こうした集会は，外国人妻に支えとなる仲間を作る機会を与え，身近な共同体において受容されたり，つながりの感覚をもたらし，孤独や不安を解消したりする可能性をもつ。すなわち，今日では多くの先進諸国で極めて重要視されている「社会的包摂

(social inclusion)」が，完全ではないものの，実行されつつあるといえるのである。インタビューした外国人妻が述べたように，一人きりで嫁いできて，何の宗教も持たない人には韓国の生活は厳しいのかもしれない。しかし，こうした集会が充実することによって，より広い交友関係や支援関係がもたらされることは，彼女たちの精神的な安定にも，その子どもたちの安全で平和な成育環境づくりにも，大きな貢献をもたらすだろう。

## 5．おわりに

　以上，本節では，地方行政ならびに外国人妻，さらには国際結婚により生まれた子どもを受けもつ小学校教師，それぞれの視点から，韓国・公州市における国際結婚家庭支援のあり方と学校教育をめぐる現状と課題を明らかにすることを目的として考察を行った。

　なお，筆者が韓国にて現地調査を行ったのは2006年であり，本節で主に分析対象としたのは2006年当時の韓国・公州市の取り組みおよび実情である。本節で言及した点は，厳密には韓国・公州市における2012年の現状とはいえない可能性が高いことは否めない。特に韓国における多文化化は現在も急速に進んでいることが容易に予想され，関心の高まりもそれに比例して高まっている。ゆえに，政策研究ならびに教育研究も，そして政府の対策も日進月歩である。

　今後もリアルタイムで進みつつある韓国の多文化共生への取り組みについて，継続的にその現状や変遷を検討していくことで，韓国社会やそこにおけるマジョリティ・マイノリティ双方がどのような問題に直面し，どのように乗り越えて，多文化共生社会を構築していくのか，その経過を観察していきたい。さらに，このような韓国の動向をふまえたうえで，日本の過疎地域について，外国人妻の現状や，そういった支援策がなされているのかどうかといった点についても検討していきたい。そして最終的には，「支援する対象」としての，外国にルーツをもつ子どもたちのための教育ではなく，「単一民族意識の強い」社会に

おいて，その社会の対等な成員として教育をしていくための，マジョリティとマイノリティ双方への教育について，教員やマジョリティ側の意識改革を含めた教育のあり方とそのストラテジーについて考察していくことを今後の課題とする。

(坪田　益美)

注
1) 2007年当時の韓国における国際結婚の急増と社会的背景については，本節の元原稿である以下の論文において詳述した。本節は紙幅の関係上割愛した。
坪田益美(2007)「韓国・公州市における国際結婚家庭の支援と学校教育の課題—地方行政，外国人妻，小学校教師それぞれの視点から—」筑波大学博士課程人間総合科学研究科学校教育学専攻「社会科教育学演習Ⅰ」調査報告『地域と教育』第6号，1-12頁。
2) 韓国における外国人との結婚件数等，2009年までの統計データならびに多文化政策については，以下にまとめられている。(財)自治体国際化協会　ソウル事務所(2011)「韓国における多文化政策の取組み」Clair Report No. 367。http://www.clair.or.jp/j/forum/pub/docs/367.pdf(2012.6.27 最終確認)
3)「国際結婚した韓国人男性，『暴力夫』のイメージ払拭へ」『朝鮮日報』2005.11.24 記事入力　http://www.chosunonline.com/article/20051124000047(2007.5.1　確認)
4) 前掲記事，「世界のニュース：イザ！」
5) Oh, Sung-Bae., The Implication of the 'Kosian' case for the multicultural education in Korea". *Korean Journal of Sociology of Education,* Vol. 16. No. 4. 2006, pp. 140-157.
6) 韓敬九「多文化社会概念と韓国社会における多文化に関する談論：単一民族国家の自縄自縛か換骨奪胎か？」日本国際理解教育学会第17回全国研究大会　研究発表要旨抄録，2007年，70-71頁。
7) ハン・ゴンス「歴史的背景から見た韓国の多文化社会」韓国国際交流財団『KOREANA』vol. 15 No 2 夏号，2008年，10頁。
8) 李月順「韓国の学校における「多文化家庭」の子どもの教育と課題」『京都精華大学紀要』第36号，2010年，55-71頁。
9) 馬兪貞「韓国の都市と農村における国際結婚の比較研究—全羅南道における二つの地域を中心に—」『立命館国際研究』23-3，2011年，201-223頁。
10) 朴賢淑・坪田光平「国際結婚家庭における家族支援の意義と課題—韓国の訪問教育を事例にして—」『東北大学大学院教育学研究科研究年報』第60集・第1号，2011年，477-495頁。

11) 福祉事業課　女性政策担当「2007年度国際結婚家庭の支援計画」2006.11，1頁。
12) 「外国人急増　共生と管理」『朝日新聞』2007.5.23　記事掲載。
13) 前掲記事「外国人急増　共生と管理」。

## 2　景観秩序を解釈する文化地理の学習
——韓国公州市旧市街の風水景観を事例にして——

### 1．はじめに

　東アジアでは，1980年代後半から「風水ブーム」「風水熱」と呼ばれる現象が起きている。荒俣(1994)は，香港の中環地区における風水と都市景観の関係に着目して，風水が景観に秩序を生み出す事例を紹介した。風水発祥の地である中国では，チベット高原の北に位置する崑崙山に大地のエネルギーである「気」の湧き出し口があると考えられてきた。湧き出た気は，中国内で3つの流れ(以下では「龍脈」と記す)となり，そのうちのひとつが福建省と広東省を経て，香港のビクトリア・ピーク(太平山)に到達する。龍脈はこの場所でさらに5本に分流するが，その中のもっとも強い気を運ぶ龍脈が中環地区を流れていると考えられてきた[1]。

　龍脈そのものを見ることはできないが，龍脈が通る場所をイメージして，それを目の前に広がる都市景観に重ね合わせて観察することは可能であろう。すると，ビクトリア・ピークの高台から眺望できる中環地区の都市景観は，龍脈が通過する場所に香港の政治・経済の中枢を担う重要な施設が有意味に分布しているありさまを確認することができる。旧香港総督府をはじめ，最高裁判所，風水戦争で注目された香港上海銀行と中国銀行などが，龍脈が運んできた気を奪い合うように立地している。このことに気がつくと，高台からの眺めは，龍脈の気を独占することで業績をあげて繁栄を図ろうとする「風水景観」に一変する。本節では，このような風水によって秩序づけられた景観を風水景観と呼ぶことにする。

ベルク(Berque, Augustin)(1985)が指摘したように,「それぞれの社会は，その文化特有の総合秩序によって空間を組織しており，独自の空間的特性をもっている」[2]。この観点から香港の風水景観を再評価すると，香港は風水思想によって空間が組織されており，香港ならではの地方色をもっているといえよう。このことは，風水の知識をもつ人ともたない人とでは，眼の前の景観がまったく違ったものに見えることを示唆している。一見すると複雑で混沌とした香港の都市景観が，実は眼に見えない龍脈によって秩序づけられている事実を発見したときの素朴な驚きと感動体験こそ，野外観察を通して地理を学ぶ醍醐味のひとつであろう。

　韓国でも風水景観が人々の関心を集めている。ソウル特別市では，清渓川を覆い隠すように建設された高架道路が2004年に撤去された。大規模な景観変化をもたらしたこの事業には，清渓川の気の流れを回復しようとする風水的な意味づけがあったことが報道されて，風水が注目された。2010年には，およそ600年前から風水景観を保存してきた河回村が，世界文化遺産に登録された。2011年に大邱で開催された第13回世界陸上選手権大会でも，会場の大邱スタジアムそのものが龍脈の気が集まる場所に建設されたことは，記憶に新しいであろう。韓国では，ベルクが指摘した空間を組織する総合秩序の役割を風水がはたしてきたのである。それでは，まず調査地域を概観してみよう。

## 2．調査地域の概要—虎形局の要に位置する風水都市

　韓国の公州市は，首都ソウル特別市の南およそ130kmに位置している。約940km$^2$の区域に，130,957人の住民が生活している(2003年現在)。本節の調査地域は，公州市のうち錦江中流域の左岸に位置する旧市街の部分である。西暦475年に百済の文周王が漢城(現在のソウル特別市)から熊津(現在の公州市)に都を移した。1896年に忠清道が南北に分割されたときには，忠清南道の監営(道庁)が置かれた。管見の限り，公州市旧市街は5世紀頃から重要な場所とみなされてきたのである。

公州市旧市街は，韓国風水によって特別な場所として意味づけられてきた。図 5-2-1 は，朝鮮半島全体の場所的特性と，公州市旧市街の位置について，韓国風水の「看龍法」と「形局論」による解釈を示したものである。「看龍法」は，山地の稜線の分布と起伏の状態などの地形環境を観察することによって，龍脈を探しあてる方法である。「形局論」は，龍脈をなす山地の形状を動植物に見立てることによって，その場所に集積する気の特性を類型化して診断する方法である[3]。

図 5-2-1 には，朝鮮半島に到達した龍脈の分布状態が山地の稜線を手がかりにして示されている。渋谷(1998)が指摘したように，李氏朝鮮時代の韓国では，看龍法によって地形環境を認識しようとする風水が，現代地理学の導入以前までの基本的な国土観を形成していた[4]。この国土観から導き出されたのが，白頭山を要にして朝鮮半島全体に気を運ぶ龍脈のネットワークである。聞き取り調査によれば，公州市旧市街の住民は，朝鮮半島の形状を，頭を北に尾を南に

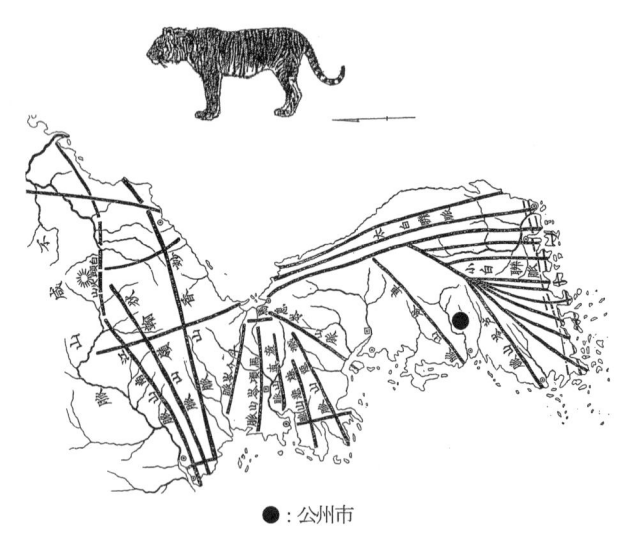

●：公州市

**図 5-2-1　虎形局をなす朝鮮半島と韓国公州市の位置**
(矢津昌永(1904)『韓國地理』丸善，12 頁より転載)

向けた雄のシベリアトラ（アムールトラ）の姿に見立てていた。また公州市旧市街の位置は，雄トラの生殖器官の部分に相当すると見立てられてきた。この2点をふまえると，公州市旧市街は虎形局をなす朝鮮半島全体の中でも，もっとも生命力の強い気が集積する場所とみなすことができる。そのような場所では，どのような風水景観が形成されてきたのであろうか。また聞き取り調査によれば，公州市旧市街は周辺地域から多くの学生を惹きつける「遊学都市」だといわれている。そこでは風水と遊学都市とが，どのように結びついているのであろうか。

## 3. 公州市旧市街における風水景観の諸相

### (1) 公州市旧市街の全体景観―鳥風水に護られた遊学都市

図5-2-2は，錦江が屈曲する場所の左岸にある盆地に広がる公州市旧市街の風水モデルを示したものである。

図5-2-1で確認したように，中国の崑崙山から発した龍脈のひとつは，白頭山を経て朝鮮半島に到達する。ここから枝分かれした龍脈のひとつが，公州市旧市街の南東に位置する❶鶏龍山を経由して，公州大学校師範大学附設中高等学校（以下では「附設学校」と記す）の背後に位置する❷周峰を経て，❸鳳凰山と❹日落山に気を運び，気が集積して風水の吉相地である「穴」を形成する。気は風によって散り散りになる性質をもつと考えられてきたため，穴の場所は周囲を山に囲まれている。風水の立場から，穴の場所に気を集積する役割をはたすと考えられてきた山は，地名とは別に「祖山」や「主山」と呼ばれてきた。気を風から護る山は，「青龍」，「白虎」，「朝山」，「案山」と呼ばれてきた。図5-2-2から公州市旧市街を囲む山の地名を確認すると，中祖山は「鶏」，主山と白虎には「鳳凰」，青龍は「鷲」，朝山と案山には「鶴」という具合に，いずれも鳥の名前がつけられている。このことは，穴の場所に集積した気を鳥風水によって護ろうとする意図が地名に刻まれたことを示している。

李氏朝鮮の王宮に仕えていた風水師から公州市旧市街の風水診断についての

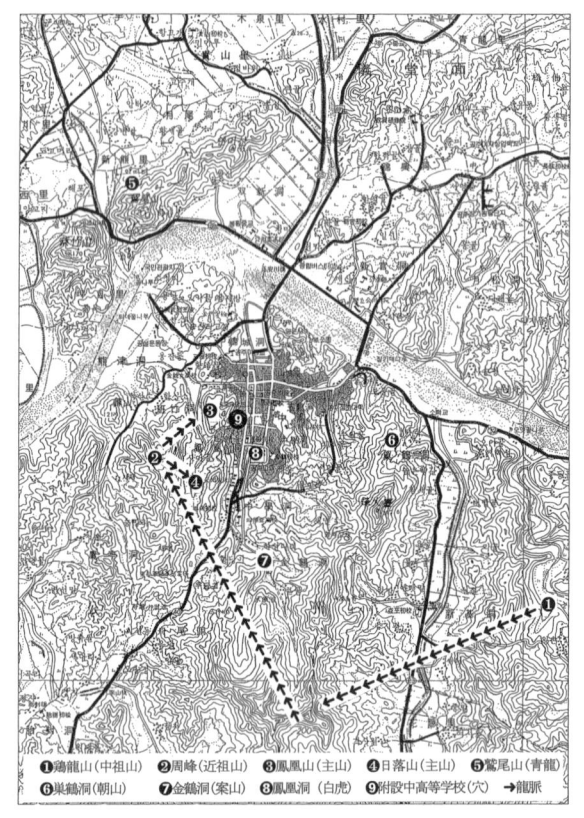

**図 5-2-2 公州市旧市街の風水モデル**
（公州大学校師範大学附設中高等学校所蔵の 1：50,000 地形図（2003 年発行）を基に作成）

❶鶏龍山(中祖山) ❷周峰(近祖山) ❸鳳凰山(主山) ❹日落山(主山) ❺鷲尾山(青龍)
❻巣鶴洞(朝山) ❼金鶴洞(案山) ❽鳳凰洞(白虎) ❾附設中高等学校(穴) →龍脈

聞き取り調査を行った村山(1972)の記録によれば，公州市旧市街を取り巻く山並みの稜線の形は「鳳凰帰巣形」の形局をなすと意味づけられていた。その特徴は，次のように説明されている。

「鳳は稀世の霊鳥である。若し此鳥が出れば人間には君子出で聖人出づるとされて居る。帰巣は雛を生成せむが為である。だから此の地形の所應は聖人君主出生するものとして大吉地である。」[5)] つまり王宮に仕えていた風水師によれば，龍脈の分布状態を診断すると，公州市旧市街の場所的特性は，鳳凰の親鳥が巣で待つ雛のために餌を持ち帰って育てようとする性質の気が集積すること

にある。このような「鳳凰帰巣形」の形局をもつと診断された場所は，聖人君子を輩出しやすいため，風水の立場からは，教育を行う理想的な場所といえる。公州市旧市街が，周辺地域から多くの学生を惹きつける「遊学都市」といわれてきた根拠は，「鳳凰帰巣形」の形局にあったのである。地図を手にして公州市旧市街を歩いてみると，この事実を裏付けるように，穴の場所には教育関連機関が集積している。公州旧市街では，百済大橋の南詰めから附設学校の正門前を経由して公州教育大学校に至る区間に，直線状の幹線道路が通っている。この沿線の約2kmの区間だけでも，北から順に，① 公州教育庁，② 公州中学校，③ 附設学校，④ 鳳凰小学校，⑤ 公州高等学校，⑥ 中洞小学校，⑦ 永明中・高等学校，⑧ 公州大学校影像保健大学，⑨ 公州教育大学校，⑩ 公州女子高等学校が立地している。それでは，風水によって学校教育の適地だと考えられてきた公州市旧市街で，もっとも強い気が集積すると考えられてきた附設学校では，気を学校教育に活用するために，どのような工夫がなされているのであろうか。

⑵　**公州大学校師範大学附設中高等学校における学校風水**

　附設学校は，龍脈の気が湧き出す鳳凰山の束麓に立地している。そのため，龍脈が附設学校の背後にある鳳凰山から校舎とグランドを通り抜けて正門まで，西から東へと敷地を横断している。正門を通過した龍脈は，公州市旧市街の全体に気を集積させていると考えられてきた。附設学校は，公州市旧市街の中でも，もっとも強い気にさらされた場所に位置しているのである。

　図5-2-3は，附設学校の風水景観の秩序を考察するうえで重要な場所を示したものである。❶が鳳凰山から気が湧き出す穴の場所である。学校の裏山の麓に位置している。この場所には，興味深いエピソードがある。聞き取り調査によれば，1920（大正9）年に，この場所に日本人が市役所（忠清南道布政司）を建築したときに，公州市旧市街を眺望できるという理由から，穴をふさいでしまうかのように日本式の神社を建てた（図5-2-3の❷）。日本の旧植民地政府は，その穴の正面に神社を建てることによって龍脈を断ち，公州市旧市街へ気が運

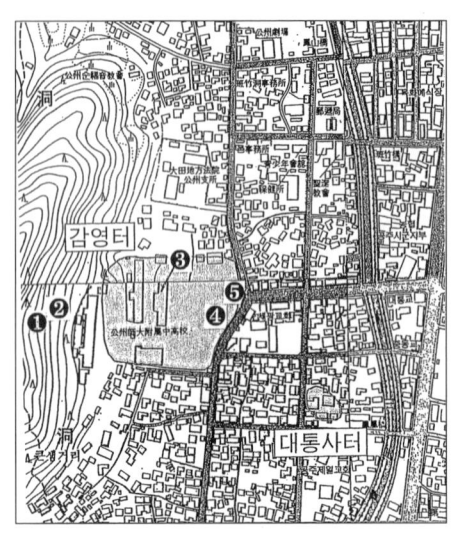

❶穴 ❷旧神社跡 ❸校長室 ❹魔除け ❺防護林

**図 5-2-3 公州大学校師範大学附設中高等学校の風水**
（公州大学校師範学校附設中高等学校所蔵の 1：5,000 地形図（2003 年発行）を基に作成）

び込まれる道筋をも断つことによって，二重の意味で市街地の繁栄を妨げようとしたというのである。こうしたできごとは，韓国で「日帝断脈説」と呼ばれている[6]。このできごとは戦時中の不幸なできごとであるが，視点を変えるとそれほどまでに風水が住民の生活に浸透し定着していたことの証左となるであろう。

　それでは，裏山から敷地を横断する強い気を，どのようにして学校教育に活用しているのであろうか。附設学校教員からの聞き取り調査によれば，敷地内を流れる気はたいへん強いため，試行錯誤の後，龍脈が通る線上の場所には，生徒が学習する教室を配置しないように配慮している。強い気にさらされると，頭痛や身体がのぼせる症状を訴える生徒が増えるほか，皮膚がヒリヒリする症状が顕著になるといわれている。このため附設学校では，敷地内でもっとも強い気にさらされる龍脈の線上の場所に校長室，次に強い場所に職員室を配置している（図 5-2-3 の❸）。龍脈の気にさらされる強度が，校舎内の部屋の配置を

決定する原則になっているのである。もっとも強い気にさらされる場所から順に、校長室、職員室、一般教室が配置される。こうした「学校風水」を活用することによって、附設学校は、教職員の健康の保持増進を図るとともに、生徒の高い進学実績をあげることができると考える学校文化を育んできた。

また、附設学校の敷地に集積した気を散逸させないための風水のしかけも施されている。敷地の東端にある正門は、気を護るとともに、外部から侵入する邪気や悪気を撃退する風水を考えるうえで重要な場所である。この場所に2体の魔除けの木像（図5-2-3の❹）と、気の散逸を防ぐための防護林（図5-2-3の❺）を備えた正門を設けることで、風水に適う環境を整備している。このようにして、附設学校は見えない龍脈の気を学校教育に活用するとともに、そこから学校の主要な景観を構成する教室配置の秩序を形成してきたのである。

公州市旧市街は、風水から捉えると、虎の形局をなす朝鮮半島のなかでもっとも生命力の強い気が集積する場所であった。また旧市街の地形環境は、鳥地名がつけられた山々によって防護された「鳳凰帰巣形」の土地柄で、教育を行ううえで理想的な場所だと考えられてきた。そこでは、強い龍脈を学校教育に活用する術として、気にさらされる強度に応じて教室の配置を決定するという景観秩序が学校文化として育まれてきたことを、現地調査によって確認した。それでは、以上で考察した公州市旧市街の風水景観と学校風水の事象は、社会科教育の文化学習の教材として、どのような特性を備えているのであろうか。

## 4．風水景観の文化地理の学習における教材性

人間は好むと好まざるとに関わらず、社会のなかに生まれ、社会的な相互依存の関係の中で生活する。こうした関係を築きつつ維持しながら社会生活を営むためには、多様な次元のコミュニケーションを行う資質や能力が求められる。

図5-2-4は、ことばによるコミュニケーションの場を構成する要素と機構を示したものである。模式的なコミュニケーションの場では、発信者と受信者の間に、伝達内容、メッセージ、経路、コンテクスト、共有されたコードが重要

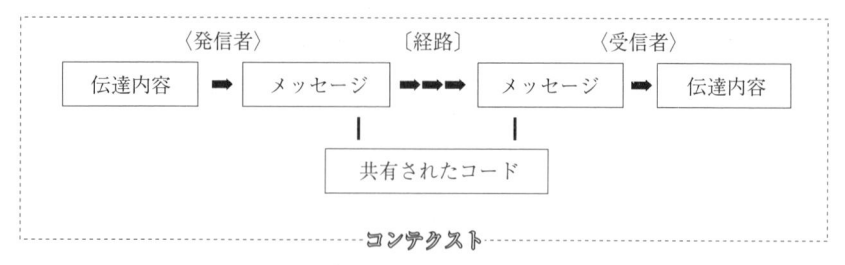

```
        〈発信者〉         〔経路〕         〈受信者〉
   伝達内容 ➡ メッセージ ➡➡➡ メッセージ ➡ 伝達内容
                    |              |
                  共有されたコード
                                           コンテクスト
```

**図5-2-4　ことばによるコミュニケーション・モデル**

な要素として機能している。まず発信者が伝達内容をもとに，共有されているコードにしたがってメッセージとして作成する。次に，メッセージは経路をたどって受信者に届けられる。すると受信者は，発信者と共有するコードに照らしてメッセージを解釈して，発信者が意図した伝達内容を理解するという図式が成り立つ。

ところが，本節で着目する風水景観と景観秩序は，風水景観を解釈しようとする受信者の存在を想定することができるが，図5-2-4に示したような発信者を想定することができない。風水の考え方に則って，さまざまな施設や教室の配置を決定して風水景観を形成してきた人々は，自らの営みを大地に風水景観として刻み，その行為を通してメッセージを発信しようとする意図をもっていないからである。この部分に，ことばによるコミュニケーションにおける発信・受信の関係と，風水景観の秩序の解釈をめぐる発信・受信関係との根本的な違いがある。そこで，「ことば」から「ことばらしいもの」にまで，コミュニケーション・モデルを拡張する発想が必要になる。佐藤(1977)は，「記号人間」という概念を提起して，次のように説明している。

> 「私たちはつねに，手さぐりで，意味を読み取りながら生きている。まずは目に見え耳に聞こえる材料(現象あるいは記号表現)をたよりに，目に見えぬものや耳に聞こえないもの(真相あるいは意味)を推定する。(中略)私を取り巻いているたいていのもの，少なくとも私にとって意味をもつすべてのものはすべて記号なのだ。」[7]

この見解は，人間の認識が視覚と聴覚に依存するものであり，目と耳の感覚器官を駆使して受信した広義の記号表現を解釈することによって，身の周りの環境を認識する記号論を拡張した環境認識の在り方を表明したものである。たしかに，私たちは社会生活のさまざまな場面で，相手の顔の表情や態度や些細なしぐさにいたるまで，さまざまな立ち居振る舞いから，意味を読み取り，状況判断と意思決定を行って適切な行動を選択している。

　社会生活の中では，当人がコミュニケーションを意図しないにもかかわらず，衣服，髪型，しぐさや表情を観察した相手が，生活経験を通して獲得した文化的コードに照らして発信されない意図まで受信し，人物像を推定するということが起こりうるのである。こうした事例は，受信者が環境を自前の文化的コードに照合して意味づけを行う文化的な記号行為であるとともに，「ことば」から「ことばらしいもの」にまで記号論の適用範囲を拡張する行為であるといえよう。社会生活における環境認識の在り方を記号論の観点から捉えると，もっとも原初的な環境認識の在り方は，あらゆる事象から記号表現を受信し，その意味を解釈することである。和辻(1935)が論じた「風土における人間の自己了解の表現」[8]と三澤(1950)が論じた「風土の表現体」[9]では，学習対象地域に卓越する建築様式や農業技術などの文化的事象や，卓越風に由来する扁形樹の意味を解釈して，その土地の自然条件を考察する方法論が論じられている。そこには，既に環境から自前の文化的コードに照らして「ことばらしいもの」から記号表現を受信する環境認識の考え方の萌芽を確認することができる。

　公州市旧市街で実践されてきた風水は，人間が龍脈の気を巧みに取り込むことで，生活の安寧と繁栄を図ろうとする前近代的な民俗的な環境認識と診断の思想と技術を，大地を記号化することによって組み立てられたものである。風水の文化的コードを共有すれば，眼に見える事象を手がかりにして，見えない気を巧みに取り込んで利用しようとする住民の営みや，邪気・悪気の侵入を防いで家や集落を護る営みが，しだいに見えるようになってくる。すると学習者には，眼の前の風景の相貌が一変するように感じられるであろう。風水景観の解釈を通して景観秩序を考察する文化地理の学習は，学習対象地域の文化的コ

ードを学ぶことの意義と，文化的コードを活用する野外観察を通じて「ことばらしいもの」の記号表現を読み解く探求方法の醍醐味を感得させる学習を展望することができる。

## 5．おわりに

本節では公州市旧市街を手がかりにして，風水景観の秩序を解釈する文化地理の学習の在り方について検討し，次のような成果を得た。第1に，公州市旧市街の風水モデルを分析することで，旧市街が鳥風水で護られた遊学都市とみなされてきた風水論的根拠を明らかにした。第2に，「穴」に立地する附設学校では，敷地を横断する龍脈の気の強度に応じて教室の配置を決定することにより，教職員の健康の保持増進と生徒の進学実績の向上に役立てる学校風水を文化として育んできたことを明らかにした。第3に，風水景観を大地に刻まれた記号表現としてとらえ，その意味を解釈する学習を構成する必要があることを明らかにした。

しかし本節では，墓地（陰宅）の造成にまつわる風水については検討することができなかった。また風水景観の秩序を考察する具体的な文化地理の学習の教材構成と授業方略についても，論じることができなかった。これらの論点については，今後の課題としたい。

**注**

1）荒俣宏『風水先生―地相占術の驚異―』集英社，1994年，26-30頁。
2）ベルク，オギュスタン『空間の日本文化』筑摩書房，1985年，291頁。
3）崔昌祚『韓国の風水思想』人文書院，1997年，77-79頁。
4）渋谷鎮明「植民地時代朝鮮の地理思想の転換―山の認識を中心にして」（荒山正彦・大城直樹編『空間から場所へ―地理学的想像力の探求』）古今書院，1998年，108-126頁。
5）村山智順『朝鮮の風水』国書刊行会，1972年，857頁。
6）野崎充彦『韓国の風水師たち―今よみがえる龍脈―』人文書院，1994年，140-202頁。

7）佐藤信夫『記号人間―伝達の技術―』大修館書店，1997年，7-9頁．
8）和辻哲郎『風土―人間学的考察―』岩波書店，1935年，12-13頁．
9）三澤勝衛『新地理教育―社会科指導実践のために―』古今書院，6-13頁．

（齋藤　之誉）

## 3　ミクロネシア連邦における地域の特色と学校教育の関わり
――ヤップ州とチューク州を対象として――

### 1．はじめに

　ミクロネシア連邦は，西太平洋上の東西約3200km，南北約1200kmの広大な海洋上に点在する700あまりの島からなり，ヤップ，チューク，ポンペイ，コスラエの4つの州に分けられている。それぞれの州は独自の教育プログラムを有している。首都はポンペイ州のパリキールである。1986年に独立しているが，アメリカとは自由連合関係にある。第二次世界大戦以前は，日本の植民地であった。そのため，老人の中には，日本語を理解する人もいる。戦後はアメリカの信託統治領であったことから，連邦の公用語は英語となっている。人口は11万(2010年)，ヤップ語，チューク語，ポンペイ語，コスラエ語など8つの固有語があるとされ，それぞれ州(島)ごとに独自の言語をもっている。州(島)の子どもたちは，学校就学前は，それぞれの島の言葉である言語を使っていても，学校に入ると英語を習得し，英語での授業となる。

　本節では，このようなミクロネシア連邦という地域の特色とそこでの学校教育の関わりの一端を示すことを目的とする。本節では，特にヤップ州とチューク州を対象地域とする。ヤップ州は，伝統的な生活が継承されている地域として注目されている。ヤップ州の伝統に文化については，牛島(1989)[1]，印東編(2005)[2]など，民俗学などの研究に蓄積がある。ヤップ州は，伝統文化を教育

においてどのように継承してきたのか，継承しようとしているのかを調査する地域として最適である。チューク州は第二次世界大戦での激戦地であるトラック諸島を含んでおり，日本との関わりは深い。また，今後どのように経済発展をしていくのか，それを学校教育でどのように支えていこうとするのか，対策がせまられる地域でもある。他方で，ヤップおよびチューク州は，自然の中で生きていこうとする態度もみられる地域である。このような地域を調査・研究することは，その地域と教育との関係を具体的に見いだすという地理教育研究としての貢献だけでなく，その地域の教育の現状をふまえた適切な助言を提供でき，先進国となった日本が見落としてしまった教育の原点を見いだすことにも寄与する。

　ヤップ州に関しては，IDA（2011）[3]に依拠しながら，ヤップ州の伝統を重んじた教育を考察する。また，チューク州については，社会科のカリキュラムを資料として，現地調査をふまえて教育の特色について明らかにしていく。そして，最後に，世界的な課題となっている環境変化についてふれ，ミクロネシアの教育の特徴の一端を明らかにしていく。

## 2．ヤップ州の地域と教育

### (1) ヤップ州の子どもの認識する伝統文化

　ヤップ州の人口は1万1千（2000年）であるが，その66％はヤップ島に住む。主要な産業は，漁業と農業であり，輸出品は魚とビートルナッツ（嗜好品であるビンロウの原料）がほとんどを占める。海外からの観光局は2008年のデータで4,814人であり，観光化が進んでいるとはいえない。本節では，ヤップ州における伝統文化に着目し，島の子どもたちが島の伝統文化をどのように捉えているのかを明らかにする。さらに，先行研究で注目されている伝統文化との比較もしながら，子どもたちがどのように島の伝統文化を継続しようと考えているのか，質問紙調査で明らかにする。そのうえで，子どもたちの伝統文化の認識と学校教育との関係を明らかにする。

子どもたちに対する質問紙調査は，2010年2月に，小学校(3，4学年)26人，中学校(8学年)34人，高等学校(12学年)44人の，計104人の児童生徒を対象に実施した。対象としたのは，ヤップ州の中核の島であるヤップ島の児童・生徒である。そのため，質問紙では「ヤップの伝統文化」としているが，そこでの「ヤップ」とは子どもたちにとっての生活圏であるヤップ島を事実上指すようになる。しかし，ヤップ島に限定しても，州全体で伝統文化を重視していることに変わりはない。

　ヤップの伝統文化を子どもたちはどのように捉えているのかを示したのが表5-3-1である。なお，小学生は，ほぼ全員，ヤップの伝統文化を「他人への敬意」と回答しているので，表からは除外している。表5-3-1から以下の点を指摘することができる。まず，子どもたちがヤップの伝統文化と考えていることは，島のダンス，他人への敬意，草で作ったスカート(衣服)といったものである。島のダンスは，伝統的な衣装をまとって祭りや儀礼の際に披露される。ヤップの伝統的衣服は，男性も女性も腰布のみで，トップレスである。それらの腰布が草から作られている。高校生になると，ビンロウを噛む習慣を伝統文化として捉える子が増えている。さらに，カヌーを伝統文化としている子もいる。カヌーは漁業などでも使われ，重要な交通手段である。

　印東編(2005)[4]で指摘されている伝統文化としては，子どもたちの挙げた衣服，カヌー，ビンロウなどの他に，階層的な村落，食生活，男子集会所などが挙げられているが，ヤップで特に独特な文化が石貨である。牛島(1987)[5]などによれば，給与や商店での買い物などにはアメリカ・ドルが使われるが，石貨は儀礼的交渉の場で用いられる。具体的には，結婚の際の儀礼的交換，集会などの落成式での村落間での交換，賠償や謝罪などでの進物，神などへの捧げ物，

表5-3-1　子どもの考えるヤップの伝統(中・高校生)

| 項　目 | 中学生(%) | 高校生(%) |
|---|---|---|
| ダンス | 29 | 32 |
| 他人への敬意 | 26 | 16 |
| 草で作ったスカート | 24 | 16 |
| 環境を汚さない | 21 | 5 |
| ビンロウをかむ | 0 | 27 |
| カヌー | 0 | 14 |

カヌーや家屋建築の謝金などである。ヤップでは，カヌーや家屋は村人たちが協同でつくる。そのため，手伝ってくれた礼として石貨が払われる。

　このように，先行研究において注目する伝統文化と子どもたちの意識している伝統文化には相違があるが，子どもたちは石貨などの伝統文化については，指摘されれば気づく。中学校の授業で，自分たちの文化について考えるようなレポートを出させていた。提出されたレポートでは，石貨，集落の階層性，男子集会所などについて調べていた。このことから，子どもたちは，服やカヌーといった日常的な伝統文化については認識しているものの，儀式的に行われる石貨の授受や集落間の階層性といった伝統文化については，調べて気づくといった認識にとどまっている。

### (2) 伝統に関する子どもの意識と学校教育

　子どもたちは，自分たちが認識している伝統文化を継承し続けていこうと考えているのだろうか。質問紙調査によると，90％近くの子どもたちが，ヤップの伝統文化を守りたいと考えている。その意味では，ヤップの子どもたちは，ヤップの帰属意識を強くもっているといえよう。さらに，ヤップの伝統文化を世界に広く知らせたいかという質問については，34％の子どもたちが世界に広めたいと考える一方で，16％の子どもがヤップ内でとどめておきたいと考えている。自分たちの伝統文化を世界に紹介し，自分たちの文化を世界に認知してもらおうとする考え方と，自分たちの島の中で伝統文化を大事に守っていこうとする考え方があり，どのようにして自分たちの伝統文化を維持していくのかは，子どもの見解はわかれている。しかし，いずれにしても，ヤップの多くの子どもたちは，自分たちの文化を継承しようと考えていることから，ヤップの伝統文化は，継承され続けていくことであろう。

　ところで，ヤップ州では小学校は1－4学年，中学校を5－8学年，高等学校を9－12学年として区分している。伝統文化に関する学習は，学校カリキュラムの中で重視されている。表5-3-2に中学校の時間割を示す。

　表5-3-2に示される「美術・文化」は作業的な学習で，文化の学習は，作業的

表 5-3-2　中学校の時間割(2009-10年)

| 時限 | 1 | 2 | 3 | 4 | 5 | 6 |
|---|---|---|---|---|---|---|
| 5学年 | 数学 | 言語 | 農業 | 美術・文化 | 科学 | 体育 |
| 6学年 | 言語 | 数学 | 美術・文化 | 農業 | 体育 | 科学 |
| 7学年 | 言語 | 科学 | 数学 | 体育 | 農業 | 美術・文化 |
| 8学年 | 言語 | 科学 | 体育 | 数学 | 美術・文化 | 農業 |

な学習のひとつとして，美術と合同の教科として毎日組まれている。この文化の学習では，島の伝統的な作り方で籠を作成し，カヌーや家の模型を製作する。ヤップで生活するために，きわめて実践的な学習を行っているのである。すなわち，この教科は，島の伝統文化を継承する役割を担うものとなっている。

高等学校では，9学年で太平洋研究という教科があり，島の伝統文化を相対的に学習するこの教科は必修となっている。さらに，10学年では世界地理が必修となり，毎日1単位時間学習される。このような学習を通して，島の伝統文化の特徴を，世界との比較で考察することが可能となる。

小学校では島の文化伝統が，各教科の中でふれられるのであろうが，中学校では作業的な教科として位置づけられ，高等学校では太平洋地域や世界の中で相対的に位置づけられる。すなわち，学校教育が，島の伝統文化の継承に貢献しているとみなされるのである。

ヤップ州では，伝統文化が継承され続けている。そして，それは今後も継承され続けていくと考えられる。それは，島の伝統や環境に誇りを感じている子どもたちが65%，まあまあ感じると回答した子どもを含めると86%に達することに表われている。島の子どもたちは，島の伝統文化を継続していこうという意志が強い。この伝統を継続していこうという意志は，彼らの強い帰属意識と解釈できる。学校教育は，伝統文化に関する教科をおくことによって，子どもたちの島の伝統文化を守ろうとする意志に寄与している。

他方で，子どもたちが伝統文化としてイメージすることと，学問的に注目される伝統文化には相違点もみられる。子どもたちの伝統文化は，視覚的および日常的な事柄が多いのに対して，学問的に注目されたものは，政治的，大人の

世界での儀礼が多い。したがって，学問的に注目されている伝統文化は，子どもたちが大人としてコミュニティに参加した際に，コミュニティにおいて学ぶことだと考えられる。

## 3．チューク州の地域と教育

(1) チューク州の特色

　チューク州は，ミクロネシア連邦の島々の約8割を有している。人口は5万6千(2000年)で，ミクロネシア連邦の約半数を占める。4つの州の中では，漁業が比較的盛んである。2007年の外国人訪問客は7千人あまりであるが，そのうち観光，友人訪問などレジャーを目的とした者は，約6千人となり，80％をこえるレジャー客の割合である。レジャー客数およびその割合は4つの州では最も高い。その理由としては，チューク州にはリーフがあり，ダイビングに適した地形となっていることに加え，第二次世界大戦で沈没した軍艦や墜落した戦闘機が，ダイビングスポットとなり，世界からダイビング客が集まることによる。チューク州では島内を回る路線バスや島を結ぶ公共交通としての船がない。そのため，他の島に行くためにはボートをチャーターする必要がある。また，チューク州の中核となるウェノ島内の道路は舗装されている箇所もあるが，メインテナンスが十分でなく，至る所に大きな水たまりがあり，自動車はそれを避け，避けられないときは水たまりの中を水上車のように走るため，速度は10km前後ということが多い。道路整備は，チューク州の大きな課題であり，知事は2年間を目標に道路の修繕を図っている。

　表5-3-3は，ミクロネシア連邦の州別の児童生徒数と学校数の割合を示した

表5-3-3　州別の児童生徒数および学校数の割合(2006-2007年)　(％)

|  | ヤップ | チューク | ポンペイ | コスラエ |
|---|---|---|---|---|
| 児童生徒数の割合(総数：35,339人) | 10.0 | 47.3 | 35.4 | 7.3 |
| 学校数(総数：195校) | 18.5 | 55.9 | 21.0 | 4.6 |

(Division of Statistics (2008) より作成)

ものである。人口の最も多いチューク州が、児童生徒数も最も多いが、学校の数も突出して多い。これは、チューク州が多くの島から構成されているため、島ごとに学校、特に小学校が必要であることによる。チューク州には、小学校（K（就学前）- 8学年）が86校あり、中等学校（9-12学年）が22校（いずれも2007年）あり、合計108校となり、そのうちの10校が私立学校である。私立小学校の時間割をみてみると、7：50始業で8：30までホームルーム、1限目：宗教、2限目：算数、3限目：英語（週2回文法、週3回読み）、4限目：英語書き方、5限目：理科、6限目：社会もしくはチューク語となっている。1単位時間は30分で、1年～3年までの共通時間割である。6限目の終了は11：55、その後昼食をとり12：30には下校となる。公立学校では、英語、算数、理科、社会、体育といった教科が学習される。ヤップ州とは異なり、アメリカ、日本などと同様な教科の枠組みが採用されているのである。

### (2) 教育の課題—社会科を通して

チューク州では、小学校の8年間は社会科が必修である。中等学校では社会科系の教科として、市民と政治、太平洋研究、（世界的な見地からの）歴史、（世界的な見地からの）地理が9および10学年で学習され、アメリカ合衆国の歴史、社会学、アメリカ合衆国とミクロネシア連邦を比較した政治が11および12学年で学習される。中等学校の時間割では、社会科系の教科は9および10学年は必修、11および12学年では選択教科となっている。

小学校社会科の学習内容は、スパイラルな方法を採っており、歴史、文化、地理、政治、経済、市民性といった6分野について、自分のことから始まり、学年があがるにつれ学習の対象を広げていく。具体的には、K（就学前）で自分自身、1学年で家族・共同体・学校、2学年で村や島、3学年で地域、4学年でチューク州、5学年でミクロネシア連邦、6学年でミクロネシア全域、7学年でミクロネシア、ポリネシア、メラネシア、そして8学年で太平洋地域と学習の対象が拡大するのである。

以上のように社会系教科はKから12学年までスパイラル的に学習され、小

学校から中等学校まで一貫している。こうしたチューク州のカリキュラムは，Department of Education (2009)[6]に示されており，学習の到達規準が明記されている。さらに，小学校の社会科のカリキュラムでは，それぞれの分野（前述した歴史，文化，地理などの6分野）について，Kから8学年までの学習活動を通して得られるべきことを，それぞれの学年ごとに示されている。アメリカをはじめとした多くの国で，学問分野をより融合したカリキュラム内容であるのに対して，チューク州では既存の学問分野に基づいたカリキュラム構成となっている。一方で，到達規準については，世界的な傾向である説明や論理的に考察することを求め，かつチューク州では比較的多くの時間を社会科に費やしていることが特徴である。中等学校の社会科系教科についても，学習する内容と到達規準が示されている。例えば，地理については，空間としての世界，場所と地域，自然システム，人文システム，環境と社会，地理の活用といった6つの学習内容が示されている。

　ところで，このように先進国と遜色のない社会科のカリキュラムをもつチューク州であるが，この背景には，チューク州からグアムやサイパン，アメリカへの移民が多いことが指摘できる。チューク州からグアム，サイパンへ急激に移民が増加したのは，1985年のアメリカとミクロネシア連邦との間で締結された自由連合協定である（前川，2003）[7]。これにより協定域内の人々の自由な移動が可能となり，仕事（現金収入）を求めて多くの移民がチューク州からグアム，サイパンへと向かった。このようなチューク州から他国への移民の増加が，学校教育においても世界に通用する，世界的に共通なカリキュラムの必要性を高めたと考えられる。

　さて，このようなカリキュラムの実際の運用はどうなっているのだろうか。そこで，2012年2月にチューク州の中核となるウェノ島の小学校および中等学校，ウェノ島からボートで2，30分ほどのトノアス島の小学校で聞き取り調査を行った。ウェノ島とトノアス島周辺は撃沈した戦艦が多く見られる海域である。訪問したトノアス島の小学校は，校庭の中央に日本軍が造ったコンクリートの防空壕があり，学校の子どもたちはそこに登って遊んだり，腰をかけ

てくつろいだりしている。この事例のように、トノアス島には、日本軍の残した遺跡が多く残されている。チューク州での社会科授業では、教科書は児童生徒にいきわたらない。教科書も独自に編纂されたものではなく、アメリカなどで教科書として発行されたものが使われる。そのため、教師が地域に応じた教材を作成しなければならない。そのため、教育局ではカリキュラムの内容に合わせたユニット・レッスン・プランを作成している。例えば、社会科の5年生用のユニット・レッスン・プラン(Read, E., 2011)[8]では、社会科の全体のフレームワークが示され、教えるべき内容が整理され、内容の解説、文書資料、統計、写真、グラフなどが記載されている。また、児童生徒への質問事項なども記されている、いわば教員用教科書といえる教授資料である。このユニット・レッスン・プランがあれば、教員が自ら資料を集める必要がないほど、充実した資料集ともなっている。このようなものを作成する背景には、特に離島では、文献の購入が難しいだけでなく、インターネットも整備されておらず、他島との交通機関も十分に確保されているわけではないので、授業用の資料を個人的に集めることが困難であることによる。しかし、このような教材が用意されていても、いくつかの課題が残されている。トノアス島には小学校が5校あるが、どの学校でも教員が不足している。トノアス島は漁業を中心とした自給自足の島であるが、聞き取りをした小学校の児童数は490人であり、それに対して教員の数は11人である。さらに、小学校の教員は全教科を教えるので、充実した教材が用意されていても、それを十分に読みこなす時間と能力が必要である。また、この資料が翌年に教える教員に引き継がれないこともある。このように、教育局において教材の作成がなされ、いわゆる教授資料は整備されつつあるが、多くの離島を抱えるチューク州では、それを全島に普及させ、現場の教員に活用を促し、利用を継続させていくかは今後の大きな課題となろう。

## 4. 環境変化に関する認識

世界的に注目されている太平洋諸島の問題現象は、地球温暖化によると考え

られている海面上昇である。ヤップ州やチューク州では，どのようにこの問題が捉えられているのであろうか。前述したヤップ島での子どもに対する質問紙調査では，環境変化を強く感じている児童は4％ほどで，それほど危機感はないようにみえる。中・高等学校では環境変化を感じる生徒は60％以上になるが，いくぶんか感じている子も少なくなく，やはりあまり危機感は感じていないようである。この子どもたちが，環境の変化としてもっとも強く感じているのは，海面上昇であり，全体の81％の子どもが指摘している。その他に大気汚染，水汚染，異常気象などが挙げられるが，海面上昇を環境変化として指摘する子が最も多い。ヤップ島は火山島のため比較的標高が高く，海岸からも傾斜がありすぐに高台となるため，標高の低いサンゴ礁の島に比較して，海面上昇の影響は直接的には実感されにくい。しかし，海岸にいくと写真5-3-1のように，波で根もとの砂があらわれ，根が地上にでて倒木しそうなヤシの木が多く見られ，何本かはすでに倒れている。このような景観は，海面上昇の影響によるが，現地で聞き取りをすると，このような景観にも現地の人々はあまり危機感を感じていないようである。海岸近くに住んでいる人は，「そう言われれば海が近くなった」「家から漁に出す舟までに近くになり便利になった」と回答する人もいる。「そう言われれば，以前より海面があがってきたような気がする」と回答しているように，写真5-3-1のような景観は日常的であり，しかも徐々に変化していることから，環境変化を認識しにくく，危機感にもいたらないと考えられる。

　他方，チューク州での聞き取り調査でも，海面上昇に関しては，島が小さいこともあり多くの人が感じており，海岸沿いの道路が海水に洗われることも多くなったと指摘している。また，ヤップ島と同様に台風の頻度が増えたこと，乾季と雨季の区別が不明瞭になったなど気象の異常性を指摘する人もいた。

　このように，子どもを含めて，海面上昇などの環境変化を感じているものの，多くの人々の危機感はあまり強くないようにみえる。このような状況の中で，チューク州の環境保護局では，年に8回ほど環境問題を改善するためのワークショップなどを開催し，州民の環境意識を高めている。このワークショップでは，自分たちができることとしてごみ処理の問題が扱われ，学校教育への寄与

も活動のひとつとしている。中等学校では，選択教科として「環境科学」をおき，ごみ処理問題から世界的な観点での環境問題を学習させる学校もあるが，海面上昇などの現象は，「20年前と比較すれば海面がかなりあがった」と聞き取りをした教員などからの回答にあるように，子どもが環境の変化を感じることは難し

**写真 5-3-1　根もとを浸食された海岸のヤシの木**
（2010.2　ヤップ島で撮影）

く，環境問題を知識としてはわかっていても，現実の問題として環境変化を実感し，危機感をもつのは難しいと考えられる。海面上昇の影響を強く受けると考えられている太平洋の島々においても，標高の比較的高い火山島では，子どもが危機感を実感することは難しく，それが環境変化に関する教育の課題ともなろう。


## 5．むすび

　広域なミクロネシア連邦は，それぞれの州で独自な教育が展開されている。ヤップ島の高校の授業での教師と生徒とで，以下のようなやりとりがあったという。教員が「君たち，お金好きだよね」と問うたところ，子どもは「好きじゃないよ。なぜ，先生はお金が好きなの」と返答した。子どもたちの発言は，ヤップ州の貨幣社会にそまっていない社会構造を示しており，お金より重要なことが多い，島民の協力を基盤とする島社会を表しているといえよう。こうしたお金では表せない裕福さという価値観を背景とした社会環境と自給できる自然環境とが（経済的に成長していないとも言い換えられるが），子どもたちの島の伝統文化を守っていこうとする強い意志の背景となっているのである。そして，

学校教育やコミュニティでの教育がこのような子どもたちの意志を支え，子どもたちの帰属意識を高めているといえる。

　他方，チューク州では，多くの離島をかかえ，通信網も発達しているといえない中で，教員のための教授資料を充実させている。つまり，どの島でも同じような教育内容を保障しようとしている。社会科では，社会科としての総合的な性格をもちながら，地理，歴史，経済，政治などといった既存学問の枠を重視したカリキュラムとなっている。学問の系統性を重視することで，チューク州での教育の共通性を図るだけでなく，世界的にも通用する知識体系を習得させようとしているともいえる。ただし，このような教授資料をすべての島に普及させ，それを使いこなせる教員を養成しなければならないという課題は残されている。

　このようにミクロネシア連邦では，伝統を支える学校教育と世界で共通する知識体系を習得させようとする学校教育が，国としては共存している。小・中等学校の教育をどう考えるべきか，今後とも議論されていこうが，日本の教育でもそれは問われ続けなければならない。さらに，ヤップ州，チューク州においても海面上昇や異常気象による環境変化は，子どもたちを含め感じている。しかし，それに対しての危機感，切迫感は，少なくても中心的な島や大きな島では強く感じられない。大型台風や震源が遠方であっても地震による津波がくれば，大きな災害がもたらされることは想像に難くない。そのため，防災および減災に関する教育が今後充実されなければならないであろう。

　本調査にあたっては，JICAミクロネシア支所，飯田典子氏をはじめ，ヤップ島およびウェノ島の海外青年協力隊の方々に多大な協力をしていただいた。また，資料を提供してくれたヤップ州，チューク州の政府，学校の先生方々にも深くお礼申し上げます。

　　　　　　　　　　　　　　　　　　　　　　　　（井田　仁康）

注
　1）牛島巌「ミクロネシア・ヤップ島における慣習違反と謝罪」『族』8号，1989年，17-52頁。

2）印東道子編『ミクロネシアを知るための58章』明石書店，2005年。
3）IDA,Y., Children's recognition of cultural inheritance in the island of Yap. Demiric, A., Chalmers, L., Ari, Y. and Lidstone, J. eds. *Building Bridges between Cultures through Geographical Education. Proceedings of the IGU-IGC Istanbul Symposium: July8-10, 2010*. Fatih University Publication, 2011, pp. 279-285.
4）前掲2）。
5）牛島巌『ヤップ島の社会と交換』弘文堂，1987年。
6）Division of Statistics, *Statistical yearbook Federated States of Micronesia 2008.*, National Government, 2008.
7）前川啓治「国境を越える共同体―ミクロネシア連邦共和国チューク人移民の民族学的研究―」『筑波大学地域研究』21号，2003年，249-264頁。
8）Read, E., *Social studies curriculum framework (grade 5) Standards and benchmarks Unit lesson plans*. Department of Education, Chunk State Government, 2011.

# 索　引

## あ　行

アーカイヴ　93
青ヶ島小学校　1-3, 6, 9, 11, 12
青ヶ島村　2, 8
阿嘉小・中学校　203
阿嘉幼・小・中学校　186, 187
明日葉　34
遊び環境　101
遊び行動　27, 28, 29, 32
遊びの伝承　109
安達善彦　200
天笠茂　77
安藤清　63
李月順　222
伊豆諸島大島（伊豆大島）　14, 16, 25
井田仁康（IDA）　209, 246
一島一集落　30
一般地理知識　59-61
異年齢集団　106, 111
意味づけ　59
入口豊　101
印東道子　245
インフォーマント　96-100
ALT　82
牛島巌　245
エコツーリズム　24
エビ網実習　42-45, 48
遠隔交流授業　1, 2, 4-7, 9, 10, 12
大島　22-24
大島第二中学校　17, 18
大城直樹　208
沖縄学習　199
『沖縄県の歴史』　202

沖縄戦　203, 204, 206
奥山交竹院　20, 21
オープンスクールデー　138, 139
オーラル・ヒストリー　89-91, 94, 95, 97-100

## か　行

Case　114
外国人妻　221-223, 226, 230-232
外部講師　142
加賀谷真梨　208, 209
学習材　2, 90
学習指導要領　1, 39, 52, 63, 217
加計高校芸北分校　136
過疎化　111, 136, 138, 147
過疎地域　77, 136, 138, 147, 232
語り部　205
学校に基礎を置くマネジメント（School-Based Management : SBM）　147
門脇正俊　76
カリキュラム開発　136
環境意識　254
環境学習　162
環境教育　149, 165
環境問題　24, 164, 254, 255
観光化　24, 25
観光産業　149
観光事業　125, 150, 152-160
観光資源　19
韓国移住女性人権センター　221
関西学院大学地理研究会　10
基礎・基本知識の習得　82, 84, 87
帰属意識　13, 22-26, 144, 248
北大東小学校　4

259

キャリア形成　49
教育資源　115, 118
教育実践研究　67, 68
教材　52
教材化　124, 125, 129, 133
教師の相互交流　86
郷土愛　27, 70, 180
協同学習　1, 2, 4, 6, 7, 10, 12, 13
空間認識　51-54, 56, 59, 61
公事方御定書　16
忽那諸島　76-80, 83, 85, 87
細崎集落　208-211, 213-216, 218
グローカリゼーション　113, 115, 122
グローバル化　113, 116, 119, 120, 122
グローバルな課題　113-115, 119
景観秩序　234, 242, 243
芸北町　136-138, 140, 141, 144, 145, 147, 148
契約自由の原則に基づく市民法　184
慶留間海洋文化館　206
慶留間小学校　191
慶留間小・中学校　154, 202
慶留間幼・小・中学校　186, 188-190
後継者育成　146, 147
向社会的行動　106, 111
高等学校公民科　119
交流学習　156, 160
交流体験活動　191
高齢者問題　189
国際教育　113-115, 116, 118
国際結婚　221, 223, 228, 231, 232
国際結婚家庭　221, 223-225, 228, 230, 232
国際結婚家庭支援計画　224
個人地理　59-61
小鳩の会　202
小浜島　208, 209, 212, 218

小浜小学校・中学校　211, 213, 214, 217
ゴミ学習　167-170, 172
ゴミ問題学習　161, 162, 166, 172
コミュニティ　184, 185, 195
コミュニティバス　128, 130
混血児童　229
公州市　221-223, 226, 228, 230-232, 235-239, 241, 243, 244

### さ　行

佐藤郡衛　113, 114, 115
佐野眞一　39
座間味小学校　165, 166
座間味村小・中学校　162, 165, 173, 178, 179, 182, 200, 201
座間味村立慶留間小・中学校　179
座間味(島)　149-160, 161, 162, 169, 170, 172, 204
座間味村　165, 174, 176, 177, 184, 186, 197, 198, 204, 206
『座間味村史』　162, 201, 205
座間味幼・小・中学校　186
三宝神社　20
自己中心性　52-54, 56, 57
シーサイド留学　64, 65, 66, 73
自然環境保全促進地域　24
自然景観　169
七人塚　20, 21
児童の遊び　103, 106-111
地場産業　38
柴田義松　125
島の方言　215, 216
社会科(教育)　1, 7, 8, 11-13, 63, 64, 69-70, 73, 89, 90, 113, 119, 134, 154, 155, 166, 183, 203, 212, 219, 241, 251, 253, 256

社会科授業　17, 18
社会教育　28
社会的基本権尊重の思想　184, 185
社会的基本権尊重の思想に基づく社会法　184
社会的包摂（social inclusion）　231-232
社会問題　129, 134
集合学習　76, 77, 80-84, 86, 87
「集団自決」事件　198, 199, 205
十五年戦争　197
小規模校　63, 76, 77, 79, 81, 84, 87, 186
小規模併置校　177, 178, 181-183
少子化　111
少子（・）高齢化　73, 136, 148
城東小学校　3, 5, 6, 7, 9, 12
情報通信機器　1, 10, 11-13
調べ学習　11
新学習指導要領　181, 182, 208
人権問題　221
新ピアジェ学派　58, 59
神話高千穂トロッコ鉄道　127, 128, 129
『神和三島誌』　94
スマムニ大会　215, 216, 217
生活科　64, 69, 214
生活空間　55
生活経験　1, 243
三代間交流　109, 110
戦争体験　90, 98, 99, 100, 197-200, 203, 204, 206, 207
戦争体験継承　198
戦争の記憶　98
仙田満　101
総合的な学習の時間（総合学習）　1, 4, 10-12, 14, 36, 64, 69, 139-141, 173, 174, 176, 178-183, 214
村内集落　208-211, 213-216, 218

村落共同体　195

### た　行

ダイオキシン問題　164, 168
体験（的な）学習　38, 41-43, 45, 47-50, 66, 173, 189
体験滞在交流促進事業　152, 157
第三セクター　126, 129, 131, 133
第21号輸送艦　91-97, 100
タウンミーティング　120-122
『高千穂鉄道10年のあゆみ』　126
高千穂　113, 115-117, 119, 121
高千穂鉄道　124-134
武田京子　101
竹富町　217
多元的なアイデンティティ　114
脱自己中心性　56
田中亭胤　102
谷川彰英　182
多文化家庭　222
多文化教育　222
多文化共生　222, 223, 232
多文化授業　230
玉井康之　63, 77
為朝ウォーキング　16
為朝ユリ　17
田淵五十生・片山美代子　115
単一民族　229, 230, 232
単一民族神話　222
地域アイデンティティ　27, 87
地域学習　1, 7, 12, 13, 15, 63-65, 70, 73, 89, 90, 139, 142, 154, 162, 212
地域行事　208, 211, 213-215, 217
地域研究発表会（地域研）　18, 24
地域講師　146
地域交流　147
地域資源　122

地域住民の参画　154
地域素材　87, 89, 90, 189
地域づくり　136, 149, 154, 156, 157, 160
地域的特色　1, 13
地域伝統行事　209, 213
地域認識　216
地域理解教育　139
地球温暖化　253
地場産業　38, 41-43, 45, 47, 49, 50, 122
チューク州　245, 246, 250-254, 256
美ら島　166, 164
地理的思考　52
『椿説弓張月』　23
黄楊　34
坪田愛華　171
津和地島　78, 93, 94, 98, 100, 101, 111
津和地小学校　89-93, 98, 100, 101, 105, 106, 110, 111
デイサービス　191, 195
TTと評価・支援の工夫　2
手伝い　102
伝統文化　245-249
島嶼地域　102
東南アジア　221
特別教育活動　156
都市化　149
利島　40, 48, 50
利島小中学校　38, 41, 51, 53-55, 57, 58
外池智　89, 90
鳥風水　237
トロッコ神楽号　126, 127, 130, 131

**な　行**

Kniep　114
中島　78, 80, 87
『中島町誌』　94

『日本書記』　15
怒和島　78
野忽那小学校　63-67, 71, 73
野忽那島　65, 66, 73

**は　行**

Hanvey　114
朴賢淑・坪田光平　223
Hart and Moore　52, 57, 58, 59
ハン・ゴンス　222
馬瑜貞　223
ピアジェ　59
表現力　4
表現力の育成　2, 5
フィールドワーク　218
風水　234-237, 239-241, 243, 244
風水景観　234, 235, 237, 241-244
風水都市　235
複式学級　105, 111
福祉コミュニティ　195
福祉に関する学習　184, 189, 191, 195
副読本（社会科副読本）　17, 20, 22, 23, 86, 87, 155, 166
藤岡信勝　125
ふるさと体験学習　42
文化学習　241
文化財保護事業の推進　176
文化地理　234, 241, 243, 244
文化の伝承　154
平和意識　200
平和学習　89-93, 98-100, 205
平和教育　196-201, 204-207
平和の碑　89, 91, 92, 95
へき地　2, 14, 63, 76, 79, 209
ベルク　235
方言　215-218
ボランティアスクール　191-193, 195

## ま　行

馬兪貞　223
マイノリティ　230, 232
マジョリティ　232, 233
マルチメディア機器の活用　2
御蔵島　14, 16, 19-28
御蔵島開発総合センター（開発センター）
　　29, 31, 35, 36
御蔵島小中学校　36
御蔵島保育園　35
ミクロネシア連邦　245, 250, 256
身近な地域　50, 63, 125, 134
源為朝　15, 16, 18, 24
村井淳志　39, 199
村上登司文　200
問題解決的学習　12
問題解決能力の育成　2, 4, 10

## や　行

ヤップ州　245-249, 251, 254-256

## ら　行

ランドマーク　57, 58
李月順　222
リサイクル　165, 168
離島意識　15
『離島関係資料』　161-163
離島へき地　177, 178, 181-183, 186
龍脈　234, 236-240, 244
流人学習　16, 19
流人の歴史　14, 24, 25
歴史学習　14, 15, 25, 89, 90, 217
ローウェンタール　59
ローカル化　115
ロールプレイング　119
Robertson　115

〈編著者紹介〉

井田　仁康（いだ　よしやす）

1958年東京都生まれ
　　　　筑波大学大学院地球科学研究科単位取得退学
　　　　博士（理学）
現　　在：筑波大学人間系教授
専　　門：社会科教育学・地理教育
主な著書：『ラブリー　ニュージーランド―自然と人間の生活―』
　　　　二宮書店（1996年），『世界を巡って地理教育』二宮書店（2000年），『社会科教育と地域―基礎・基本の理論と実践―』NSK出版（2005年），『市民教育への改革』東京書籍（2010年，共編著），『日本の自然と人びとのくらし』全6巻，岩崎書店（2012年，監修），『面白いほど世界がわかる「地理」の本』三笠書房（2012年，共編著）


地域と教育
――地域における教育の魅力――

2012年11月30日　第1版第1刷発行

編著者　井田　仁康

発行者　田中千津子

発行所　株式会社 学文社

〒153-0064　東京都目黒区下目黒3-6-1
電話　03(3715)1501(代)
FAX　03(3715)2012
http://www.gakubunsha.com

印刷／新灯印刷

Ⓒ IDA Yoshiyasu Printed in Japan 2012
乱丁・落丁の場合は本社でお取替えします。
定価は売上カード，表紙に表示。

ISBN978-4-7620-2321-7